KB202975

인공지능 시대의
인간·윤리·사상

이 연구는 2023년도 서울신학대학교 교내 연구비 지원에 의한 것임.

인공지능 시대의
인간 · 윤리 · 사상

강병오 지음

열린서원

인공지능 시대의

인간 · 윤리 · 사상

지은이   강병오
발행처   열린서원
발행인   이명권
발행일   제1판 제1쇄 2023년 5월 31일
　　　　 제1판 제2쇄 2024년 1월 5일

주 소   서울특별시 종로구 창덕궁길 117, 102호
전 화   010-2128-1215
팩 스   02) 2268-1058
전자우편 imkkorea@hanmail.net
등록번호 제300-2015-130호(1999년)

값 18,000원
ISBN 979-11-89186-27-2 03230

　이 책은 인공지능 시대를 살아가는 현대인이 윤리적 삶을 어떻게 살 수 있을지 고민하며 쓴 책이다. 인공지능이 삶의 전반에 영향을 미치는 이때, 인간에 대해 다시 묻고 인간이 인공지능과 어떻게 함께 살아갈 것인지 묻는다. 이 책은 인공지능을 전문적으로 다루지는 않았다. 다만 인공지능 시대에 인간이 무엇인가를 되묻는다는 의미에서 인간 이해를 폭넓게 다뤘다.

　이 책은 대학 강의 현장에서 교양과목을 가르치며 학생들과 토론하고 생각을 공유했던 결과물이다. 저자가 강의했던 '인간과 윤리' 수업에 신학과 학생만이 아니라 다양한 일반학과 학생들이 함께 참여했다. 수강생들은 이 수업에 꽤 높은 관심을 보였다. 정치, 경제, 법, 문화, 역사, 종교, 윤리 등 여러 주제를 가지고 연구하여 발표도 했다. 참여 학생들은 주어진 주제에 대해 진지한 관심을 보였고 멋지게 발표한 것이 인상에 깊게 남는다.

　현대인이 급속히 변화하는 첨단 과학기술문명 속에서 윤리적 삶을 산다는 것은 녹녹지 않다. 이 책이 대학생만이 아니라 일반인을 비롯해 기독교인에게도 윤리적 삶을 사는 데 도움이 되었으면 한다. 이 책이 기본적 인간 이해와 함께 윤리학에 쉽게 접근시키고 일상적 삶에 유용했으면 좋겠다. 이런 바람이 이 책을 쓰게 된 동기요 목적이다.

　이 책은 3부로 구성되어 있다. 각 부는 주제별로 동서양에 걸친 인간학, 철학과 종교학, 사회사상을 통해 인간이 무엇인지 이데올로기가 무엇인지를 묻고, 윤리로 답하려고 했다.

1부에서는 인간 이해와 인간 본성론에 대해 고찰했다. 인간은 어떤 특징이 있는가? 동서양을 통틀어서 인간 본성론은 무엇인가? 두 질문에 답하고자 했다. 첫 번째 질문에 대한 답은 그동안 인간에 대해 정의했던 것들을 모아 정리했다. 일곱 가지 인간 이해다. 이성적 존재, 호모 사피엔스, 도구적 존재, 사회적 존재, 문화적 존재, 유희적 존재, 종교적 존재를 간략하게 소개했다. 결론적으로 이 일곱 가지 정의는 모두 인간이 윤리적 존재인 것과 깊이 연관되어 있다. 두 번째 질문에 대한 답으로 동서양의 인간 본성이 무엇인지를 다뤘다. 동서양을 걸쳐 논의된 성선설, 성악설, 성무선무악설, 성선악혼재설을 간략하게 소개했다.

2부에서는 동서양의 인간관과 윤리에 대해 고찰했다. 개론 격에 속하는 인간과 윤리의 관계를 모색했다. 윤리적 존재로서 인간, 도덕과 윤리, 인간과 윤리학, 윤리학과 윤리방법론을 다뤘다. 그다음 서양철학의 인간관과 윤리를 다루었다. 서양철학사에 나타난 인간론을 윤리적 측면에서 고찰했다. 마지막으로 동서양 종교의 인간관을 살펴보았다. 서양종교인 유대교, 기독교, 이슬람교의 인간관을 고찰했고, 동양종교인 유교, 불교와 도교의 인간관을 살폈다. 한국 전통사상에 나타난 인간관을 인본주의적 관점에서 다뤘다.

3부에서는 사회사상과 윤리에 대해 고찰했다. 사회사상이 인간, 사회 그리고 윤리와 어떤 관계에 있는지, 더 나아가 사회사상이 사회운동과 어떤 관계 속에 있는지 살폈다. 이데올로기와 윤리의 관계에 대해 고찰하면서 이데올로기의 개념, 이데올로기와 이상사회의 관계, 이데올로기의 장단점을 모색했다. 그다음 많은 분량으로 여러 이데올로기를 윤리와의 관계성 속에서 소개했다. 근대 이데올로기를 중심으로 자유주의, 민주주의, 자본주의, 사회주의, 보수주의, 민족주의, 페미니즘을 다뤘다. 이런 이데올로기는 현대사회를 살아가면서 꼭 알아야 할 것들로, 이데올로기의 원리를 중심으로 고찰했다.

이 책을 읽는 독자 모두가 윤리적 삶을 사는 것이 얼마나 행복한 것인가 하는 깨달음과 함께 자신의 삶을 점검하는 동기를 발견했으면 좋겠다는 바람을 가져 본다. 이 책의 핵심 주제는 개인선과 공공선의 조화다. 삶의 주체인 인간이 개인과 사회에 작동하는 선을 찾아 실천하는 것, 그것이 아름다운 세상을 만들어가는 지혜일 것이다. 세상에서 참으로 행복한 사람은 아무리 악이 난무하더라도 선을 알고 선을 실천하는 사람이다. 공공선이 실천되어 세상이 밝아지는 사회가 행복한 사회다.

이 책이 출판되기까지 여러모로 도움을 주신 분들이 있다. 책 집필을 위해 교내 연구비 지원을 허락해 주신 서울신학대학교 백운주 이사장과 황덕형 총장께 심심한 감사를 드린다. 그동안 '인간과 윤리' 수업을 들으며 함께 학문의 영역을 넓혀간 서울신학대학교 학생들에게 감사의 마음을 전하고 싶다. 현재 협동목사로 섬기는 홍은교회 서도형 담임목사와 성도들, 책 집필을 위해 옆에서 응원해주신 동료 교수들, 아낌없이 응원을 해주고 책 집필을 위해 오랫동안 인내하고 기다린 가족에게도 고마운 마음을 전한다. 끝으로, 출판을 흔쾌히 수락한 열린서원 사장 이명권 박사에게도 감사를 드린다.

2023년 5월

서울신학대학교 백주년기념관 연구실에서
강병오

8

차례

2부 동서양의 인간관과 윤리

3부 사회사상과 윤리

1 부

인간 이해와 인간 본성론

현대의 인간학은 인간의 육체만을 연구하는 인체학이나 생물학으로만 가능하지 않다. 자연과학적 인간 이해만으로는 인간 연구가 충분하지 않다. 철학적 관점이건 종교적 관점이건 인간의 육체만이 아닌 영혼(정신)까지 포함한 인간을 탐구해야 한다. 특히 인간은 영혼 안에 있는 이성으로써 본능을 제어하여 인간다운 행동과 삶을 궁구하게 된다. 인간은 이성을 가졌기에 다른 동물과 달리 만물의 영장(靈長)으로 불리게 된다.

　인간이 무엇인가? 이 물음에 대한 답변은 인간학의 관점에서 이뤄
진다. 인간학(Anthropologie/ anthropology)은 고대 그리스어 안트로
포스(anthropos)와 로고스(logos)가 결합된 학문적 용어이다. 인간학
이란 말이 처음으로 쓰인 것은 인문주의자 오토 카스만(Otto
Casmann)이 1596년에 『인간학』을 펴낼 때부터였다. 그는 인간학을
"인간의 정신 및 육체적인 이중(二重)의 본성(本性)에 관한 논(論)"[1]으로
정의했다.

　그 이후 인간학은 자연과학의 한 분과인 생물학의 관점에서 인간
의 육체와 체질을 연구하는 학문으로 발전했다. 인간학은 영국의 생
물학자이자 박물학자인 찰스 다윈의 책『자연선택에 의한 종의 기원
에 관하여(*On the Origin of Species by Means of Natural Selection*)』
(1859)에서부터 새로운 전기를 맞았다. 인간이 동물계로부터 진화했
다는 진화론(進化論)의 관점에서 연구하기 시작했다. 즉, 인간은 동물
과 똑같은 육체로 인식되었다.

　인간은 사전적으로 오늘날 "고도의 지능을 소유하고 독특한 삶을
영위하는 고등동물"[2]로 정의된다. 이 정의는 철저히 생물학적 관점
에 서 있다. 이런 인간 이해는 진화론에 기초한 것이다. 진화론은 바

---

1) 이석호, 『인간의 이해』 (서울: 철학과현실사, 2001), 88.
2) "인간"(人間, human being), 『철학사전』.
https://search.naver.com/search.naver?where=nexearch&sm=top_hty&fbm=1
&ie=utf8&query=%EC%9D%B8%EA%B0%84

야흐로 자연과학적 인간학의 주요 과제로 부각되었다. 자연과학의 가설 이론인 진화론은 인간을 포함한 모든 생물을 진화의 산물로 간주한다. 이에 따르면 인간은 원숭이와 생물학적 유사성이 긴밀하고 원숭이의 혈통을 이어받은 동물에 불과하다. 인류사가 아무리 길어도 인간이 다른 동물과 분리되기 이전에 비하면 비교조차 되지 않는다. 다윈이 진화론을 주창한 이후, 인간은 근본적으로 동물에 불과한 것이라 이해되었다. 인간에게 다른 동물과 비교하여 고도의 지능이 있다손 치더라도 동물 그 자체다. 그러므로 인간에게는 다른 어떤 특별한 본질이나 도덕성이 있다고 말할 수 없다. 고등동물로서 인간은 높은 지능(知能, intelligence)을 가지고 본능(本能, desire/ instinct)으로 사는 존재다. 다른 동물처럼 동일하게 생존(生存), 생식(生殖), 도주(逃走), 귀소(歸巢) 본능을 가진 본능적 존재일 뿐이다. 오늘날 지식인이나 소시민 할 것 없이 진화론적 인간 이해에 크게 경도되었다. 이런 인간상은 강력한 세속적 종교운동뿐만 아니라 현대사회를 지배하는 강력한 인생관과 세계관이 되었다.

진화론적 인간상은 서양 그리스 철학의 우주개벽설이나 기독교의 창조론에서 나온 인간상과 크게 배치된다. 전자는 헤시오도스(Hesiodos)의 신통기(神統記, Theogomia)[3]에서, 후자는 구약성서의 창세기에서 인간의 기원을 설명하고 있다. 진화론과 관련해 발전한 현

---

3) 문현상, 『인간윤리』(서울: 동문사, 2005), 74. 참조. 신통기에 따르면, 만물 이전 카오스가 있었고 카오스에서 만물이 생성되었다. 인간은 신의 창조에서가 아닌 카오스로부터 생겨났다.

대 과학적 이론이 실제적 인간 이해로 수용되고 있고 학계나 사회의
전폭적 지지를 받고 있다. 분명한 것은 그리스적 우주개벽설이나 히
브리적 창조론보다 우세한 국면에 있다. 하지만 진화론과 대립하는
고대 그리스 우주론과 서양 3대 종교(유대교, 기독교, 이슬람교)의 창조
론의 도전 또한 만만치 않은 게 사실이다. 진화냐 창조냐 하는 인간
의 기원 논쟁은 오늘날까지 계속되고 있다. 철학적 우주론과 기독교
적 창조론 모두 내용은 다소 다르지만, 둘 다 인간을 정신과 육체, 영
육(靈肉)의 이중적(二重的) 존재로 본다.

고대 서양철학의 시조인 소크라테스와 함께 그의 제자 플라톤은
만물의 영장인 인간에게 영혼과 육체가 있다고 보았다. 플라톤에 따
르면, 영혼은 이데아의 세계에 속해 있고, 육체는 감각의 세계에 속
해 있다. 영혼에는 이성(理性)이 있다. 이성은 이데아 세계를 이해한
다.[4] 이성은 이데아적 사태를 분석하여 사유하고 실천하게 한다. 플
라톤은 인간을 "이데아 세계와 감각의 세계 사이에 있는 창조물"[5]로
이해했다. 아리스토텔레스 역시 인간을 영혼과 육체가 통합된 존재
로 보았으며 이성적 피조물로 생각했다.[6] 그는 또한 최상의 인간 능
력은 영혼에 있는 이성과 관계한다고 보았다.[7] 그는 이성적 활동을
세 가지 학문 분야로써 거칠지만 세분했다. 곧 지식과 관련한 테오리

---

4) 군나르 시르베크·닐스 길리에, 『서양철학사 I』, 윤형식 역 (서울: 이학사, 2019), 109.
   참조.
5) 위의 책, 106.
6) 위의 책, 161. 참조.
7) 위의 책, 162. 참조.

아(theoria), 도덕과 관련한 프락시스(praxis), 예술 혹은 기술과 관련한 포이에시스(poiesis)이다.[8]

구약성서의 인간 이해는 창세기 1:26-27절에서 찾을 수 있다. 창조주는 다른 동물과 달리 직접 흙으로 빚어 자기의 형상대로 인간을 창조하였다. 하나님은 흙으로 빚어진 인간에게 생기를 불어넣었고 인간은 생령(生靈)이 되었다. 곧, 인간은 영혼과 육체로 구성된 존재가 되었다. 반면에 다른 동물은 하나님의 말씀으로 지어졌다. 구약성서는 인간을 정신적, 감정적, 육체적 기능이 유기적으로 결합된 생명체로 기록했다.[9] 인간은 하나님의 형상으로 창조된, 이성적 존재다.

현대의 인간학은 인간의 육체만을 연구하는 인체학이나 생물학으로만 가능하지 않다. 자연과학적 인간 이해만으로는 인간 연구가 충분하지 않다. 철학적 관점이건 종교적 관점이건 인간의 육체만이 아닌 영혼(정신)까지 포함한 인간을 탐구해야 한다. 특히 인간은 영혼 안에 있는 이성으로써 본능을 제어하여 인간다운 행동과 삶을 궁구하게 된다. 인간은 이성을 가졌기에 다른 동물과 달리 만물의 영장(靈長)으로 불리게 된다.

이제 인간에 대한 물음을 두 가지 측면으로 나누어 고찰하고자 한다. 첫째, 인간의 특징을 사실적이고 현상적인 측면에서 살핀다. 둘째, 인간의 본성을 선악(善惡)의 차원에서 살핀다.

---

8) 위의 책, 156.
9) 강병오, 『기독교윤리학』 (서울: 한들출판사, 2022), 326.

1.1 인간의 이해

　인간은 정신과 육체로 구성된 이중적 존재이지만, 보는 각도에 따라 인간에 대한 이해가 다양하게 나온다. 그렇다고 인간을 파편적으로 이해하게 되면 인간의 진면목을 제대로 볼 수 없다. 인간상은 부분과 전체로 이해해야 한다. 여하튼 인간의 특징은 단선적이지 않고 복합적이다. 다수의 철학자나 사상가들은 인간 존재를 여러 유형으로 나눠 고찰하고자 했다. 현대철학자 중 한 사람이 인간학의 문제를 심도 있게 다뤘다. 그가 독일의 현대 인간학의 거장 막스 쉘러(Max Scheler, 1874-1928)이다. 그는 책 『인간과 역사(*Mensch und Geschichte*)』(1929)에서 역사 해석의 기저엔 독특한 인간관이 있다고 보고 서양 문화권 내 인간 본질을 다섯 가지 인간 유형으로 구분해 설명했다.[10] 그중에 오늘날에도 적절한 인간의 특징으로 내놓아도 손색이 없는 유형 몇 개를 수용하고 오늘날 새롭게 제시되는 몇 가지를 덧붙여 소개하고자 한다.

　여기서 다뤄질 인간 유형은 다음과 같은 것들이다. 이성적 존재(homo ratio), 호모 사피엔스(homo sapiens), 도구적 존재(homo faber), 사회적 존재(homo societas), 문화적 존재(homo cultus), 놀이하는 존재(homo ludens), 종교적 존재(homo religius)이다.

---

10) 서상권, 『한국신윤리학』(대구: 보문출판사, 1989), 59., 참조. 문현상, 『인간윤리』, 188-190. 쉘러의 5가지 인간 유형은 종교적 인간(homo religius), 사유적 인간(homo sapiens), 도구적 존재로서 공작인(homo faber), 디오니소스적 인간(Der dionysische Mensch), 인간 자신을 초월하고자 하는 초인(Uebermensch)이다.

1.1.1 이성적 존재

서양의 인간관은 고대로부터 중세에 이르기까지 이성적 존재로 줄곧 이해되었다. 비록 중세에는 기독교 신앙이 이성 위에 있었지만, 인간의 이성은 전혀 무시되지 않았다. 근대의 인간관은 철두철미 이성에 의해 구조화되었다. 대륙의 합리주의와 계몽주의는 이성의 자율을 신뢰했고 이성을 만물의 척도로 삼았다. 이성으로써 우주를 해석하려고 했고, 형이상학적이고 종교적인 것을 합리적으로 파악하고자 했다. 그렇다고 근대적 인간의 이성은 신을 부정하지 않으며 신과 연관지었다.

근대 합리론의 시조인 데카르트(Descartes, 1596-1650)는 이성을 가진 인간을 '사유하는 존재'로 규정했다. 그는 책 『제1철학 성찰 (*Meditatione de prima philosophiae*)』(1641)에서 '나는 생각한다. 고로 나는 존재한다(cogito ergo sum)'는 명제를 세웠다. 그는 생각하는 존재인 나를 모든 의심 가운데 가장 확실한 존재로 보았고, 생각하는 정신이 육체보다 더 확실하며 나의 정신이 다른 이의 정신보다 확실하다고 생각했다.[11] 그는 또한 생각하는 존재를 신(神)과 연결지었다. 이성적 존재인 인간은 신과 관계할 때만 참으로 이성적이라고 했다. 인간이 신 관념을 갖는 것은 신이 인간에게 신 관념을 주었기 때문으로 생각했다.[12]

---

11) 문현상, 『인간윤리』, 80. 참조.

스피노자(Spinoza, 1632-1675)는 데카르트의 이성론을 계승, 발전시켰다. 스피노자는 인간을 두 측면에서 이해했다. 감각계에 연결된 감정을 가진 존재와 내면계에 연결된 이성을 가진 존재다. 오직 이성이 감성을 대상화할 수 있고 감성으로부터 자유할 수 있다. 사유하는 이성이 보편 이성에 근거한 신적 이성으로 넘어간다. 신적 이성만이 참된 이성이다. 이성적으로 사유하는 인간을 포함하는 실체가 곧 신이다. 스피노자에게 신은 자연이다(Deus sive nature). 신은 자연을 초월하는 존재가 아니라 내재한다. 곧, 신은 정신이면서 물질이기도 한 것이다. 자연이 신인 것처럼, 인간에게 있는 정신과 육체는 하나다.[13]

파스칼(Pascal, 1623-1662)은 『팡세』에서 "인간은 하나의 갈대에 불과하며, 자연계에서 가장 연약한 존재다. 그러나 '생각하는 갈대'다."[14]라고 설파했다. 그는 인간의 위대성을 이성의 사고작용에서 찾았다. 그는 또한 종교적 측면에서 세 종류의 사람을 분류하기도 했다. 신을 발견하고 그에게 봉사하는 인간, 아직 신을 발견하지 못했지만 신을 찾으려고 애쓰는 인간, 그리고 신을 발견하지도 구하려고 하지도 않고 살아가는 인간이 그것이다.[15] 파스칼은 이성적 존재인 인간이 신적 이성을 부정하는 동물적 존재로 전락해서는 안 된다는 것을 경고했다.[16]

---

12) 위의 책, 81. 참조.
13) 위의 책, 81-82. 참조.
14) 서상권, 『한국신윤리학』, 39.
15) 문현상, 『인간윤리』, 82. 참조.
16) 위의 책. 참조.

독일 철학자 임마누엘 칸트(Immanuel Kant, 1724-1804)는 그의 3 대 비판서에서 인간의 정신활동 3가지, 즉 인식, 의지, 감정을 심도 있게 다뤘다. 그는 우선 이성을 순수이성(die reine Vernunft)과 실천이성(die praktische Vernunft)으로 나눴다. 순수이성은 인식론의 문제를 다루었고 감성과 오성의 세계에 한정해 사용했고, 초경험 세계를 논하지 않았다.(『순수이성비판』) 실천이성은 윤리학의 문제를 다루었고 초경험의 세계인 자유, 영혼불멸, 신의 존재에 대해서 도덕적 심정에 호소, 실천적 행위를 요청했다.(『실천이성비판』)[17] 그리고 그는 『판단력 비판』에선 미적 이성으로써 쾌·불쾌의 감정에 관한 판단력 문제를 다뤘다. 칸트는 이 3대 비판서를 전제하는 책『실용적 관점에서의 인간학(Anthropologie in pragmatischer Hinsicht)』, (1798)의 '인간학적 훈육학' 부분에서 인간의 정신활동을 재정리했다. 그런 활동을 도표로 정리하면 다음과 같다.[18]

심의의 전 능력	인식 능력	선천적 원리	적용 범위
인식 능력	오성	합법칙성	자연
쾌·불쾌의 감정	판단력	합목적성	예술
욕구 능력	이성	궁극목적	자유

칸트에게 이성은 구체적으로 세 가지로 구분된다. 지성, 감정 그

---

17) 위의 책, 83. 참조.
18) 한정석, 『칸트철학의 인간학적 지평』 (서울: 경문사, 1975), 18.

리고 의지다.(知情意) 그는 인간 이성을 선험적 차원에서 천착해서 체계적으로 규명했다. 인식은 오성과, 감정은 판단력과, 의지는 실천이성과 서로 관계한다. 인식은 지성의 문제고, 진을 추구한다. 욕구는 의지 문제이고 선을 추구하며, 감정은 미를 추구한다.(眞善美) 이성에서의 지성, 감성, 의지 각 영역의 역할이 무엇인지 정리하면, 이렇다.

知性(understanding) - 眞(right) / 僞(wrong)

意志(will) - 善(good) / 惡(evil)

感性(feeling) - 美(beauty) / 醜(ugliness)

인간은 이성적 존재이기에 다른 동물과 달리 생각하고 느끼며 행동하는 자이다. 순수이성으로써 인식하여 말하고 글을 쓰며 사유한다. 그리고 사람들과 의사소통하고 사회적 삶을 영위한다. 인간은 사회적 관계를 하며 실천이성으로써 선을 지향하고 선을 행한다. 공동선을 추구한다. 선은 도덕적 실천행위와 관계하는 것이다. 인간의 의지는 윤리의 과제를 가진다. 그리고 인간은 다른 동물과 달리 미적 감흥을 느끼고 그것을 예술로 승화시킨다. 특히 신에 대한 숭고한 체험으로 종교적 삶을 영위하기도 한다.

차제에 인간 이성을 신적 이성, 즉 절대 이성과 일치시키고 그것에까지 발전시킨 독일 관념철학자 헤겔의 이성론에 대해 살펴보고자 한다. 헤겔은 그의 『정신현상학(Phaenomenologie des Geistes)』(1807)에서 방대한 철학 체계를 세우고 기술했다. 그는 절대자의 존재형식을 세 가지, 즉 이념, 자연 그리고 정신으로 보았다. 예컨대 논리학의 주개념으로서 이념, 자연철학의 주개념으로서 자연 그리고 정신철학으로서 정신을 논구했다. 논리학에서 최종 단계에 이른 이념은 외화하고 결국 자연이 된다. 자연이 정점에 도달하면, 생명 현상으로 나타난다. 이념과 자연은 내부적으로 통일하여서 변증법적으로 발전하게 된다. 양자는 끝 단계에 와서 정신에 도달한다.

정신 단계는 다시 세 단계로 나눠진다. 주관 정신, 객관 정신 그리고 절대정신이다. 주관적 정신은 개인적 정신으로 개인의 자유이며, 개인의 자유 의식은 발전하여 타인을 의식하는 자유 정신에 복종하게 된다. 이런 식으로 주관 정신은 인류의 생활 속에 나타나는 객관 정신으로 나간다. 객관 정신은 사회적 정신을 의미한다. 법에서 출발, 도덕과 인륜 단계로 발전하고 국가에 이르러서 주관 정신과 다시 결합한다. 주관과 객관의 정신이 변증법적으로 발전하여 절대정신에 이르게 된다.

절대정신은 다시 세 단계, 즉 예술, 종교, 철학으로 발전한다. 헤겔 철학사는 그의 철학 체계의 최고 단계이며 절대정신의 극치이다.[19] 헤겔의 이성은 신적 이성과 관계된 이성이다. 그러므로 헤겔의 인간관은 중층적이다. 인간은 이성을 가진 존재이며 동시에 신성을 가진 존재다.

---

19) 문현상, 『인간윤리』, 84-85.

1.1.2 호모 사피엔스

현재 인간에 대해 말할 때 호모 사피엔스(현생인류, homo sapiens)는 가장 많이 회자되는 개념 중 하나이다. 이 개념을 정의하면 "사람 속 가운데 현생인류와 같은 종으로 분류되는 생물을 가리키는 학명"[20]이다. 인류에 대한 생물학적 용어로서 '현생인류'로 칭해진다. 이 개념은 직역하면 "슬기로운 사람"[21]의 뜻을 가진다.

인간이 어떤 존재인가 하는 물음에 대해 대중적인 글로 인기를 한 몸에 안고 베스트셀러가 된 『사피엔스』의 저자 유발 하라리는 호모 사피엔스가 어떻게 진화해 왔는지 흥미진진하게 풀어갔다. 그가 언명한 호모 사피엔스는 유물론적, 진화론적 인간 유형에 지나지 않는다. 하라리는 사피엔스가 유인원으로부터 진화된 호모 속 여러 종 가운데 하나라 했다.

사피엔스 바로 전 단계 동물은 약 250만 년 전 살았던 동부 아프리카의 오스트랄로피테쿠스다. 이것이 더 진화해 사피엔스 종이 나타났다고 말했다.[22] 사피엔스는 큰 뇌를 가지고 직립보행을 했고 도구를 제작해 사용할 줄 알았다.[23] 약 7만 년 전부터 3만 년 전 사이

---

20) "호모 사피엔스", 「사회학사전」.
https://search.naver.com/search.naver?where=kdic&query=homo+sapiens&ie=utf8&sm=tab_nmr
21) 유발 하라리, 『사피엔스』, 조현욱 역 (파주: 김영사, 2015), 25.
22) 위의 책, 23. 참조.
23) 위의 책, 28-29. 참조.

사피엔스 종에게 인지혁명이 우연히 일어났다.[24] 이 혁명은 사피엔스에 언어 돌연변이가 발생했기 때문이었다. 사피엔스는 그들의 언어로 새로운 사고와 의사소통을 할 수 있게 되었다.[25] 이것에 더해 사피엔스는 문자를 만들고 대규모 협력망을 구축하였다.[26] 사피엔스의 언어는 이성 능력에서 온 것이 아니라 자연의 우연한 산물이었다. 그리고 소리에서 돌연변이로 된 언어가 진화과정을 거치게 된 것은 다만 다른 이웃과 소통하기 위한 기능 때문이었다. 사피엔스는 소통함으로써 사회적 협력을 하게 되고 생존과 번식을 훌륭하게 할 수 있었다. 언어가 사피엔스를 사회적 존재가 되게 한 요인이었다.[27] 호모 사피엔스가 세계를 정복하게 된 것도 다른 어떤 요인보다 여럿이 의사소통하고 협력하여 사회적 관계를 형성하였기 때문이다.[28]

하라리는 『사피엔스』에 이어 출간한 『호모 데우스』에서 사피엔스에겐 다른 동물처럼 영혼이 있을 수 없다고 강력하게 어필했다. 생명과학자들은 돼지나 쥐 실험을 통해 영혼 찾는 정밀검사를 진행했고 영혼의 어떤 흔적도 찾아내지 못했다. 인간의 심장과 뇌도 열심히 살폈지만 역시 영혼을 발견하지 못했다.[29] 결국 사피엔스가 돼지와 달리 영혼을 가지고 있다는 과학적 증거는 전혀 없는 셈이 되었다.[30]

---

24) 위의 책, 44. 참조.
25) 위의 책. 참조. 하라리는 수많은 영장류가 나름 언어를 구사한다고 단정하고 영어, 중국어 등은 사피엔스 언어의 변형이라고 주장했다.
26) 위의 책, 46. 참조.
27) 위의 책, 47. 참조.
28) 유발 하라리, 『호모 데우스』, 김명주 역 (파주: 김영사, 2017), 187. 참조.
29) 위의 책, 147. 참조.

영혼 개념 자체도 진화론의 원리에 모순되기에 불멸하는 인간 영혼
은 있을 수 없다.[31] 다만 영혼이 있는 것처럼 보인 것은 물리적 신체
기관의 작동이 착시하도록 만든 것이다.

영혼만이 아니라 자유의지나 자아 역시 오늘의 사피엔스에겐 있
지 않다. 20세기 과학인 유전공학과 뇌과학은 사피엔스에 영혼, 자
유의지, 자아가 없고 유전자, 호르몬, 뉴런 발화 작용만 존재한다는
성과를 내었다.[32] 그러므로 개인이 자유의지가 있다는 것은 생화학
적 알고리즘의 집합이 지어낸 허구적 이야기에 불과하다.[33] 물론 인
간에게는 다른 동물에 있는 의식이 있고 감각과 감정도 있다. 그런
것들은 역시 이성과 관계한 것이 아니라 "데이터를 처리하는 생화학
적 알고리즘"[34]에 의해 나오는 것일 뿐이다.

사피엔스는 호모 속 여러 종 가운데 하나이지만, 다른 영장류처럼
지능과 육체를 가졌다. 그러므로 사피엔스는 지능과 본능의 존재라
할 수 있다. 이 지능이 있었기에 100만 년 전 사피엔스는 주변에서
가장 똑똑한 동물이었고 도구 제작에서 매우 특별했고 그 분야에서
독보적이었다.[35] 물론 지능과 도구 제작으로 주변 세계를 정복할 수
없었고 미미한 생물에 불과했다. 하지만 사피엔스는 나름 스마트한

---

30) 위의 책. 참조.
31) 위의 책, 147, 152. 참조.
32) 위의 책, 387. 참조.
33) 위의 책, 418. 참조.
34) 위의 책, 154.
35) 위의 책, 186. 참조.

지능이 있었기에 언어 사용과 도구 제작을 할 수 있었지 않았을까?

그러면 사피엔스에게 있는 지능은 무엇일까? 지능을 어떻게 정의 내려도 명백한 것은 지능은 이성과 일치할 수 없다. 지능은 이성과 다르다. 지능(知能, intelligence)은 보통 "유전적으로 부여된 인간의 중추신경계의 특징과 경험 · 학습 · 환경요인에 의해 만들어진 발달된 지능의 복합물"[36]로 정의된다. 지능은 중추신경계의 작용으로 이루어지는 지적 복합체이다. 하라리는 지능에 대한 정의에 별 관심이 없다.[37] 미약한 사피엔스가 어떻게 세상을 정복하게 되었는가에 관심을 기울였다. 그러나 현대 과학자들은 오늘날 미래를 예견하고 있다. 고도한 지능의 사피엔스가 진화를 거듭해 세상을 새롭게 정복하는데 인공지능(人工知能, artificial intelligence)까지 만들고 그것에 의해 지배되는 세상이 오게 한다는 사실이다. 이것을 하라리가 예견하고 그린 호모 데우스의 우울한 모습이 미래의 역사다.

종합하여 고찰하면, 지능과 이성은 의미상 유사하지만, 차이 또한 분명하다. 지능은 인간 이성 중 지성과 깊은 관련이 있다. 즉, 이성적 능력의 하나인 지적 능력과 관련한다. 지능은 이성과 구별되는 것이다. 지능적인 것이 이성적인 것이라고 할 수 없다. 그런 의미에서 지능과 이성은 범주상 차이가 있다. 지능은 지적인 것에 응용되기에 부분적이다. 반면에 이성은 지정의(知情意)에 관여하기에 전체적이고

---

36) "지능", 「상담학사전」.
https://terms.naver.com/entry.naver?docId=5676520&cid=62841&categoryId=62841
37) 유발 하라리, 『호모 데우스』, 186. 참조.

포괄적이다. 지능과 이성은 수단과 목적 모두를 가진다. 지능은 실제적이고 실용적이다. 이성은 추상적이고 이상적이다. 지능은 사실을 인식하고 기술활동에 기여한다. 그러나 이성은 지적, 윤리적, 미적 가치를 인식하고 이념화를 추구한다. 그런 가치를 판단하여 그에 걸맞은 행동을 하게 한다. 반면에 지능은 사실적 판단과 그것의 결정에 도움을 준다. 이성의 과제는 이성적 목적을 설정하고 이를 비판하는 것이고, 지능의 과제는 주로 지적 행동을 위한 기술적 도구로 쓰인다.[38]

1.1.3 도구적 존재

전통적, 생물학적 인간 이해에서 공통으로 거론되는 인간상은 인간이 '도구적(道具的) 존재'(homo faber)라는 것이다. 이성의 사고작용이나 지능의 공작능력이든, 인간은 역사 이전부터 수많은 도구를 사용해 왔다. 역사는 인간의 도구 사용에 따라 구분되었다. 역사 이전인 선사시대와 역사시대이다. 선사시대는 돌을 사용한 석기, 구리와 주석을 사용한 청동기, 철을 사용한 철기 시대로 구분된다. 역사시대 이후, 인간은 각종 도구를 만들어 사용했고 거대한 인류 문명을 일궈 왔다. 인류는 삶 전반에 걸쳐 정신적, 물질적 도구를 생산했다. 인간이 다른 동물과 달리 문명을 누릴 수 있었던 것은 인간이 이성의 사고능력으로 각종 도구를 제작했기 때문이다.

---

38) 서상권, 『한국신윤리학』, 37-38.

인간은 수만 년 전 다른 동물들에 비해 육체적으로 약했다. 그러면서도 그들을 지배할 수 있었던 것은 인간이 도구를 사용하는 힘을 가졌고 도구를 활용한 데 있다. 도구 제작 능력이 인간을 만물의 영장이 되게 했다. 다른 영장류인 원숭이나 침팬지도 그들이 가진 지능으로 집을 지을 수 있었다. 그러나 인간처럼 고도의 건축술을 발휘할 수 없었다.

고대와 중세를 거쳐 인간은 자신들의 삶을 위해 도구 생산을 지속했고 기술력을 발휘해 문명을 발전시켜 나갔다. 근대에 들어와 서양 사회에 산업혁명이 일어났다. 이 시기에 인간은 과학기술을 발전시켜 획기적인 신형 도구를 만들었다. 이 도구는 다름 아닌 기계(機械, machine)이다. 기계는 자동력(自動力)을 가진 괴물체이다. 인간은 기계의 발명으로 방직기나 증기기관 등을 제조했다. 1784년 최초로 증기기관차가 등장했다. 공장이 세워지고 물품의 대량 생산과 교통과 도시의 발달로 이어졌다. 기계는 사회상까지 변화시켰다. 수공업 사회를 공업사회로, 급기야 산업사회로 바꿨다. 이것이 제1차 산업혁명의 모습이다. 이때의 에너지원은 석탄이다. 석탄으로 가동되는 공장과 기계가 쉼 없이 움직였다. 산업혁명을 계기로 자본주의 경제 체제가 형성되었다. 이로부터 시민사회가 도래했다.

19세기 후반에 제2차 산업혁명이 일어났다. 1859년 미국 펜실베니아 주 드레이크에서 유정(油井)이 발견되었다. 석유의 발견으로 석유가 에너지원으로 바뀌었다. 석유는 시장경제를 본격적인 탄소경제로 전환하도록 했다. 1870년 전기의 발명으로 전기는 신산업 동력이 되었다. 20세기에 들어와 새로운 기계들이 속속히 등장했다. 전차, 신형 자동차, 비행기가 생산되었고 전화기와 라디오, 텔레비전 등 광범위한 커뮤니케이션 기기가 속속들이 세상에 선보였다. 세계 1, 2차 대전을 거치면서 탱크, 전투기, 총 등 최신식 군사 무기들이 세상에 등장했다. 2차 대전 후 세계는 경제 부흥과 함께 산업용 기계들을 쏟아내기 시작했다.

이윽고 산업의 패러다임을 획기적으로 바꿀 혁신 기계가 발명되었다. 그것은 1970-80년대에 등장한 컴퓨터다. 이어서 1990년대 초엔 인터넷 기술이 개발되었다. 컴퓨터와 인터넷이 급격하게 발달했고, 디지털 혁명으로 칭해진 제3차 산업혁명이 도래했다. 컴퓨터와 인터넷은 정보기술 시대를 활짝 열었다.[39] 이 시대는 디지털 콘텐츠 중심의 제조업 및 서비스 시장까지 산업영역이 크게 확대되었다. 게임, 비디오, 음악, 출판과 관련한 산업이 활성화되었다.

21세기 초엽에 미국 애플사는 스마트폰을 처음 출시하였다. 디지털 혁명에 기반한 물리적, 생물학적, 디지털적 공간의 경계가 희석되어 버리는 기술융합시대가 도래했다. 이런 시대변화는 세상을 초지능화와 초연결성 사회로 만들었다. 2016년 1월 스위스 다보스에서 열린 세계경제포럼은 4차 산업혁명을 주제로 다뤘다. 이때부터 '4차

---

39) 에릭 브린욜프슨과 앤드루 맥아피는 이 시대를 가리켜 '제2의 기계 시대'라 명명했다. 이 시대는 컴퓨터를 비롯한 디지털 기술로 인간의 정신 능력이 대폭 강화된다고 했다. 이 시기 가장 큰 두 가지 사건은 로봇의 초지능화된 인공지능의 출현과 디지털망의 초연결성이다. 에릭 브린욜프슨·앤드루 맥아피, 『제2의 기계 시대』, 이한음 역 (서울: 청림출판, 2016), 13, 118. 참조.

산업혁명'이라는 용어가 광범위하게 사용되었다. 21세기 초부터 4차 산업혁명은 이미 시작되고 있었다. 이 시기에 가장 탁월한 기술이면서 더 빠른 진보로 등장한 신기계는 비유기체 기계에 지능이 장착되는 인공지능 로봇이라 할 수 있다.

오늘날 우리가 대부분 경험하는 인공지능은 기계가 잘 아는 상황에서 특정 과제를 수행하는 목적으로 만들어진 것이었다. 이런 약한 형태의 인공지능은 인간에게 유익하고 인간의 삶을 개선하는 것임이 확실하다. 하지만 인공지능의 학습능력이 향상되면 될수록, 기계는 자의식을 갖게 되는 상태에 이를 것이다. 인간처럼 "자의식을 가진 기계"[40]가 된다. 기계가 스스로 자신의 존재와 구조를 이해하게 되면, 스스로 자신을 개량하게 될 것이다. 영화 〈터미네이터〉의 인공지능 '스카이넷'처럼, 인간을 상대로 전쟁을 일으킬 수도 있다. 이 때문에 인간이 기계적 동작을 제어할 수 없는 인공지능 무기나 기계의 출현은 매우 우려할 만한 일이 될 것이다. 미래학자 레이 커즈와일은 한편으론 "높은 수준의 인공지능이 인간을 정복하고 대체하는 기계"[41]가 되지는 않을 것이라 기대를 걸기도 한다. 그러나 그는 결국엔 "자의식과 자기 개선 능력을 가진 기계는 자신을 제어하고 이해하는 면에서"[42] 인간을 훨씬 능가할 것으로 예측하며 우려를 표한다.

근대의 인간은 초기에 혁신적 도구인 기계를 만들어 유용하게 사

---

40) 사이언티픽 아메리칸 편집부, 『인공지능』, 김일선 역 (서울: 한림출판사, 2016), 102.
41) 위의 책, 104.
42) 위의 책.

용하여 사회를 발전시켰다. 하지만, 오늘날 4차 산업혁명 시대에 와
서는 도구로서의 기계가 이제는 도리어 인간을 도구화할 가능성이
있고, 그 우려는 매우 증대하다. 만일 인간이 제2의 기계인 인공지능
을 통제하는 것이 불가능해지는 특이점의 시기가 온다면, 인간은 그
들과 어떻게 공생하고 공존할지 그에 대한 생존 방식을 다시금 모색
해야 할 것이다.[43]

1.1.4 사회적 존재

생물학적 존재로서 인간은 자연 속에서 살아가지 않고 사회(社會,
society) 속에서 살아간다. 인간의 사회생활은 다른 동물에게 있는 본
능적인 군집 생활이 아니다. 사람들과 의사소통을 하며 집단을 이루
고 서로 협동하며 공동생활을 하는 것이다. 그래서 인간은 사회적 존
재(homo socius)라 말할 수 있다.

고대로부터 뭇 사상가들은 인간이 사회적 존재라는 것을 일관되
게 언급해 왔다. 아리스토텔레스는 인간을 "폴리스적 동물(zoon
politikon)"[44]이라고 했다. 그가 언급한 폴리스는 사회적 공동체이다.
고대 그리스의 폴리스는 작은 도시로 사람들이 모여 살았고 이것이
국가의 형태로 된 사람들의 집단이었다. 그리스인은 도시국가에서

43) 위의 책, 105. 참조.
44) 군나르 시르베크·닐스 길리에, 『서양철학사 I』, 164.

시민적 삶을 살았고 그 공동체 안에서 인간 됨을 실현하고자 했다. 예컨대 인간은 도시 공동체 안에 살면서 인간성을 실현하려 했는데, 그것은 인간이 가진 이성 능력이었다. 아리스토텔레스에 따르면, 인간은 이성적, 정치적 공동체를 통해 좋은 삶을 향유할 수 있다고 생각했다.[45] 로마의 세네카(Seneca)는 인간을 "사회적 동물(animal socialis)"[46]로 정의했다. 그 역시 인간의 본질적 특징을 사회성으로 파악하였다.

중세 사상가 토마스 아퀴나스는 아리스토텔레스처럼 인간을 사회적 존재로 이해했다.[47] 그가 이해한 인간관은 중세사회를 살아간 인간의 모습이다. 그는 인간을 지상의 복과 천상의 복을 누리려는 존재로 보았다. 봉건사회의 위계질서 안에서 인간은 서로 조화하며 행복한 삶을 사는 존재일 뿐 아니라 기독교적인 구원의 덕과 행복을 목표로 사는 이중적 존재였다.[48] 중세인은 기독교 세계의 인간으로서 이중적 사회질서, 즉 국가라는 정치 질서와 교회라는 영적 질서 안에서 살았다. 그러나 소수만이 봉건사회를 지배하며 살았을 뿐, 다수는 정치적, 종교적 권위에 의해 피지배를 받으며 속박과 굴레 속에 살았다.

근대 사회사상가 루소는 인간의 인간됨을 오직 사회활동을 하는 데서 가능하다고 보았다. "인간은 자연상태보다도 사회상태에 있어

---

45) 위의 책, 165. 참조.
46) 문현상, 『인간윤리』, 48. 재인용.
47) 군나르 시르베크·닐스 길리에, 『서양철학사 I』, 269. 참조.
48) 위의 책, 270. 참조.

서 본능에 대한 이성의 자각이 이루어지고 욕망 대신에 정의를 알게
되며, 스스로의 욕망보다도 이성에 귀를 기울이게 되고, (...) 정신상
태가 높은 차원으로 승화하면서 무지몽매의 야수로부터 이성적인 동
물"[49]이 된다. 인간은 자연상태에서 스스로 개인의 자유를 얻는다기
보다 공동체의 힘에 의지할 때 자유를 누리기에 더 유리했고, 그래서
사회를 만들었다. 그런 측면에서 그는 사회계약설로 생겨난 시민사
회를 주장하였다.

19세기 유물론자 포이에르바하(Feuerbach)도 "인간의 본질(을) 인
간과 인간을 연결하는 공동체 안에"[50] 사는 것으로 봤고 그래서 공동
체의 필요성을 역설했다. K. 마르크스도 그와 비슷하게 인간을 가리
켜 "단순한 자연 존재(menschliches Naturwesen)가 아닌 유적 존재
(Gattungswesen)라고 하여 동물이 자기 유(類)에 대한 의식을 가지지
못한 데 반해서, 인간은 상호 간에 동류의식을 갖고 사회의 한 구성
원임을 의식하며 살아가는 존재"[51]로 정의했다.

20세기에 들어와 M. 쉘러는 그의 『공감의 본질과 여러 형태』
(1923)에서 "모든 인간에게는 의식의 본질적인 부분에 있어서 이미
사회라는 것이 내면화되어 있다. 그리고 인간은 사회의 일부분일 뿐만
아니라, 또한 사회는 관련 영역으로서 그 인간의 본질적 부분이다.
내가 우리의 일부이면서 또한 우리가 나의 필연적인 구성요소다."[52]

---

49) 김대환, 『사회사상사』 (서울: 법문사, 1993), 238.
50) 문현상, 『인간윤리』, 48.
51) 위의 책, 49. 재인용.

라며 사회성을 가진 인간을 언급했다.

신칸트학파 철학자 P. 나토르프(Natorp)는 "인간은 다만 인간사회를 통해서만 인간이 된다. 개인은 본래 물리학자의 원자처럼 추상의 산물에 지나지 않는다."[53]고 주장했다. 독일 사회학자 M. 베버(Weber)는 인간의 '사회적 상호작용'을 "경제적 활동과 같이 일정한 목적을 달성하기 위해 합리적 수단을 강구하여 행하는 목적 합리적 행동"[54]으로 기술했고, 상호작용은 다름 아닌 이성적 행동인 것으로 설명했다. 결국, 인간은 공동선의 실현을 위해 서로의 이익을 위해 합목적적 사회행위를 할 수밖에 없다는 것이다. 인간의 사회적 행동은 이성적 활동에 의해 이뤄지는 것이다.

그러면 인간의 사회적 관계는 대체로 어떤 형태로 이뤄지는가? 통상 세 가지 형태로 구분하여 설명된다. 개인과 개인의 관계, 집단과 집단의 관계, 개인과 집단의 관계이다.[55] 첫 번째 관계에는 두 형태, 즉 경쟁과 대립, 우호와 협조의 관계가 유기적으로 작동되고 있다. 엄격히 말하면, 개인의 성장과 사회발전의 원동력은 주로 후자에서 이뤄진다 할 수 있다.

두 번째 관계에서는 이익사회의 특성으로 집단 이기주의가 발생한다. 부득이하게 집단 간 충돌과 대립이 생긴다. 여기서 갈등과 차

---

52) 위의 책, 48. 재인용.
53) 위의 책, 49. 재인용.
54) 위의 책, 51.
55) 위의 책, 52. 참조.

별, 소외 등 여러 사회문제가 빈번하고 복잡하게 발생한다. 하지만 제 집단은 집단 간 갈등이 불가피한 것이라 할지라도 상호협력을 통하여 전체 사회가 긍정적인 방향으로 발전해 나가도록 힘써야 할 것이다.

세 번째 관계는 개인과 집단이 어떻게 작동되는가를 묻는다. 개인을 우선시하고 집단을 뒷전으로 놓게 되면, 사회는 개체주의의 늪에 빠질 수 있다. 개인과 자기 가족의 욕심만 채우려는 개인적 이기주의 혹은 가족 이기주의는 결국 사회나 국가 등 공동체를 경시하게 하므로 사회 전체를 위태롭게 할 수 있다. 반면에 개인을 경시하고 집단을 강조하게 되면, 사회는 전체주의라는 강제와 폭력의 정치 메커니즘으로 전락할 수 있다.

1.1.5 문화적 존재

인간은 사회 속에서 살아가기도 하지만 문화 속에서 살아가기도 한다. 원하든 원치 않든 문화의 공기를 마시며 문화를 향유하며 살고 있다. 그런 측면에서 인간이 사회와 관계를 맺듯 문화와도 불가분리의 관계에 있다. 문화 없는 인간은 생각할 수 없다. 그러므로 인간은 '문화적 존재'(homo cultus)다. 그렇다면 인간에게 문화란 도대체 무엇인가?

우선 문화가 무엇인지 문화의 개념을 어원적으로 정리하고자 한다. 문화(文化, culture)라는 용어는 고대 그리스어에는 부재했다. 문화는 라틴어에서부터 파생되었다. 라틴어 동사 colo(경작하다)와 라틴어 형용사 cultus(가꾼, 경작된)에서 문화의 어원이 유래했다.[56] 어의적인 의미에서 문화는 농사와 밀접하게 관련되어 있다. 사람이 땅을 갈고 작물을 재배할 때, 인간의 작위인 노동행위가 들어간다. 농업(agri cultura, agriculture)과 포도 재배(vitis cultura, vine culture)는 일종의 문화 행위로 간주된다. 이렇게 보면, 문화는 자연(自然, nature)과 관계하지만, 그것과 뚜렷이 구별되는 개념이다. 자연은 라틴어 동사 nascor(생기다)와 라틴어 형용사 natus(생긴)에서 유래했다. 자연은 의미 그대로 '생겨난 그대로의 것'이다. 땅은 그 자체로 자연이다. 사람이 땅을 갈고 밭을 만들면, 밭은 문화의 소산이 된다. 강은 자연이고 운하는 문화다. 나무는 자연이고 수목원은 문화다. 새소리는 자연이고 사람의 언어는 문화이다. 문화는 이렇게 육체노동으로부터 시작해 점차 정신노동의 것으로 전이했다. 고대 로마 공화정 말기의 정치가이자 철학자인 키케로(cicero, B.C. 106-43)는 문화 개념을 새로이 규정했다. 문화는 육체노동의 것이 아니라 '정신노동'(cultura animi)의 것이 되었다.

　문화는 인간의 소산이다. 사람이 고안하고 의도적으로 만든 것이다. 곧 문화는 인위적(人爲的)이다. 인위적 총체가 문화라 할 수 있다. 문화는 사람이 어떤 의도와 목적을 가지고 창조하여 성취한 것이다.

---

56) 서양과 달리 한자어 文化는 글자 그대로 글(文)과 '되게 한'(化)이 결합한 문자다. 문자나 글로 된 것이 문화인 것이다. 중국 문화권에서 사용되는 문화란 '정신적인 것이 투영되어 나타난 것'이란 뜻을 가진다. 동양의 문화는 인간의 언어활동과 관련해 있다.

문화는 인간이 마음을 쓰고 손을 사용해 만든 결과이다. 문화는 이성
능력의 발현 결과라 할 수 있다. 인간이 가진 인지적, 감정적, 가치적
능력이 작동되어 일정한 목적하에 성취된 것이다. 인간이 의식적으
로 만든 문화는 후손들에게 전수된다. 문화는 인간의 이성적(의식적)
행위 및 그 결과의 총체다. 모든 문화에서는 인류가 남긴 흔적을 고
스란히 볼 수 있다.

　독일 사회학자이자 철학자인 G. 짐멜(Georg Simmel, 1858-1918)
은 문화를 인간 "자신에 이르는 영혼의 길"[57]로 파악했다. 결국 영혼
과 관계한 문화는 이성과 밀접하게 관련해 있고, 그것으로써 영혼의
만족을 추구하는 것이다. 문화는 이성 활동의 결과다. 독일 신칸트학
파 철학자 E. 카시러(Ernst Cassirer, 1874-1945)는 『인간이란 무엇인
가』(1944)에서 인간을 '상징형식의 존재'로 명명했다. 인간은 다른
동물과 달리 상징을 사용한다. 카시러가 보는 '상징을 사용하는 인
간'이란 "문화에 의해"[58] 사는 존재와 다르지 않다. 상징을 써서 문화
를 창조한다. 인간이 창조한 문화 요소들은 "언어·신화·종교·예술·과
학·역사"[59]의 것들이다. 이것들은 각기 독자적으로 기능하며 상호 유
기적으로 통합된다. 문화는 인간이 하는 모든 정신활동의 총체이다.
문화는 "사회적 유산(이며) 독특한 실재(reality sui generis)"[60]로서 인

57) 진교훈, 『철학적 인간학 연구 I』 (서울: 경문사, 1982). 156.
58) 에른스트 카시러, 『인간이란 무엇인가』, 최명관 역(서울: 창, 2008). 118-131.
59) 위의 책, 126.
60) 리처드 니버, 『그리스도와 문화』, 김재준 역(서울: 대한기독교서회, 2004), 47.

간을 이것을 벗어나기 어렵다. 물고기가 물을 떠나 살 수 없듯, 인간
은 문화를 떠나 살 수 없다.

미국의 기독교윤리학자 리처드 니버(Richard H. Niebuhr, 1894-1962)
는 『그리스도와 문화』(1951)에서 기독교와 관계하는 문화 개념을 분
석했다. 그는 문화를 "인간 활동의 전반적 과정과 그 활동의 전체(이
자) 인공적인, 제이의 환경"[61]으로 정의했다. 문화의 내용은 "언어,
관습, 이념, 신념, 전통, 사회조직, 전해 받은 공예품, 기술적 진전 그
리고 가치 등"[62]과 같은 것이다. 정신적인 것과 물질적인 것을 모두
포함한다.

리처드 니버는 문화의 특징을 네 가지로 요약했다. 첫째, 문화는
사회적 특성을 가진다. 사회생활 자체가 문화적 활동이다. 문화는 후
손에게 전수되는 사회적 유산이다. 둘째, 문화는 인위적이다. 문화의
모든 과정에 인간의 의도가 개입된다. 인간의 노력 없이 문화는 얻지
못한다. 언어 습득, 정부기관 유지, 과학기술 사용, 물질적 문화활동
등은 인간의 수고와 노력이 들어가서 나온 결과이다. 셋째, 문화는
가치적이다. 가치적 활동이 문화다. 문화활동은 무형과 유형, 즉 정
신적인 것과 물질적인 것을 포함한다. 인간에게는 정치질서나 경제
질서 등 무형의 가치인 비물질적 선만이 아니라 물질적 형태의 선도
있다. 유무형을 어떻게 조화시키는가가 관건이다. 넷째, 문화는 다원
적이다. 문화는 다원적 가치가 있다. 문화의 가치는 부지기수다. 여

---

61) 위의 책.
62) 위의 책.

러 유형의 사람들, 다양한 계층과 집단에 따라 획득되는 문화가치는 다양하다. 하부구조 가치, 즉 경제적, 생물학적 가치도 있고 상부구조 가치, 즉 정신적 가치도 있다.

1.1.6 유희적 존재

인간이 문화적 존재라는 점은 앞에서 정의했다. 그런데 인간이 문화 창조자로서 문화 행위 중 하나인 '놀이'라는 기능을 가지고 그 점을 인간의 본질로 특정한 학자가 등장했다. 네덜란드 역사학자 J. 하위징아(Johan Huizinga, 1872-1945)이다. 하위징아는 1938년 『호모 루덴스』를 펴냈다. 책의 원서는 네덜란드어로 쓰였다. 영문판 부제는 '문화 안에 있는 놀이 요소에 관한 연구'(A Study of the Play Element in Culture)다. 그는 책에서 인간을 '유희하는 존재'(homo ludens, man the player)로 정의했고, 인간 삶 자체가 놀이 행위에서 출발한다는 점을 주장했다. 그는 인간을 호모 사피엔스, 호모 파베르와 다른 기능을 가진 존재를 호모 루덴스라 했다. 물론 호모 쿨투스이기도 하지만, 인간은 오히려 호모 루덴스에 더 가깝다고 했다. 하위징아가 그렇게 인간을 규정하려는 의도는 매우 명백하다. 문화가 대부분 놀이의 특징을 상당할 정도로 갖고 있기 때문이다.[63] 인간사회의 공동생활 자체도 어떤 면에서 놀이의 형식을 가지고 있다.

---

63) 요한 하위징아, 『호모 루덴스』, 이종인 역 (고양: 연암서가, 2018). 22.

놀이는 일종의 문화 현상이다. 하지만 문화보다 더 오랜 역사를 갖고 있다. 여타 동물들도 인간과 같이 놀이를 할 줄 안다. 인간에게만 놀이가 있는 것은 아니다. 그리고 인간의 놀이는 태고 시대부터 현재 시대까지 문화 현상 속에 함께 있어 왔고 놀이 형태는 다양하게 넘쳐난다. 인간은 놀이를 통해 인생관과 세계관을 표현하기도 했다. 그러기에 놀이는 인간 문화의 하나의 요소가 아니라 문화의 근본토대가 된다.

그렇다면 놀이의 본질은 무엇인가? 놀이의 본질은 본능이나 그것의 의도로부터 나오는 것이 아니고[64] 마음(정신)으로부터 나오는 것이다.[65] 놀이의 원천인 마음은 이성을 포함하는 총체적인 현상이다. 마음에서부터 나온 놀이는 재미(fun)를 부여한다.[66] 곧 놀이의 본질은 재미이다. 사람은 놀이하면서 재미를 느낀다. 물론 재미를 느끼는 도가 지나치면 열광, 몰두, 광분으로 나간다. 재미의 특성을 가진 놀이는 초논리적이며 비합리적인 측면이 있다.[67] 이런 측면에서 놀이가 가진 의미를 논할 수 있다. 놀이는 "생활의 즉각적인 필요를 초월하는 것으로서 그 행동 자체에 가치를 부여"[68]하는 것이다. 그러므로 놀이는 "일상생활과는 구분되는 잘 정의된 특질을 가진 행위"[69]이다.

---

64) 위의 책, 32. 참조.
65) 위의 책, 36. 참조.
66) 위의 책, 35. 참조.
67) 위의 책, 36. 참조.
68) 위의 책, 32.
69) 위의 책, 37.

예컨대 문명사회의 소산물로 일컬어지는 것들, "법과 질서, 상업과 이익, 기술과 예술, 시가, 지혜, 과학"[70] 등은 모두 놀이라는 원초적 토양에서 나왔다고 볼 수 있다. 이런 문명의 소산은 놀이를 통해 재미나 즐거움을 준 것이었다.

그러면 놀이의 일반적 특징으로 무엇이 있는지 살펴보기로 한다. 첫째, 놀이는 자발적 행위이다.[71] 명령과 강압에 의한 것이 아닌 자유 행위이다. 어린아이와 동물은 재미가 있기에 자연스럽게 놀이를 한다. 그들의 놀이엔 전적으로 자유가 있다. 놀이는 자유시간에 한가롭게 하는 행위이다. 둘째, 놀이는 일상생활에서 벗어난 행위이다.[72] 놀이는 실제적 현실 생활에서 벗어나 만족감을 주는 일시적 행위 영역 안으로 들어간다. 놀이는 필요와 욕구 충족이라는 명제 바깥에 있고 생활의 욕구 과정을 방해하는 것이다. 셋째, 놀이는 시간과 공간의 제약을 받는다.[73] 놀이는 시작이 있고 적절한 때에 종료한다. 그리고 놀이는 아무 때나 반복하는 기능을 갖는다. 놀이는 또한 공간의 제약을 받는다. 놀이가 이뤄지는 공간이 사전에 따로 마련된다.

다음으로, 놀이에 있는 성질이 무엇인지 살펴본다. 첫째, 모든 놀이엔 규칙이 있다.[74] 규칙은 놀이가 벌어지는 장소와 시간을 결정한다. 만일 놀이 규칙을 위반하면, 놀이의 세계는 붕괴하고 게임은 끝

---

70) 위의 책, 38.
71) 위의 책, 43. 참조.
72) 위의 책, 44. 참조.
73) 위의 책, 46. 참조.
74) 위의 책, 49. 참조.

난다. 둘째, 놀이엔 예외적이고 특별한 지위가 있다.[75] 놀이에는 비밀이 있다. 놀이를 비밀로 행하면, 놀이의 매혹이 더욱 높아진다. 놀이하는 무리는 색다른 존재가 되고 색다르게 행동한다. 이렇게 놀이의 비밀성과 색다름은 가면극에서 특히 잘 표현된다.[76] 셋째, 놀이는 경쟁(競爭)과 재현(再現)이다. 놀이는 두 기능을 가진다. 놀이에는 어떤 것을 얻으려는 경쟁이 있고, 그것을 재현하는 것이다.[77] 재현은 전시(展示)를 뜻한다. 자연스럽게 경쟁하는 것을 관중 앞에 드러내는 것이다. 이러한 경쟁과 재현은 어린아이의 놀이에서나 원시사회의 신성한 의례에서 그 예를 찾을 수 있다. 어린아이들은 학예회 발표에서 마녀나 호랑이로 분장하고는 서로 앞다투어 연기하려고 애를 쓴다. 연기는 일종의 재현으로 "외양의 실현"[78]인 셈이다. 또한, 원시사회에서 벌어진 신성한 의례의 참여자는 어떤 비현실적인 것을 성스러운 형태로 만들어 실제로 행동에 옮긴다. 이렇게 재현을 현실화하는 것에 놀이의 특징이 있다.[79]

하위징아는 그의 책 본론에서 어떤 시합이나 경기에 나타나는 놀이 요소를 분석했다. 법률에서도 놀이의 특성을 부각했다. 심지어 전쟁에서조차 놀이의 요소를 찾아내고자 했다. 지식, 시(詩), 신화(神話)와 철학, 예술에서 놀이의 관점이 있음이 드러났다. 그는 서양문명사

75) 위의 책, 51. 참조.
76) 위의 책, 52-53. 참조.
77) 위의 책, 53. 참조.
78) 위의 책, 54.
79) 위의 책, 55. 참조.

를 놀이라는 키워드로 조망하였다. 현대문명에서 발견되는 놀이의 요소를 분석했다. 현대 스포츠, 카드놀이, 상거래 예술, 과학, 정치, 국제정치와 현대 전쟁에서 진지함과 지나친 경쟁으로 인해 놀이의 미덕이 때론 사라지기도 하지만, 본질상 놀이의 형식이 여전히 나타난다는 것을 심도 있게 분석해 냈다. 하위징아는 결론을 내리는 측면에서 "진정한 문명은 특정 놀이 요소가 없는 곳에서는 존재할 수 없다."[80]고 단언했다. 그의 통찰력으로 볼 때, 인류 문명은 그 핵심에 모두 놀이의 요소가 있는 것이다. 인간은 놀이의 원천인 재미나 즐거움이 있기에 문화를 더욱 발전시켜 나갈 수 있었다. 플라톤은 인간을 가리켜 신의 "놀이를 놀아주는 자"[81]로 말했다. 하위징아는 구약성서 잠언을 거론하면서 인간을 "지혜(모든 것이 놀이)"[82]를 가진 장인으로 표현했다.

하위징아는 인간의 놀이가 마음에서 도출하는 것이라 앞서 말했다. 놀이 자체는 윤리 밖에 있고 선하지도 악하지도 않은 것이 사실이다.[83] 하지만 그는 인간이 윤리적 덕목인 진리와 정의, 동정과 용서 등을 행동으로 옮길 때, 놀이에서처럼 즐거움이나 재미, 기쁨이 넘쳐난다는 것을 새롭게 인식하게 했다. 선의지의 행동은 양심과 도덕적 의식에서 비롯한 것이기에 합당한 놀이에 해당한다.[84]

---

80) 위의 책, 407.
81) 위의 책, 410.
82) 위의 책. 잠 8:22-31.
83) 위의 책, 411. 참조.
84) 위의 책. 참조.

1.1.7 종교적 존재

현대 인간학의 대표자 M. 쉘러는 인간 본질을 다섯 가지 인간 유형으로 나누어 설명했는데, 종교적 인간을 가장 먼저 언급하였다. 그는 인간에게 있는 고유한 특징으로 가장 잘 표현할 수 있는 것을 종교성(宗敎性)에서 찾았다. 인간에게 근원적으로 종교성이 있다는 것은 인간이 종교적 존재라는 것을 말한다.

종교(宗敎, religion)는 한자어로 '근본이 되는 가르침'을 뜻한다. 불교적 용어로 석가모니의 가르침을 지칭한다. 19세기 말 일본 메이지 시대(明治時代)에 번역자들이 religion을 종교로 번역하였고 이후 우리나라도 그 용어를 그대로 따랐다. religion은 라틴어 명사 religio에서 유래했다. '경건한 숙고' 혹은 '신에 대한 경배'의 뜻을 가졌다. 그러므로 종교는 "초자연적인 존재에 대한 외경의 감정과 그것을 표현하는 의례 등의 행위"[85]로 정의할 수 있다. 인간에게 종교성이 있다는 것은 인간은 다른 동물과 달리 유일하게 절대자 신을 사유하고 경배할 줄 아는 존재라는 것이다. 원숭이 같은 고등동물에게 종교성이 있는지 찾는 일은 헛수고에 불과하다. 오직 인간만이 고대사회로부터 현재까지 수많은 종류의 종교를 가지고 있으며 종교적 의례 행위를 가져왔다. 자연종교로부터 고등종교까지 인간사회에 있는 종교의 종류 또한 실로 다양하고 셀 수 없이 많다.

---

85) "종교", 「한국민족문화대백과」.

모든 고등종교에 있는 초자연적 절대자는 인간에게 신앙과 숭배의 대상이 된다. 그러나 신격인 절대자는 동일자가 아니다. 각기 종교마다 신관이 다르다. 유신론적 신관이 그렇다. 물론 무신론(無神論, atheism)을 신봉하는 인간도 있지만, 연약한 인간의 한계를 초극하고자 하는 몸부림은 종교성의 인간 모습과 다르지 않다.[86] 유신론(有神論)은 크게 유대교, 기독교, 이슬람교 등과 같은 유일신론, 서구 계몽주의의 신관인 이신론, 유교, 힌두교, 불교, 선교(仙敎) 등과 같은 범신론, 다신론 등이 있다. 종교는 원시시대부터 현대에 이르기까지 인류 역사의 발전에 이바지했고 각각의 시대마다 사회적, 문화적 기능을 긍정적이든 부정적이든 담당했다. 현대사회에서 종교의 역할이 상당히 축소되었다 할지라도 종교는 여전히 사회 영역에서 중요한 위치를 차지하고 있다.

쉘러는 인간이 종교적 존재라는 것을 인간이 정신적 존재라는 것에서 찾았다. 인간은 정신이 있기에 인간성의 한계를 초월하고자 한다. 그러나 인간은 한계적 존재이기에 스스로 자신을 초월할 수 없다. 인간의 정신은 영원성과 초월성을 추구한다. 쉘러는 이런 정신적 작용을 인간 본질의 핵심으로 여겼다.[87] 인간 정신은 영원한 세계와 신에 접근하는 유일한 통로가 된다. 신성에 연결되어 있다. "정신적 존재로서의 인간은 본질적 영원적인 것에 참여하는 철학적 실천자요,

---

86) 니체가 '신은 죽었다' 선언하며 내세운 초인사상은 인간이 자기 자신을 초극함을 희구하고 인간성의 한계를 벗어난 피안에서 자기 안전을 추구하려는 종교적 신앙고백이 아닐 수 없다. 김두헌, 『현대 인간학』 (서울: 박영사, 1973), 129. 참조.
87) 김두헌, 『현대 인간학』, 132. 참조.

정신적 작용에 의해 자기 자신을 신화(神化)할 수 있는 존재다."[88] 정신의 본질은 신적 정신의 자기표현이자, 초극하려는 영원성이다. 그러므로 인간은 신에게로 가는 충동, 경향, 과정에 있다. 그래서 쉘러는 인간을 우주의 구성원(Mitglieder)으로 봤다.[89] 우주의 구성원인 인간은 현실에 안주하지 않고, 끊임없이 자기를 초극하려고 노력한다. 고정적이지 않으며 안정 없는 불균형에서 항시 벗어나고자 한다.[90] 쉘러의 인간관은 가톨릭교회 인간관을 대변한 측면이 없지 않다.[91] 그가 바라본 인간 정신은 신적 이성을 지향하고 있다. 그러기에 인간은 본질상 종교적 존재다.

스위스 개신교 신학자 에밀 브루너(Emil Brunner, 1889-1966)는 서양 문화의 붕괴와 위기를 현대 이후 300년간 진행된 무신론적 역사 과정에서 비롯되었다고 보았다. 예컨대, 근대사는 하나님의 형상으로 지어진 인간이 하나님을 믿고 경배하는 성서적 인간관에서 기독교적 유신론으로 바뀌었다. 기독교 유신론은 다시 철학적 유신론으로, 철학적 유신론은 다시 이상주의로, 이상주의는 다시 실증주의로, 실증주의는 결국 자연주의로 넘어갔다. 결국, 성서적 인간관은 사라지고 인간은 고도로 발달된 동물일 뿐이라는 물질적 인간관으로 대체되는 사태로까지 갔다.[92] 자연주의 인간관에 한 몫을 더 얹은 사상이

---

88) 위의 책.
89) 위의 책, 131. 참조.
90) 위의 책. 참조.
91) 위의 책, 133. 참조.
92) 위의 책, 130. 참조.

다윈주의, 마르크시즘, 프로이트의 리비도이론 등이다. 이렇게 기독교는 사라지고 한낱 휴머니즘이 득세하는 시대가 되었다. 브루너는 성서적 인간관의 상실이 결정적으로 서양 문화의 위기를 불러오게 한 원인이 되었다면서 근대 서양사를 재해석했다. 그는 서양 문화의 갱신을 위해서는 기독교로부터의 인간성을 피안에 둔 입장을 다시 획득해야 할 것이라고 강조했다.[93] 인간성이 신성과 연결되어야만 인간이 제 자리를 찾고, 그때 비로소 인간성 회복이 가능하게 되는 것이다.

유신론적 실존주의 철학자 칼 야스퍼스(Karl Jaspers, 1883-1969)는 서양 철학자치고 기독교의 경전인 성서에 대한 깊은 조예 없이 철학하는 사람은 한 사람도 없다고 단언했다.[94] 비록 순수 철학자일지라도 종교적 관점을 가지지 않고는 제대로 철학할 수가 없다는 것이다. 서양 철학의 역사적 기원은 그리스적 사고뿐 아니라 히브리적 신앙까지 함께 들어 있다.

---

93) 위의 책. 이에 관한 브루너의 책은 『기독교와 문명』(Christentum und Civilization, 1947)과 『휴머니즘의 한계』(Die Grenzen der Humanitaet, 1922)다.
94) 위의 책, 129. 참조.

1.1.8 결론 : 윤리적 존재

지금까지 인간 존재에 대한 7가지 견해를 하나씩 살펴보았다. 인간이 이성적 존재(homo ratio)라고 정의될 때, 인간은 공히 윤리적 존재 혹은 도덕적 존재(homo morálitas)라는 점이 결국에 두드러지게 나타난다. 이성 중 의지에 관련한 것이 도덕 혹은 윤리의 과제가 되고, 인간은 도덕적 행위를 하는 존재로 귀착된다. 호모 사피엔스(homo sapiens)로서 현생인류가 생겨난 이래, 인간은 생존을 위해서 사회를 이루고 거기서 에토스를 형성하고 나름 도덕적 행동을 취해 왔다. 또한, 인간은 도구적 존재(homo faber)이기도 하다. 인간은 역사 이래 삶의 필요를 위해 여러 도구를 만들어 사용해 왔다. 현대 과학기술 시대부터 수없이 많은 기계가 발명되고 제작되었다. 기계가 선하게 사용되면 좋겠지만, 때론 부작용과 역기능의 측면을 부정하기 어렵다. 오늘날 도구를 사용하는 인간에게 부득이하게 윤리적 책임을 묻지 않을 수 없다.

인간은 사회적 존재(homo societas)이기도 하다. 인간은 이성이 있기에 다른 동물과 달리 말을 하고 글을 쓸 수 있다. 이렇게 의사소통을 통해 인간집단을 이루고 인간끼리 의사소통을 하며 더불어 살 때 합리적 공동생활이 가능했다. 복잡다단한 인간관계 속에서 인간의 도리, 즉 윤리를 지키고 살 때 상호존중이 가능했고 사회는 존속했다. 인간은 또한 문화적 존재(homo cultus)이기도 하다. 인간은 다른 동물과 달리 문화를 창조한다. 문화 창조는 전적으로 이성의 산물이다.

물질문화 건 정신문화 건 인간은 문화생활을 통해 찬란한 인류 문명을 이루어왔다. 인간은 놀이하는 존재(homo ludens)다. 인간은 놀이하면서 정신적 즐거움과 안식, 기쁨을 누린다. 인간은 놀이할 때, 양심과 도덕적 의식과 전혀 무관하게 놀지 않는다. 인간은 종교적 존재(homo religius)이기도 하다. 기독교의 관점에서 볼 때, 인간은 신의 창조물이다. 신으로부터 이성을 부여받고 신과 교제하며 사는 영적 존재다. 인간은 이성적으로 살 때 윤리적 삶을 살게 되고 인간다운 삶, 인격적 삶을 살게 된다.

1.2 동서양의 인간 본성론

인간의 본성(本性)에 관한 문제는 동서양을 불문하고 많은 철학자
나 사상가에 의해 논의되었다. 인간 본성은 인간이 본래 어떤 성품을
갖고 태어났느냐고 묻는 것이다. 구체적으로 더 파고 물으면, 인간
본성이 선(善)과 악(惡), 어느 것으로 구성되어 있느냐 하는 것이다.
본성의 논점은 선악에 관한 것으로 선악의 유무(有無) 여부로 인간을
규정하려 하는 것이다. 인간 본성론은 인간성에 있어서 선악을 가린다.

지금까지 동서양 모두 인간 본성론으로 제기된 이론은 성선설(性善
說), 성악설(性惡說), 성무선무악설(性無善無惡說), 성선악혼재설(性善惡渾
在說)로 크게 압축할 수 있다. 먼저, 동양에서 거론된 성선설은 맹자
(孟子)가 주장했고, 성악설은 순자(荀子)가, 성무선무악설은 고자(告子)
가, 성선악혼재설은 양웅(揚雄)이 주장했다. 그다음, 서양에서의 성선
설은 루소(Rousseau)가, 성악설은 홉스(Hobbes)가, 성무선무악설은
로크(Locke)가, 성선악혼재설은 기독교의 사도 바울(Paul)이 주장했다.

1.2.1 성선설

1.2.1.1 맹자

맹자(孟子, BC 372?-BC 289?)는 중국 전국시대의 유교 사상가다.

맹자는 공자의 사상을 그의 손자 자사의 문하생으로부터 배웠다. 그는 『시경』과 『중용』에 나오는 어구에 근거해서 인간의 본성이 선하다는 것을 인성 법칙으로 세우고 주장하기에 이르렀다. 그는 책 『맹자』 「고자장구 상(告子章句 上)」편에서 '인간의 본성은 선하지도 않고 악하지도 않다.'는 고자의 성무선무악설을 논박하고 자신의 인성론을 세웠다. 고자(告子)와 다른 이론(異論)인 성선설을 주장하였고, 그것과 관련하여 사덕사단(四德四端)을 개진하였다.95) 「공손추장구 상(公孫丑章句 上)」편에서도 성선설을 여러 비유를 들어 반복해서 설명했다.

맹자는 인간의 마음이 본래부터 선하다는 것을 가르쳤다. 그는 인간의 본성을 설명하기 위해 물을 비유로 사용했다. 그는 물의 흐름과 같은 자연법칙을 써서 인간의 법칙에 적용했다. 물은 위에서 아래로 흐른다. 물의 자연법칙이 이렇게 정해져 있듯이, 인간 본성은 이미 선한 것으로 정해져 있다. 아래로 흐르지 않는 물이 없듯이, 선하지 않은 사람은 세상에 없다.96) 그런데 분명 선하지 않은 사람이 없지는 않다. 이럴 경우, 본성에 의한 것이 아니라 사람의 힘으로 성질을 억지로 바꾸었기 때문이다. 물을 손으로 쳐 사람 이마 위로 튀어 오르게 할 수 있다. 또한, 인위로 거세게 물을 흘러가게 하면 산으로 올라가게 할 수 있다.97) 이처럼, 사람이 선한 본성을 거슬러 악한 행동을 하는 것은 다름 아닌 환경이나 기세에 의해서 된 것뿐이다.98)

---

95) 맹자, 『맹자』, 나준식 역 (고양: 새벽이슬, 2010), 142-143. 참조.
96) 위의 책, 300. 人性之善也 猶水之就下也, 人無有不善 水無有不下.
97) 위의 책, 301. 今夫水 搏而躍之 可使過顙, 激而行之 可使在山.

맹자는 또한 타고난 감정(感情)과 기질은 선하다고 했다. 그것은 악한 것이 아니어서 죄가 아니라고 했다.[99] 그는 사람의 본성에 양심(良心)이 있기에 선천적으로 선할 수밖에 없다고 말했다. 그러나 사람이 양심을 잃으면, 민둥산과 같이 되거나,[100] 금수같이 된다고 했다.[101] 악인도 본성은 원래 선했다. 그가 악하게 된 것은 선천적인 것이 아닌 후천적인 이유 때문이다. 환경적 요인이 작용한 것이다.

맹자는 사람이 본래 선하기 때문에 사덕(四德)[102]과 사단(四端)[103]을 갖는다고 했다. 사덕은 인의예지(仁義禮智)라는 네 가지 덕을 말한다. 사람의 사지와 같이 몸에 붙어 있는 것으로 마음 안에 반드시 간직해야 하는 것이다.[104] 사덕은 마음 밖에서는 얻을 수 없고, 오직 마음 안에서만 찾을 수 있다. 반면에, 사단은 사람의 선한 본성에서 나오는 네 가지 마음을 뜻한다. 여기서 단(端)은 선(善)이 발생할 가능성의 시초를 말한다. 이렇게 사단은 모든 사람에게 있으며 발견되는 것이다. 사람이 사단을 더 넓히고 충실하면 온 세상을 가질 수 있다.[105] 또한 사덕과 사단의 관계는 선후 관계로 긴밀히 연결되어 있다. 사단은 사덕에서 나온다. 곧, 인(仁)에서 나오는 마음의 상태가 측은지심(惻隱之

---

98) 위의 책. 人之可使爲不善, 其性亦猶是也.
99) 위의 책, 305. 孟子曰 乃若其情則可以爲善矣 乃所謂善也 若夫爲不善 非才之罪也.
100) 위의 책, 318. 참조.
101) 위의 책, 319. 참조.
102) 위의 책, 307. 참조.
103) 위의 책, 306. 참조.
104) 위의 책, 144. 참조.
105) 위의 책, 145. 참조.

心)이다. 측은지심은 '남의 어려움을 보고 측은히 여기는 마음'이다.[106] 의(義)로부터 나오는 마음은 수오지심(羞惡之心)인데, '옳지 못한 것을 보면 부끄러워하는 마음'을 말한다. 예(禮)에서 나오는 마음은 '남을 공경하는 마음'의 뜻을 가진 사양지심(辭讓之心)이다. 지(智)에서 나오는 마음은 '옳고 그름을 가리는 마음'으로 시비지심(是非之心)을 말한다.[107]

　맹자는 인간의 본성을 농작물의 수확에 비유해서 설명했다. 같은 종자라도 땅에 뿌려지게 되면, 땅의 비옥함이나 척박함, 사람들이 가꾸는 정성 등과 함께 자연환경이 어떤 영향을 미쳤는가에 따라 수확의 차이가 난다.[108] 마찬가지로, 인간이 선을 행하거나 악을 행하는 것은 타고난 성품의 차이가 아닌 교육 정도에 따라 성품이 달라지는 것이다. 그런 측면에서 성인(聖人)도 범인(凡人)과 같은 무리로 볼 수 있다.[109] 성인과 범인은 태어날 때부터 구별되지 않는다. 다만 수양 정도에 따라 차이가 날 뿐이다. 맹자는 성인이 범인보다 더 훌륭한 것은 선함을 일찍 깨우친 결과라고 주장했다.[110]

---

106) 위의 책, 141. 측은지심에 대한 대표적 비유는 다음과 같다. "지금 사람들이 어린아이가 우물에 빠지려는 것을 보고 모두 깜짝 놀라 측은한 마음을 가지게 된다."(今人 乍見孺子將入於井 皆有怵惕 惻隱之心)

107) 위의 책, 306-307. 참조.

108) 위의 책, 310. 雖有不同 則地有肥磽 雨露之養 人事之不齊也.

109) 위의 책, 311. 聖人 與我同類者.

110) 위의 책, 316. 謂理也義也 聖人 先得我心之所同然耳.

1.2.1.2 루소

프랑스 계몽주의 철학자 루소(Jean Jacques Rousseau, 1712-1778)는 인간 본성론에서 성선설을 주장하였다. 그는 서양 성선설의 대표자라 할 수 있다. 루소는 그의 저서 『에밀』에서 인간 본성이 왜 선한지 사부아 신부(神父)의 말을 빌려 피력했다.

> "인간의 본성을 사색하면서 나는 그로부터 전혀 다른 두 가지 원리를 발견했다는 생각이 드네. 그 하나는 인간을 높이고, 영원한 진리를 탐구하며, 정의와 도덕적인 아름다움을 사랑하게 하며, 그 관조가 현자의 더없는 기쁨이 되는 지적인 세계에 이르게 하네. 그 반대로 다른 하나는 인간 자신에게 비천함을 가져다주며, 관능의 지배에 굴복시키며, 그 관능의 수행기관인 정념에 예속시키며, 그 정념에 의해 전자의 원리의 감정이 인간에게 불러일으키는 모든 것을 방해하네."[111]

루소는 위의 인용문에서 인간의 본성을 자연적인 것으로 보았고 '인간이 타고난 자연 그대로의 성질'로 규정했다. 그는 영육이원론(靈肉二元論)에 입각하여 영혼의 요소가 발휘하는 것을 가리켜 양심(良心, conscience)이라 했고, 육체의 요소가 발휘된 것을 정념(情念, passion)이라 칭했다.[112] 정념은 "육체적 관능의 수행기관"[113]으로 자기 자신을 배려하고 자신의 안위와 자기 보존에 관심이 있다. 정념의

---

111) 루소, 『에밀』, 김중현 역 (파주: 한길사, 2003), 498.
112) 이상익, 『본성과 본능』 (서울: 서강대학교출판부, 2016), 183-184. 참조.
113) 위의 책, 184.

도덕적 원리는 자기 보존을 위해 타인을 희생시키지 말라는 것이다. 루소에게 인간은 도덕적 본성과 동물적 본능을 가지고 태어난 존재이다. 인간은 근본적으로 타인에 대한 동정심을 가지고 있고, 또한 자기 보존에 대한 욕구도 있다. 인간 본성에는 이 두 가지의 것이 공존한다. 인간은 양자의 갈등 속에 모순적 행태를 보이기도 한다. 그러나 루소는 인간의 이기성보다 "동정심"[114]이란 본성을 인간의 특징으로 더 부각하고자 했기에 인간을 선한 존재로 간주했다. 동정심은 "옳은 것을 좋아하고 나쁜 것을 싫어하는 양심으로 승화해 간다."[115]

현상적으로 볼 때, 루소는 인간에게 자기 보존에 대한 욕구, 즉 자기애가 타인에 대한 동정심보다 우선한다고 보았다.[116] 자기애를 동정심보다 궁극적인 것으로 보았다. 그리고 자기애의 근원은 정념의 근원으로 자신에게 해를 끼치는 것을 혐오하는 "맹목적인 본능"[117]으로 불렸다. 자기애는 본능과 관련해 있는 "특수의지"(特殊意志)[118]이다. 특수의지는 자신의 사사로운 이익을 추구하는 의지다. 이 특수의지와 함께 일반의지(一般意志)도 있다. 일반의지는 인간 이성과 관련한 것으로 공동의 이익, 공공복지를 추구하는 의지이다. 또한, 루소는 자기 보존에 대한 욕구인 본성이 이성을 앞선다고 보았다. 사실

---

114) 위의 책. 루소는 동정심을 "우리를 고통받는 자의 입장에서 서보게 하는 감정"으로 규정했다.
115) 위의 책, 189.
116) 쥴리앙(F. Jullien)은 루소의 동정심을 맹자의 측은지심과 상응한다고 해석했다. 이상익, 『본성과 본능』, 187. 각주. 참조.
117) 위의 책, 186.
118) 위의 책, 184.

이성은 일정한 나이가 지나야 가지게 되고 또 의식하게 되는 그것이다.[119] 루소는 '이성에 의해 옳고 그름을 분간하는 능력이 형성되면서, 비로소 도덕적으로 완전한 양심이 등장'한다는 것을 이해했다. 이성과 양심의 관계를 다음과 같이 설명했다.

> "이성만이 우리가 선과 악을 인식하는 법을 가르쳐준다. 우리로 하여금 어떤 사람은 사랑하고 어떤 사람은 미워하도록 만드는 양심은, 그러므로 비록 그것이 이성과는 관계가 없을지언정 이성 없이는 발달할 수 없다."[120]

루소는 자기애보다는 이성과 양심으로 인해 선을 추구하게 된다고 하였다. 이성은 선과 악을 판단하는 능력이고, 양심은 선을 사랑하고 악을 미워하는 마음이다. 선에 대한 앎과 양심의 감정은 모두 자연적이고 선천적인 것이다.[121] 그러므로 인간은 선한 존재이다.

---

119) 위의 책, 185. 참조.
120) 위의 책, 192. 재인용.
121) 위의 책, 200. 참조.

1.2.2 성악설

1.2.2.1 순자

순자(荀子, BC 298-BC 238)는 중국 조나라 말기 전국시대의 유가(儒家) 사상가이다. 그는 맹자처럼 공자의 사상을 계승하여 발전시켰지만, 맹자와는 판이한 인성론을 폈다. 맹자의 성선설을 반박하고 그것과 대립하는 성악설을 주장했다.

순자는 『순자』 성악(性惡) 편 첫 마디에서 "사람의 본성은 악하니 그 선한 것은 '위'(僞)다."[122]라고 했다. 성(性)은 악(惡)하기에 자연적이고, 선은 위(僞)이기에 인위적이자 후천적이다. "사람의 본성은 나면서 이득을 좋아하게 되어 있다. 이를 따르기 때문에 쟁탈이 생기고 사양하는 마음이 없어진다. 나면서부터 시새우고 미워하게 되어 있다. 이를 따르기 때문에 잔악이 생기고 충직·성실한 마음이 없어진다. 나면서부터 귀나 눈이 아름다운 소리나 색깔 보기를 좋아하게 되어 있다. 이를 따르기 때문에 음란이 생기고 예의 문리는 없어진다."[123]

순자의 주장대로라면, 인간은 본래 악한 존재, 즉 이기적인 존재다. 본성대로 가게 놔두면, 사람은 도를 어지럽히고 포악한 상태로 가고 만다.[124] 사람의 성품은 이처럼 악하기에 "반드시 '사법'이 있는

---

122) 순자, 『순자2』, 이운구 역 (파주: 한길사, 2006), 215. 人之性惡, 其善者僞也.
123) 위의 책. 今人之性, 生而有好利焉, 順是, 故爭奪生而辭讓亡焉, 生而有疾惡焉, 順是, 故殘賊生而忠信亡焉, 生而有耳目之欲, 有好聲色焉, 順是,故淫亂生而禮義文理亡焉.
124) 위의 책. 合於犯分亂理而歸於暴.

연후라야 바르게 되고 예의의 지도를 받은 연후라야 다스려"[125]질 수밖에 없다. 사법(師法)은 "스승이 전수해준 법도"[126]이다. 사법과 예의, 즉 인위적이고 후천적인 교육과 예의가 있어야만 인간의 성정이 고쳐지고 다스려지게 된다. 이렇게 사법에 교화되고 학문을 익혀 쌓고 예의를 따르는 자가 '군자(君子)'이다. 반면에, 성정을 멋대로 부려 방자하며 예의를 어기는 자는 '소인(小人)'이다.[127]

순자는 위와 같이 간략하게 성악설을 개진한 후 맹자의 주장을 하나씩 반박해 갔다. 맹자는 "사람이 배운다는 것은 그 본성이 선하기 때문"[128]이라고 했다. 이에 대해서 순자는 성(性) 자체는 "배울 수 없고 일삼을 수 없고 사람에게 본래 있는 것"[129]이라 했다. 오히려 위(僞)를 가리켜 "배울 수 있어서 능히 할 수 있고 일삼을 수 있어 이루게 되는 기능"[130]이라고 적극적으로 옹호했다. 순자는 성과 위를 확실하게 구분하고 오히려 위(僞)를 높이 쳤다. 맹자는 "사람의 본성은 선하나 악은 모두 그 본성을 상실하기 때문"[131]이라고 주장했다. 순자는 이런 주장을 전적으로 잘못된 생각으로 치부했다. "사람의 본성은 나면서부터 그 질박한 상태를 떠나 그 자질을 벗어나서 반드시 자질을 상실하

---

125) 위의 책. 今人之性惡, 必將待師法然後正, 得禮義然後治.
126) 위의 책, 218.
127) 위의 책, 216. 今之人, 化師法, 積文學, 道禮義者爲君子, 縱性情, 安恣睢, 而違禮義者爲小人.
128) 위의 책. 孟子曰, 人之學者, 其性善
129) 위의 책. 不可學, 不可事而在人者, 謂之性
130) 위의 책. 可學而能, 可事而成之在人者, 謂之僞
131) 위의 책. 孟子曰, 今人之性善, 將皆失喪其性, 故惡也,

였다."[132]고 말했다. 순자에게 사람의 본성은 악한 것이다.

혹자가 "사람의 본성이 악하다면 예의가 어떻게 생기는가"[133] 물었을 때, 순자는 "예의는 성인(聖人)의 위(偽)에서 생기는 것으로 처음부터 삶의 본성에서 생기는 것이 아니다."[134]라고 응답했다. 예의와 법도는 성인이 만든 것이다. 사람의 성정은 본래 이익을 좋아하고 더 얻기를 바라고 있다. 사람이 성정에 충실하면 형제와 싸우게 될 것이고 예의에 교화되면 누구에게나 사양할 것이다. 성인이 만든 법도와 예의는 선한 것이다. 법도와 예의가 사람의 악한 본성을 교화하고 다스린다. 선은 후천적이다. 사람이 선하기를 바라는 것은 사람의 본성이 악하기 때문이다.[135]

1.2.2.2 홉스

영국의 정치철학자 홉스(Thomas Hobbes, 1588-1679)는 인간 본성론을 거론하면서 성악설을 주장한 대표자로 꼽을 수 있다. 홉스는 『리바이어던(*Leviathan*)』(1651)에서 인간이 자연상태에 있을 때의 모습을 "인간의 본성은 이기적이며 인간은 근본적으로 동물과 다름없이 자기 자신의 생존을 유지하고 발전시키는 것 이외에는 아무것도 원하는 바 없는 것이다."[136]라고 적시했다. 홉스는 인간 육체의 본능

---

132) 위의 책. 今人之性,生而離其朴, 離其資, 必失而喪之.
133) 위의 책, 219. 問者曰, 人之性惡, 則禮義惡生?
134) 위의 책. 應之曰, 凡禮義者, 是生於聖人之偽, 非故生於人之性也.
135) 위의 책, 220. 凡人之欲爲善者, 爲性惡也.
136) 문현상, 『인간윤리』, 165. 재인용.

을 본성이라 보고 그것을 통해 인간을 이기적 존재로 규정했다. 홉스
는 『시민론(*The Citizen*)』(1651)에서 자연상태에 있는 인간성의 혼란
함을 다음과 같이 묘사했다.[137]

> "서로를 해치려는 인간의 이 자연적 성향이 인간의 정념, 특히 실
> 속 없는 자기 존중에서 유래되고, 당신이 이런 성향에 만물에 대한
> 만인의 권리를 추가한다면, 어떤 사람은 그런 성향으로 이 권리에 따
> 라 침탈하고, 다른 사람은 이 권리에 따라 저항한다. 여기서 온통 끊
> 임없는 질투와 의심이 발생한다. (…) 인간이 사회를 이루기 이전, 즉
> 인간의 자연상태는 전쟁일 뿐이며, 전쟁일 뿐 아니라 만인에 대한 만
> 인의 투쟁이라는 것을 부정할 수 없다."[138]

홉스는 인간의 본성을 이기적이라 보았다. 그 이기성은 정념에서
나온다고 했다. 그러면서 그는 『시민론』에서 인간 본성의 직능을
"체력, 경험, 이성, 정념"[139]으로 구분했다. 하지만 특별히 정념과 이
성을 중심으로 인성의 과제를 다루려고 했다. 홉스의 설명에 따르면,
이기적 욕구는 '정념'(情念, passion)이고, 합리적 분별력은 '이성'(理
性, reason)이다. 그러나 그는 『리바이어던』에서 이성보다는 정념에
서 "의지적 운동의 내적 단초"[140]를 근원으로 보았고 거기서 본성을

---

137) 『시민론』 라틴어본은 1642년 출간되었고 영역본은 『리바이어던』과 같이 1651
    년 출간되었다.
138) 홉스, 『시민론』, 이준호 역 (서울: 서광사, 2013), 46.
139) 위의 책, 35.
140) 이상익, 『본성과 본능』, 114.

규정하려고 노력했다. 인간의 자유의지에 따른 자발적 운동이 모두 정념에서 비롯한다고 생각했다. 홉스는 정념에서 선과 악이 갈라진다고 보았다. 인간은 선을 욕망하고 사랑한다. 악을 혐오하고 미워한다. 개인이 욕망하는 대상이 그 자체로 선이고, 그 욕망을 혐오하는 것이야말로 악이다. 이렇게 보면, 홉스가 규정한 선과 악이란 객관적이고 절대적인 구분이 아니다. 선과 악은 개인의 주관성과 밀접하게 연관된다. 그런 의미에서 홉스의 도덕관은 주관주의적, 상대주의적이다.[141]

홉스의 정념론에 따르면, 인간은 의지의 자발적 운동으로서 이익이 되는 대상으로 달려가고 손해가 되는 대상은 피하려고 한다. 홉스는 이익이 되는 선의 대상을 부, 권력, 명예로 잡았다. 이것들은 모두 인간의 본능적 욕구이다. 부는 물질적 이득(利)이고, 권력은 미래에 선이 될 것으로 보이는 것을 획득하는 현재 가진 수단이다. 명예 역시 자신의 욕구를 충족시키는 능력이다.[142] 이런 것들에 대한 이익 추구의 과정은 경쟁과정에 있다. 사람이 경쟁하게 되면, 다른 경쟁자를 죽이거나 정복하거나 축출하거나 배격하여 자기를 보존하려고 한다. 이런 생존경쟁으로부터 자연상태의 혼란이 오게 되는 것이다. 인간 본성이 가져온 혼란은 자연상태의 혼란과 다르지 않다. 자연상태는 전쟁상태로 돌입한다.[143] 전쟁상태는 그 자체로 보면 악이 되고

141) 위의 책, 115. 참조.
142) 위의 책, 116. 참조.
143) 위의 책, 117. 참조.

만다. 인간이 선이라고 생각한 욕구를 충족시키려고 하다 보면 결국 엔 악으로 치닫는다. 그런 측면에서 보면, 인간의 본성은 악한 것으로 규정할 수밖에 없다. 이 때문에 인간은 정념적 존재로 머물 수밖에 없다. 물론, 정념은 이성을 지향한다. 홉스는 이 점에 대해 이렇게 말했다.

> "인간으로 하여금 평화를 지향하게 하는 정념은 죽음에 대한 공포이며, 또한 쾌적한 삶에 필요한 재화에 대한 욕망임과 동시에 노동을 통해 그것을 얻고자 하는 희망이다. 그리고 이성은 사람들이 동의할 수 있는 평화를 위한 적절한 조항들을 제시한다. 이러한 조항들을 '자연법'이라 한다."[144]

홉스가 말하는 이성은 합리적 분별력을 뜻한다. 현재의 욕망 충족만을 고려하는 것이 아니라 장래의 욕망까지도 고려하게 하는 것이다. 이성은 평화 같은 도덕적 가치 자체를 말하지 않고 인간의 욕망을 무한히 증대하기 위한 도구적 기능으로만 쓰인다.[145] 홉스는 "만인은 만인에게 전쟁(bellum omnium contra omnes)"인 자연상태 속에 사는 인간은 자기 보존을 위해 스스로 자유를 제한하고 제재의 원천인 군주와의 계약을 통해 사회를 보존해야 한다고 주장했다. 그는 인간의 자연상태 극복을 위해 이성으로써 자유 제한론이나 절대 군

---

144) 위의 책, 118.
145) 위의 책, 118-119. 참조.

주론의 필요성을 제기했다. 인간이 악하기에 이성으로써 악을 통제하고자 한다.

정리하면, 홉스의 인간관은 이중적이다. 인간은 한편으로 늑대이면서 다른 한편으론 신과 같은 면모를 가지고 있다. 인간은 신과 짐승 사이에 있는 중간적 존재다.[146] 늑대로서의 인간은 기만과 폭력을 행사하면서 야만적 약탈을 한다. 신으로서 인간은 정의와 자비를 실천하며 평화를 갈구한다. 이런 측면에서 홉스는 인간의 본성적 상태를 우선해서 보았고, 이를 토대로 성악설을 강하게 주장했다. 하지만 그는 법적 제재나 제정을 고려하는 등 자연법 같은 다른 측면까지 보았다. 이 다른 측면은 이성으로써 욕망 충족을 지속시키려는 도구적 기능을 부각하는 것이었다. 홉스의 성악설은 정치 철학적 전통에서 나온 인성론의 입장이다. 인간의 자연상태를 깊이 관찰하고 거기로부터 인간 이해를 시도하고자 했다.

1.2.3 성무선무악설

1.2.3.1 고자

고자(告子)는 중국 전국시대 제(齊)나라의 사상가로 성은 고(告), 이름은 불해(不害)다. 맹자와 동시대 사람이다. 그는 군소 사상가로서 인간 본성에 대해 맹자와 문답을 주고받았다. 고자에 대한 정보와 사

---

146) 위의 책, 113. 참조.

상의 단편은 오직 『맹자』「고자장구 상하(告子章句 上下)」편에서 알 수 있다. 고자는 맹자의 성선설 사상과 이견을 보였다. 그는 책을 저술하지 않았다. 그 때문에 그와 그의 사상에 대한 정보는 더 찾기가 어렵다. 고자와 비슷한 사상을 취한 사람은 송나라의 정명도(程明道)였다.

고자는 「고자장구 상(告子章句 上)」편에서 "생(生)을 성(性)이라 칭한다."[147]고 운을 뗐다. 이에 대해 맹자는 "생긴 그대로의 것(生)을 성(性)이라 한다면 그것은 하얀 것을 하얗다 하는 것과 같은가?"[148]라고 물었다. 그러자 고자는 "그렇다"(然)라고 대답하고 "식욕과 성욕은 성(性)이다."[149]라고 하면서 본능인 생(生)을 성(性)으로 풀이했다. 그러자 맹자가 고자에게 되물었다. "그렇다면 개의 성(性)은 소의 성과 같고, 소의 성은 사람의 성과 같은가?"[150] 이에 대해서 고자는 함구하였다. 이 지점에서 고자가 가진 인간 본성 이해는 어떠한지 유추할 수 있다. 고자가 말한 생(生)은 사람이나 동물의 본능을 가리킨다.[151] 그는 사람이 지각하고 운동하는 자연적인 것인 생(生)을 성(性)으로 이해했다.[152] 인간의 본성(本性)은 자연 그대로의 그것, 생(生)을 의미한다. 이렇게 보면, 고자가 이해한 인간 본성은 동물의 본성과 차이가 없다. 근대 서양 경험론자의 사상과 일맥상통한 면을 보여준다.

147) 성백효, 『맹자집주』 (파주: 한국인문고전연구소, 2014), 654. 告子曰 生之謂性.
148) 위의 책, 655. 孟子曰 生之謂性也, 猶白之謂白與.
149) 위의 책, 657. 告子曰 食色, 性也.
150) 위의 책, 655. 孟子曰 然則犬之性, 猶牛之性; 牛之性, 猶人之性與.
151) 위의 책, 654. 참조.
152) 위의 책, 655. 참조.

고자는 "인간 본성은 선한 것도 선하지 않은 것도 없다."[153]고 주장했다. 이를 근거로 보면, 고자는 성무선무악설(性無善無惡說)의 주창자다. 인간 본성엔 선도 악도 없다. 그래서 그는 "성은 여울물과 같다. 물의 방향을 동쪽으로 터놓으면 동쪽으로 흐르고, 서쪽으로 터놓으면 서쪽으로 흐르니, 성이 선하고 선하지 않고 하는 구분이 없는 것은 마치 물이 동서의 구분이 없는 것과 같은 것이다."[154]라고 자연현상을 빗대어 본성에 대해 말했다. 그러므로 인간 본성 자체는 선악 이전의 상태에 있다. 즉, 백지상태와 같다. 선악 모두는 후천적 작위에 의하여 결정된 것이다. 그렇다면 도덕은 도대체 어디서 생겨나는가? 이에 대해서 고자는 "성(性)은 땅버들(杞柳)과 같고 의는 땅버들로 만든 그릇과 같으니, 사람의 본성으로 인의를 행함은 땅버들을 가지고 그릇을 만드는 것과 같다."[155]고 설명했다. 덕목으로서 인의(仁義)는 후천적으로 만들어진 것이다.

1.2.3.2 로크

영국의 철학자 존 로크(John Locke, 1632-1704)는 그의 책 『인간지성론(*An Essay concerning Human Understanding*)』(1689)에서 인간의 마음이 백지상태(tabula rasa)와 같기에 선과 악이 본유적으로 있지

---

153) 맹자, 『맹자』, 302. 公都子曰 [告子曰 性無善無不善也]
154) 위의 책, 299. 告子曰 性猶湍水也, 決諸東方則東流, 決諸西方則西流. 人性之無分於善不善也, 猶水之無分於東西也.
155) 성백효, 『맹자집주』, 650. 告子曰 性, 猶杞柳也; 義, 猶桮棬也. 以人性爲仁義, 猶以杞柳爲桮棬.

않다는 성무선무악설(性無善無惡說)을 주장했다. 윤리적 관념은 이성이 아닌 경험(experience)에 의해 성립된다고 했다.

인식의 기원을 물을 때, 로크는 인간 이성에 윤리적 본유관념이 있음을 전적으로 부정했다. 예를 들어, 약속을 지키는 것은 보편적인 도덕적 의무 중 하나이다. 그러나 약속 준수의 이유는 다양하게 나온다. 기독교인은 그 이유를 하나님의 명령 때문이라 할 것이고, 홉스 추종자는 어길 시 국법으로 벌 받기 때문이라 할 것이다. 고대철학자는 파약이 부정직하고 덕에 어긋나기 때문이라 할 것이다. 이렇게 다양한 이유가 도출되는 것은 사람의 마음에 본유적 도덕원리가 없는 반증을 여실히 보여준다.[156]

로크는 윤리적 관념이나 지식을 다른 모든 관념과 지식을 획득하는 방식으로 설명한다. 백지상태인 마음은 감각 경험으로부터 도덕적 관념을 얻게 된다. 감각에는 두 가지, 즉 육체로부터 오는 외적 감각과 마음의 반성이란 내적 감각이 있다. 이렇게 외적 감각과 반성이란 두 통로를 통해 도덕적 관념이 나오게 된다. 그다음 다양한 복합 관념이 형성된다.

로크가 말하는 도덕적 관념의 형성은 "사람의 자발적 행동이 그 행동을 조회하고 그(것)에 심판을 받게 되는 어떤 법칙과 갖는 부합이나 불일치의 관계"[157]에서 비롯한다. 도덕적 선과 악은 자발적 행동이 제재에 의해 뒷받침되는 법칙에 부합되거나 부합하지 않을 때

---

156) 최재희, 『서양윤리사상사』 (서울: 서울대학교출판부, 1992), 130. 참조.
157) 서양근대철학회, 『서양근대윤리학』 (파주: 창비, 2010), 132.

비로소 결정되는 것이다. 자발적 행동을 통하여 보상이 이뤄지면 쾌락이 되고, 처벌받게 되면 고통이 된다.[158] 보상은 선이고, 처벌은 악이다. 사람의 자발적 행동을 판단하는 기준이 되는 법칙은 세 가지로 들 수 있다. 신에 의해 계시된 신법으로서 자연법, 시민법과 여론의 법칙이다.[159] 이것들은 인간의 윤리 의식을 결정하는 윤리 법칙이라 할 수 있다. 사람의 자발적 행동이 신법에 의거해 판단된다면, 사람은 의무와 죄 같은 관념을 갖게 된다. 시민법에 의해 판단되면, 유죄나 무죄의 관념을 갖는다. 여론의 법칙에 판단되면, 덕과 악덕의 관념이나 관습에 맞냐 안 맞냐는 관념을 가진다. 이 중에서 신법에 대한 복종은 인류의 일반적 선을 증진 시키는 데 크게 기여한다. 신법은 공익에 도움을 주기 때문이다.[160] 사람이 이 세 가지 법칙을 지키면, 사람에게 쾌락을 가져다준다. 지키므로 얻게 되는 쾌락은 선한 행위요, 지키지 않는 결심은 악한 행위이다. 악한 행위에서 불쾌와 고통이 수반된다.[161]

158) 위의 책, 133. 참조.
159) 위의 책. 참조.
160) 위의 책. 참조.
161) 최재희, 『서양윤리사상사』, 131. 참조.

1.2.4 성선악혼재설

1.2.4.1 양웅(揚雄)

양웅(揚雄, BC 53-AD 18)은 중국 전한(前漢) 말기의 사상가이다. 양웅은 맹자의 성선설과 순자의 성악설이 서로 대립해 내려온 것을 종합하여 인간 본성에는 두 가지 성품이 모두 들어 있다는 제3의 본성론, 즉 성선악혼재설(性善惡混在說)을 주장하였다. 그는 노장사상에 심취하고 유가 사상과 종합을 시도한 유학자였다. 공자와 맹자, 오경을 숭상하여 『논어』를 모방해 『법언(法言)』을 저술하였다. 차제에 『법언』을 주목하게 되는 것은 양웅의 선악에 대한 생각을 다소나마 살필 수 있는 유일한 전거가 되기 때문이다.

양웅은 『법언』 전반에 걸쳐 선과 악에 대해 논쟁적으로 거론하지는 않았다. 그가 인간 본성에서 선과 악이 어떻게 존재하는지 상세하게 적지 않은 것이 특징이라면 특징이다. 그의 책엔 선이 12번, 악은 29번이나 언급된다. 하지만, 악이란 용어는 대부분 도덕과 무관하게 쓰인 경우가 허다하다.[162] 양웅이 성선악혼재설과 연관해서 언급한 구절은 단 한 곳으로 국한되어 있다.

> "사람의 본성은 선과 악이 혼합되어 있다.(人之性也, 善惡混) 그 선한 것을 닦으면 선한 사람이 되고, 그 악한 것을 닦으면 악한 사람

---

162) 김철호, "양웅의 선악론," 『도덕윤리와 교육』 제61호 (2018. 11), 117. 참조.

이 된다. 기(氣)란 것은 선악으로 나아가는 말인가."[163]

"사람의 본성은 선과 악이 혼합되어 있다."는 이 첫 구절은 매우 짧지만, 인성론에 한 획을 그었다. 사람에게 선과 악이 혼재한다는 것은 사람의 성품이 본래 착하기도 하고 악하기도 하다는 것을 알려 준다. 이는 매우 단순명료하고 현실에서 쉽게 관찰 가능한 본성론이 아닐 수 없다. "그 선한 것을 닦으면 선한 사람이 되고, 그 악한 것을 닦으면 악한 사람이 된다."는 두 번째 구절은 선과 악이 서로 대립하면서 본성에 내재해 있다는 것으로 읽힌다. 선과 악이 본성 내에서 어떤 구조로 되어 있는지는 아직 불분명하다. "기(氣)란 것은 선악으로 나아가는 말인가."라는 세 번째 인용문에서도 성선악혼재설의 의미를 찾기가 매우 어렵다.[164] 이후 더 상세한 설명이 없기 때문이다.

양웅의 성선악혼재설은 후한(後漢)의 왕충(王充, 27?-100?)에 의해서 인성론의 주요 이론으로 평가되고 거론되었다. 왕충은 그의 책 『논형』에서도 선악 혼재의 의미를 상세하게 밝히지는 않았다. 다만 양웅의 견해를 따라 보통사람들의 본성이 어떠함을 나타내고 보여주는 데 매우 적합하다는 정도로만 언급했다. 이로써 보통사람의 본성은 선악이 혼재해 있다는 것을 경험적으로 확실하게 알 뿐이다.

동양의 성선악혼재설(性善惡混在說)은 오랜 역사를 갖고 있다. 공자 이전에 세석(世碩)은 "인간의 본성은 선도 있고 악도 있다.(人性有善有

---

163) 위의 글, 117.
164) 위의 글, 118. 참조.

惡)"[165]라며 일찍이 성유선유악설(性有善有惡說)을 펴기도 했다. 그 이후 양웅이 성선악혼재설을 주장하였다. 그러나 성선악혼재설은 유가 사상에 눌려 정통 인성론으로 더 발전하지 못한 한계를 보였다.

1.2.4.2 바울

바울(Paul, 고대 그리스어 $\Pi\alpha\tilde{\upsilon}\lambda o\varsigma$, 라틴어 Paulus, 5-64/67)은 초기 기독교의 사도(apostle)이다. 신약성경에서 많은 부분을 차지하는 바울 서신을 저술한 인물이기도 하다. 신약성경 사도행전의 기록에서 그의 생애의 단편을 알 수 있다. 그는 예수를 믿는 자들을 앞장서서 박해했던 바리새파 유대인이었다. 그러나 다메섹 도상에서 예수의 음성을 듣고 회심하였고, 그 후 예수를 전하는 자로 바뀌었다. 그는 초기 기독교와 기독교 신학 형성에 막대한 영향을 끼쳤다.

바울은 로마교회에 보낸 서신인 로마서에서 기독교적 인간관을 펼쳤다. 바울의 인간관은 로마서에서 대표적으로 상세하게 기술되었다. 그는 구약성경에서처럼 인간을 하나님의 형상으로 창조된 존재이자 동시에 타락해서 죄 가운데 사는 존재로 보았다. 인간은 예수로 말미암아 구원받기 이전까지는 여전히 죄인으로 있었다. 바울은 하나님의 은혜로 구원받은 인간을 가리켜 의인으로 특칭했다.(롬 3:26) 그는 인간을 이중적 존재로 이해했다. 인간은 의인이자 동시에 죄인이다.

하나님의 형상으로 창조된 인간은 선의지(善意志)를 가진 선한 존

---

165) 문현상, 『인간윤리』, 156. 재인용.

재이다. 선한 하나님의 피조물인 인간은 본래 선한 존재였다. 그러나 최초 인간인 아담이 하나님께 불순종하여 타락했고, 악(惡)을 행하는 죄인이 되었다. 따라서 모든 인간은 원죄(原罪)가 있다. 원죄를 수용하든 안 하든 인간은 원죄로 인해 죄 가운데 산다. 죄인은 악(惡)을 행하는 존재다. 타락한 본성은 선보다 악을 선호한다. 타락한 인간은 선인(善人)이 아닌 악인(惡人)이 되었다. 바울은 로마서 3장 여러 곳에서 타락한 인간을 여러 측면으로 묘사했다. 모든 "사람은 다 거짓되되 오직 하나님은 참되시다."(롬 3:4) 했고, "유대인이나 헬라인이나 다 죄 아래에 있다."(롬 3:9)고 했고, "선을 행하는 자는 없나니 하나도 없도다."(롬 3:12) 했고, "모든 사람이 죄를 범하였으매 하나님의 영광에 이르지 못"(롬 3:23)했다고 말했다.

바울은 인간이 선하게 창조되었지만, 악을 알게 된 후부터 악을 행하는 존재라는 것을 단적으로 규정했다. 그는 자신을 빗대어 "선을 행하기 원하는 나에게 악이 함께 있는 것이로다."(롬 7:21)라며 모순 가운데 사는 인간의 모습을 표현했다. 선과 악이 혼재하는 인간은 "선을 원함은 내게 있으나 선을 행하는 것은 없노라."(롬 7:18)라거나, "내가 원하는 바 선은 행하지 아니하고 도리어 원하지 아니하는 바 악을 행하는도다."(롬 7:19)라고 고백할 수밖에 없다. 바울은 인간을 '성선악혼재'의 존재로 간주했다. 그는 기독교 신학적 입장에서 선악과 관련해 인간 본성론을 폈던 것이다. 바울은 창조론과 타락론을 결합하여서 '성선악혼재'의 인간상을 구축했다.

물론 바울의 인간 이해 이후 성선악혼재설이 기독교 인간학을 주도하지는 못했다. 교부신학자 아우구스티누스는 인간 이해에 있어서 원죄설을 중요한 교리로 삼았고, 성악설 쪽으로 기울었다. 중세 신학자 토마스 아퀴나스는 성선설(性善說)의 인간론을 폈다. 종교개혁자 칼빈은 원죄설을 극단적으로 해석해서 인간의 전적인 타락을 주장했고, 성악설적 인간론을 다시 개진했다.

참고문헌

강병오. 『기독교윤리학』. 서울 : 한들출판사, 2022.

고영상 외. 『인공지능윤리 개론』. 서울 : 커뮤니케이션북스, 2021.

김남호. 『신경과학시대에 인간을 다시 묻다』. 성남 : 북코리아, 2020.

김대환. 『사회사상사』. 서울 : 법문사, 1993.

김두헌. 『현대 인간학』. 서울 : 박영사, 1973.

김선희. 『사이버시대의 인격과 몸』. 서울 : 아카넷, 2004.

김철호. 「양웅의 선악론」. 『도덕윤리와 교육』 제61호(2016).

〈나는 미래다〉방송제작팀. 『인공지능의 현재와 미래』. 서울 : 보아스, 2020.

남기영 외. 『인간이란 무엇인가』. 서울 : 민음사, 1997.

니버, 리처드. 『그리스도와 문화』. 김재준 역. 서울 : 대한기독교서회, 2004.

디시냐예케, 엘렌. 『미학적 인간』. 김한영 역. 고양 : 연암서가, 2016.

루소. 『에밀』. 김중현 역. 파주 : 한길사, 2003.

맹자. 『맹자』. 나준식 역. 고양 : 새벽이슬, 2010.

문현상. 『인간윤리』. 서울 : 동문사, 2005.

변순용 편. 『윤리적 AI로봇 프로젝트』. 서울 : 어문학사, 2019.

백종현. 『이성의 역사』. 파주 : 아카넷, 2017.

_____. 『인간은 무엇이어야 하는가』. 파주 : 아카넷, 2021.

브린욜프슨, 에릭. ·맥아피, 앤드루. 『제2의 기계 시대』. 이한음 역. 서울 : 청림출판, 2016.

사이언티픽 아메리칸 편집부. 『인공지능』. 김일선 역. 서울 : 한림출판사, 2016.

성백효. 『맹자집주』. 파주 : 한국인문고전연구소, 2014.

서상권. 『한국신윤리학』. 대구 : 보문출판사, 1989.

서양근대철학회. 『서양근대윤리학』. 파주 : 창비, 2010.

서청수. 『인간이란 무엇인가』. 서울 : 행복한 마음, 2023.

손병욱 외. 『융복합시대의 인간과 윤리』. 진주 : 경상대학교출판부, 2016.

순자. 『순자2』. 이운구 역. 파주 : 한길사, 2006.

시르베크, 군나르·길리에, 닐스 『서양철학사 I』. 윤형식 역. 서울 : 이학사, 2019.

이미솔 외. 『4차 인간』. 서울 : 한빛비즈, 2020.

이상익. 『본성과 본능』. 서울 : 서강대학교출판부, 2016.

이상헌. 『융합기술시대의 기술윤리』. 서울 : 생각의 나무, 2012.

이석호. 『인간의 이해』. 서울 : 철학과현실사, 2001.

이윤석. 『4차산업혁명과 그리스도인의 삶』. 서울 : CLC, 2017.

이종하 외. 『삶 일상 윤리』. 서울 : 문음사, 2011.

진교훈. 『철학적 인간학 연구 I』. 서울 : 경문사, 1982.

임태승. 『중국철학의 흐름』. 서울 : 학고방, 2005.

최재희. 『서양윤리사상사』. 서울 : 서울대학교출판부, 1992.

카시러, 에른스트 『인간이란 무엇인가』. 최명관 역. 서울 : 창, 2008.

칸트, 임마누엘. 『실천이성비판』. 백종현 역. 파주 : 아카넷, 2009.

_____. 『판단력비판』. 백종현 역. 파주 : 아카넷, 2009.

_____. 『이성의 한계 안에서의 종교』. 백종현 역. 파주 : 아카넷, 2017.

_____. 『윤리형이상학 정초』. 백종현 역. 파주 : 아카넷, 2018.

_____. 『실용적 관점에서의 인간학』. 백종현 역. 파주 : 아카넷, 2019.

크로포드, D.W. 『사피엔스』. 김문환 역. 서울 : 서광사, 2015.

하라리, 유발. 『사피엔스』. 조현욱 역. 파주 : 김영사, 2015.

_____. 『호모 데우스』. 김명주 역. 파주 : 김영사, 2017.,

하위징아, 요한. 『호모 루덴스』. 이종인 역. 고양 : 연암서가, 2018.

한국철학사상연구회. 『삶과 철학』. 서울 : 동녘, 1997.

한정석. 『칸트철학의 인간학적 지평』. 서울 : 경문사, 1975.

한정주. 『인간도리·인간됨을 묻다』. 서울 : 아날로그, 2018.

허재윤. 『인간이란 무엇인가』. 서울 : 이문출판사,1986.

홉스 『시민론』. 이준호 역. 서울 : 서광사, 2013.

회페, 오트프리트. 『윤리학 사전』. 임홍빈 외 역. 서울 : 예경, 1998.

2부

동서양의 인간관과 윤리

윤리와 도덕은 인간 행동을 규제하는 가치 규범에 관한 것이다. 어떤 행동이 옳고 그른가 따지고 또 그것이 좋고 나쁜지 분별하고 더 나아가 그런 행동이 아름답고 추한지까지 구별한다. 어떤 사회이든 인간에게 나름 윤리와 도덕을 부여한다. 어떤 사회가 인간을 어떻게 이해하고 있는지 그에 따라 윤리의식과 도덕의식은 달라진다. 윤리와 도덕은 개개 인간의 행동과 인간의 집단적 행동을 규제한다. 그래야 사회가 정상적으로 유지된다. 도덕이 무너지면, 인간사회 역시 붕괴하고 만다.

2.1 인간과 윤리의 관계

인간은 여타 동물과 다른 특별한 점이 있는가? 누구나 익히 알고
있듯이, 인간은 포유동물류에 속해 있다. 고등동물과 유사한 측면이
없지는 않지만, 동물적 본능과 다른 그 무엇이라 할 수 있는 독특한
것이 있다. 그것이 인간을 독특한 존재로 만든다.

그렇다면 그것이 무엇인가? 굳이 그것을 꼽아 보자면, 인간은 다
른 동물과 다른 특별한 것, 즉 이성이 있다. 그러면 인간이 가진 이성
은 도대체 무엇인가? 이성은 영어로 reason, 독일어로 Vernunft,
한자로는 理性으로 표현된다. 인간은 육체의 측면을 보여주는 본능
(本能)만이 아니라 영혼에 속한 이성을 가지고 있어서 그것으로 정신
적 활동을 영위한다. 인간은 이성으로써 대상적 사물을 인식하고 이
해하게 된다. 이성은 인간의 정신적 활동에 있어서 중요한 기능을 하
고 있다. 곧 고도의 사고능력과 판단 능력을 가능케 한다. 인간은 이
성이 있어서 이성으로 모든 사건과 현실을 보편성에 염두를 두고 총
체적 인식을 하는 것이다. 그런 인식으로 참된 지식을 획득하고 실천
적 행위를 하며 미적 능력으로 사물을 감지한다.

인간은 사고하고(think) 의욕하고(will) 느낀다(feel). 세 가지 정신
적 기능은 인간의 본능을 통제하고 규제하여서 인간성을 잃지 않도
록 만든다. 이것을 통칭해서 이성이라 부른다. 이성은 일차적으로 본
능을 규제하여 지·정·의에 관한 의식작용으로 인간을 인간이 되게끔

한다. 이성은 마음의 세 부분 '지성'(知性), '감정'(感情), '의지'(意志)를 하나로 아우르는 총체적 용어를 가리킨다. 지성, 감정(성), 의지는 각기 참됨과 아름다움과 좋음을 지향하고 그것을 추구하는 목적을 가진다. 지성은 진(眞, righteousness)과 위(僞, falsehood)를 가리고 진을 추구함을 목적으로 삼는다. 감정은 미(美, beauty)와 추(醜, ugliness)를 가리고 아름다움을 추구한다. 의지는 선(善, goodness)과 악(惡, evil/wickedness)을 구별하고 좋음을 추구한다. 이성적 존재인 인간은 이렇게 정신적 기능인 지·정·의를 통하여 그것의 가치인 진·선·미를 추구하는 특별한 존재라 할 수 있다.

인간은 이성 형식의 세 부분 중 하나인 의지(will)로 행위를 한다. 의지는 정신 가운데 선한 것, 좋음을 추구한다. 선은 의지의 합목적적 가치에 해당한다. 선한 행동을 하게 한다. 윤리는 의지와 관련한 것이다. 인간은 의지적으로 실천적 행동을 하는데, 그 의지의 대상은 선이고 선한 행동을 한다. 인간은 윤리적 존재이다.

2.1.1 윤리적 존재로서의 인간

인간은 윤리적 존재다. 우리는 두 가지 측면에서 인간이 윤리적 존재임을 알 수 있다. 첫째, 순전히 어의적으로 인간이 윤리적이라는 것을 파악할 수 있다. 둘째로는 인식론적으로 존재 파악이 가능하다.

먼저, 어의적 측면에서 인간이 왜 윤리적인지 살펴보자. 인간이란 한자를 놓고 보면, 그것의 어의를 익히 추정할 수 있다. 인간은 한자어로 人間이다. 사람 인(人)과 사이 간(間)이 결합해 형성된 글자가 인간이다. 사람 人은 사람이 걸어가는 모습을 형상화한 글자로 개별적 존재로 살아가는 모습을 보여준다. 물론 人 글자 하나로 사람을 지칭할 수 있다. 하지만 그것만으로는 인간을 충분히 설명했다고 보기 어렵다. 人자에다 사이 間을 붙여 사람을 칭하게 됐다는 것은 깊은 의미가 있다. 사람은 세상에서 유아독존할 수 없다. 단독자로 외롭게 살기 어렵다. 사람은 사람끼리 함께 어울려 살아야 한다. 인간의 삶은 나와 다른 사람과의 관계에서 형성된다. 남편과 아내, 부모와 자식, 형제와 자매, 선생과 학생, 동료들 사이, 상급자와 하급자 사이 등 다양한 관계망으로 얽혀 살아간다. 이렇게 사람이 무수한 관계 안에서 살 때, 인간은 인간이 된다. 인간들끼리 서로 잘 어울려 관계를 맺으며 살 때, 사람은 제대로 사람다움을 유지할 수 있다. 사람과 사람 사이 관계적 존재가 바로 인간이다. 이렇게 인간이란 한자는 그 자체로 윤리적 의미를 담고 있다. 인간관계는 그것의 법칙이 있고, 그 법칙에 따를 때, 인간은 사람의 도리를 하고 살 수 있다. 사람의 도리를 행하는 도덕적 존재가 인간이고, 그때 사람은 사람다운 사람이 될 수 있다.

　인간은 순수 우리말로 표현하면 사람이다. 사람은 살아가는 자다. 사람으로부터 삶이란 말이 나온다. 그러면 사람으로 산다는 게 무슨 의미일까? 사람이 동물처럼 본능으로만 살아간다면, 그것을 사람이라 할 수 없다. 사람답게 살아가야만 사람이라 칭할 수 있다. 사람다움이 사람의 특징을 결정하는 것이다. 그렇다면, 사람다움이란 무엇을 말할까? 이성에 맞게 사는 사람이 사람답다고 할 수 있다. 앎이 많다고 해서 사람을 사람답다 하지 않는다. 외모가 아무리 아름다워도 그 사람에게 사람답다고 말하지 않는다. 덕을 갖춘 사람이라야 사람답다고 할 수 있다. 사람다움은 도덕적 자질 여부로 결정된다. 일상생활에서 '사람이 됐다.'라는 관용구를 쓸 때가 있다. 사람이 됐다는 것은 사람이 도덕적으로나 인격적으로 자질을 갖추었다는 뜻이다. 반면에 '사람 같지 않다.'라고 할 경우는 '사람으로서 마땅히 지녀야 할 품행이나 덕성이 없다.'고 여길 때이다.

이제 서양으로 눈을 돌려 인간이란 말의 뜻을 살펴보기로 하자. 인간은 영어로 human being이다. human being을 번역하면, 글자 그대로 인간적 존재다. human은 인간적인 것을 뜻한다. 그렇다면 인간적인 것이란 무엇인가? '인간적'이란 말은 사람의 '마음이나 됨됨이, 행동이 사람으로서 갖출 도리에 맞는 것'에 해당한다. 예컨대, human being은 사람의 도리에 맞게 사는 존재를 일컫는다. 인간다움은 인간성(人間性, humanity)이 가득할 때이다. 인간성은 라틴어 humanitas로 표기된다. 인간성이란 용어를 쓸 때는 이성적인 것이 조화롭게 담겨 있을 때이다. 균형 있는 이성적 작용에서 사람의 도리가 나오고 그것이 제반 인간관계에서 적용된다. 인간성으로부터 인문(人文)이 형성되는 것이다. 인문 활동의 일체가 인문학(人文學, humanities 혹은 human science)이다. 인문학은 인간과 인간의 관계를 학문적 형태로 다룬다. 곧 문사철(文史哲)로, 문학, 역사학, 철학을 일컫는다. 인문학은 윤리학과 깊은 관련이 있다.

그다음, 인식론적 측면에서 보면 윤리적 인간이 누구인지 알 수 있다. 서양 철학은 윤리학을 논구한다. 철학에서는 윤리학을 주요 분과로 다루고 있다. 인간에 대해 알려 한다면, 인간의 도덕적 행동이 있는지 묻지 않을 수 없다. 인간학은 곧 윤리학이라 바꿔 불러도 지나치지 않다. 근대 서양 철학의 윤리학은 두 흐름으로 나뉜다. 합리주의적 흐름과 경험주의적 흐름이 그것이다. 윤리적 인간이 어떤지는 위의 두 흐름, 합리주의와 경험주의로 규명된다. 이 두 흐름 외에 다른 흐름, 비합리주의의 흐름이 있다. 이 같은 흐름 역시 배제할 수 없다.

2.1.2 도덕과 윤리

한자 문화권에서 쓰는 윤리(倫理)라는 낱말은 인간에 대한 깊은 이해가 담겨 있다. 인간이라면 지킬 도리가 윤리다. 윤리는 사람의 무리(類)와 또래(輩)를 뜻하는 륜(倫)과 사물의 이치나 도리를 뜻하는 리(理)가 결합한 것이다. 무리나 부류의 倫은 인간 무리 속에서 서로 관계하고 있음을 뜻하는 글자이다. 곧 윤리는 인간관계에서 지킬 도리에 관한 것이다. 인간도리란 인간 간에 마땅히 지켜야 할 도덕규범을 뜻한다. 인간사회에서 일정하게 규정되고 인간끼리 지키도록 한 규범이 윤리이다. 또한, 倫이란 한자를 더 풀어 살펴보면, 뜻이 선명해진다. 倫은 사람 人과 생각할 륜(侖)이 결합된 조어이다. 侖조차도 집 (亼)과 책(册)의 합자이다. 人과 侖이 합쳐진 倫은 경전에 입각하여 인간의 도리가 나왔다는 뜻으로 해석할 수 있다. 동양에서 말하는 인간이 마땅히 지켜야 할 도덕적 가치나 규범이 바로 윤리이다.

　동양에서 도덕(道德)이란 용어는 어떻게 쓰였는가? 도덕의 어원적 의미에 대해 살펴본다. 도덕은 道와 德이 결합한 글자다. 도(道)는 책받침 착(辵)자에 머리 수(首)가 결합한 글자이다. 辵은 '달릴' 주(走)자와 같이 '간다'는 의미다. 수는 방향을 표시한다. 도는 가는 방향을 뜻한다. 道 또한 사람이 많이 다니는 '큰 길'이란 뜻이 있고, 도로(道路)라는 말에도 붙인다. 『설문해자』에서 도는 상세하게 풀이되었다. 道는 두 가지 뜻이 있다. 하나는 일반적 의미로 "사람이 가는 길"이란 뜻이고, 다른 하나는 "추상적으로 삶에서 정정당당하게 추구해야 할 가장 명료한 '방법과 수단'"[1]이란 뜻이다.

　다음으로, 덕(德)은 道자와 같이 행(行)부를 쓰는 회의문자이다. 덕(德)의 옛 글자는 悳이다. 덕(悳)은 '곧을' 직(直)과 마음 심(心)이 결합한 글자이다. 곧게 마음을 따르는 것이 덕(悳)이다. 현대에 쓰이는 덕(德)은 행(行)자에 直과 心 사이에 횡으로 이유 없이 一자가 하나 더 붙었다. 『설문해자』에서는 덕(德)을 가리켜 "높은 데로 오름"[2]이라 풀이했다. 그런 의미에서 덕(德)은 "높은 뜻을 지향하는 고도의 인격적 행위"[3]라 할 수 있다.

---

1) 장현근, 『관념의 변천사』 (파주: 한길사, 2016), 310.
2) 위의 책, 313.

중국에서 도(道)와 덕(德)을 철학적으로 심도 있게 다룬 사상가 그룹은 도가(道家)이다. 도가는 유가와 다른 각도에서 도와 덕을 논했다. 노자는 덕을 일찍이 존재론으로서 도와 실천론으로서 도로 나눠 설명했다. 노자는 『도덕경』 25장에서 도(道)가 천지보다 먼저 생겨난 것이라고 했고, 도를 우주의 본원으로 여겼다. 다른 한편으로 관자는 『관자』 내업 편에서 도를 만물의 근원으로 규정했다.

> "뿌리도 없고 줄기도 없으며 잎도 없고 꽃도 없으나 만물이 그로
> 써 생겨나고, 만물이 그로써 성장하니 이름하여 도라 한다."[4]

도가는 모든 것을 도에다 그 근원을 둔다. 인간 부류 일체가 도를 본받아야 한다고 역설했다. 군주나 신하, 백성 모두 도를 근본으로 삼아야 할 것을 강조했다. 도는 "모든 것이 그것에 합치할 수밖에 없는, 모든 생명과 인간관계에 있는 근원"[5]인 것이다. 그런 측면에서 노자는 도를 인간 "행위의 중심"[6]에 놓았다. 노자가 도를 따르라고 말한 것은 사람이 근원으로 가서 그것을 행하라는 것을 뜻한다. 노자가 말하는 덕은 "근원의 그 무엇이 사람들 사이에서 실천"[7]되는 것이다. 덕은 유가에서 말하는 인위(人爲)의 도가 아닌 자연의 도가 마음에 쌓

---

3) 위의 책.
4) 위의 책, 323.
5) 위의 책.
6) 위의 책, 324.
7) 위의 책.

여 행해지고 그로 인해 얻어지는 것이다. 노자에게 도는 곧 덕이다.

장자는 노자처럼 도와 덕을 명확하게 구분하지 않았다. 그에게 도
와 덕은 하나의 과정에 있다. 도와 덕은 하나이면서 둘이고 둘이면서
하나다. 그야말로 도와 덕은 하나로 결합한 도덕이다. 장자는 『장자』
12편 천지에서 다음과 같이 말했다.

> "태초에는 무(無)만 있어 존재도 없고 이름도 없었다. 거기서 처음
> 일(一)이 일어났는데, 하나가 있을 뿐이고 아직 형체를 갖추지 못했
> 다. 만물은 그 하나가 있음으로써 생겨났고 그것을 가리켜서 덕이라
> 부른다(太初有無, 無有無名; 一之所起, 有一而未形, 物得以生, 謂之
> 德)."[8]

여기서 말하는 덕은 노자가 말한 도와 같은 것이다. 물론 『장자』
에는 도가 덕보다 그 출현빈도가 높다. 그렇지만 장자는 둘을 뚜렷하
게 구분하지 않고 같은 의미로 썼다. 어쨌든 장자는 자연으로 돌아가
형체와 생명을 온전하게 보존하는 삶을 추구했다. 이것이 그가 말한
실천론으로서 도덕론(道德論)이다.

이제 다시 눈을 돌려 서양 언어권에서 쓰이는 윤리란 말의 어원적
의미를 살펴보기로 한다. 윤리는 영어로 ethics, 독어로 Ethik, 불어
로 ethique라 불린다. 이 용어들의 어원은 모두 고대 그리스 시대로
거슬러 올라간다. 그리스 세계에서는 짐승의 소굴을 의미하는 에토

---

8) 위의 책, 325.

스($\overset{\shortmid}{\epsilon}\theta o\varsigma$, 영어: ethos)란 낱말이 있었다. 이 말은 점차 인간이 주거하는 터를 가리키는 뜻으로 전이했다. 인간들이 모여 거주할 때, 거기서 사는 행동에서 습관이 생겨나고 습관은 관습이 되었다. 그리스어 동사 ethizo는 '습관되다'란 뜻을 가졌다. 명사 ethos는 이 동사에서 유래했다는 것을 직감할 수 있다. 에토스는 시간이 흐르면서 습관이나 관습, 풍습 같은 사회적 의미로 발전하게 되었다. 습관은 영어로 habit, 독어로 Gewohnheit이다. 관습은 영어로 convention, 독어로 Sitte이다. 풍습은 영어로 custom, 독어로 Brauch이다. 인간사회에서 사람이 살아가면서 오랫동안 굳어진 집단행동은 관습이나 풍습이 되고, 그것은 인간의 행동을 강력하게 규제한다. 이런 관습이나 풍습에서 도출되어 나와 만들어진 추상적 가치 규범이 윤리이다. 이로써 윤리는 개인과 사회 구성원 모두를 규제하고 마땅히 사람이 지켜야 할 도리나 규범으로 작동하게 된다.

윤리(ethics)와 비슷한 의미로 쓰인 도덕(moral)이란 말이 있다. 그러면 도덕의 어원에 무슨 뜻이 있을까? 그리스어 에토스를 라틴어로 번역해서 나온 말이 명사 mos이다. 도덕(moral)은 라틴어 형용사 moralis에서 유래했다. 도덕 역시 그리스어 에토스처럼 말의 뜻을 그대로 받아 습관, 관습, 풍습이 되었다. 이처럼 서양에서 쓰인 도덕은 관습화된 인간의 행동이었지만 점차 인간의 도리나 규범으로 자리 잡았다. 이 때문에 도덕은 관습에서 출발했지만, 관습 이상의 것이 된다. 관습을 도덕이라 지칭한다고 해서 관습을 도덕적 어의로 치환하여 생각할 수 없다.

헤로도토스의 『역사』에는 재미있는 이야기가 실려 있다. 관습과 도덕의 관계를 흥미롭게 설명하고 있다.[9] 상이한 장례 풍습에 얽힌 차이를 통해 도덕이 무엇인지를 알려주는 에피소드다. 어떤 사람이 시체를 화장하는 관습을 가진 그리스인에게 돈을 얼마나 주면 자신의 부친 시신을 먹겠냐고 물었다. 그리스인은 자신에게 아무리 많은 돈을 줘도 그렇게 할 수 없다고 단호하게 대답했다. 또 다른 어떤 사람이 관습이 다른 부족에게 돈을 얼마나 주면 부친의 시신을 화장할 수 있는지 물었다. 그러자 그 부족 사람은 결코 그렇게 할 수 없다고 응답했다.

이러한 이야기를 통해 눈치채는 사실은 시체 화장이나 시체 시식의 풍습은 사회마다 서로 다르다는 데 있다. 자신이 속한 풍습 기준에 따라 도덕적, 비도덕적 판단을 하는 것이다. 모든 관습이 다 도덕으로 치부될 수 없다. 그러나 풍습에 따라서 그것이 도덕적, 비도덕적으로 판단할 수 있다. 분명한 사실은 풍습과 도덕은 서로 다른 것이다. 도덕과 관습은 같은 어원적 뿌리가 있다 하더라도 두 용어 사용은 달라진다.

윤리와 도덕은 인간 행동을 규제하는 가치 규범에 관한 것이다. 어떤 행동이 옳고 그른가 따지고 또 그것이 좋고 나쁜지 분별하고 더 나아가 그런 행동이 아름답고 추한지까지 구별한다. 어떤 사회이든 인간에게 나름 윤리와 도덕을 부여한다. 어떤 사회가 인간을 어떻게

---

9) 편상범, 『윤리학』 (서울: 민음인, 2015), 162-163.

이해하고 있는지 그에 따라 윤리의식과 도덕의식은 달라진다. 윤리와 도덕은 개개 인간의 행동과 인간의 집단적 행동을 규제한다. 그래야 사회가 정상적으로 유지된다. 도덕이 무너지면, 인간사회 역시 붕괴하고 만다.

2.1.3 인간과 윤리학

인간이 이성적 존재라고 규정된다면, 이어서 인간은 윤리적 존재라는 것도 자연스럽게 귀결된다. 인간이 윤리적 존재라면, 그것을 입증하고 인간에게 부여되는 도리가 무엇인지 연구하는 학문이 윤리학이라 할 수 있다. 윤리학(倫理學, ethics)은 일반적으로 선과 관련한 인간 행위의 규범을 연구한다. 이런 측면에서 서양이나 동양의 윤리학 모두 규범 윤리학의 형태로 발전을 거듭했다.[10]

서양 윤리학은 고대 그리스 철학의 시조 소크라테스로부터 출발해서 플라톤과 아리스토텔레스로 이어졌다. 소크라테스는 선을 '참으로 아는 것', 곧 진지(眞知)로 여겼고, 악을 무지 때문에 생기는 것

---

10) 서양 윤리학은 대체로 인식 형식에 따라 세 갈래로 구별된다. 기술적 윤리학, 규범 윤리학 그리고 메타윤리학이다. 기술적 윤리학은 막스 베버(M. Weber)의 과제로 집단과 제도에서 작동하는 도덕과 인륜 현상을 분석, 서술하는 것에 있다. 규범 윤리학은 당대의 지배 도덕을 비판적으로 검토하고 바른 행위의 형식이나 원리를 세우고자 한다. 메타윤리학은 도덕적 명제의 언어적 요소와 형식을 비판, 분석하고 도덕적 명제를 정당화하는 과제를 가진다. 오트프리트 회페, 『윤리학 사전』, 임홍빈 외 역 (서울: 도서출판 예경, 1998), 322-323. 참조. 서양 윤리학은 대부분 규범 윤리학이 주류이다.

으로 생각했다. 그는 진지에서야말로 덕이 생겨난다고 했다. 진지와
덕(arete)을 일치시켰고 뿐만 아니라 덕은 행복의 원천이었다. 이로
써 지덕일치(知德一致)가 된다. 소크라테스의 제자 플라톤은 인간을
영혼과 육체로 구성된 존재로 여겼다. 인간 영혼은 이데아 세계에 있
었다. 그러나 영혼이 타락해 육체에 머물게 되었다.[11] 육체는 영혼의
감옥과도 같은 것이다. 인간은 불완전한 존재다. 인간은 영혼의 고향
인 이데아 세계를 항상 사모한다. 인간 영혼은 세 가지로 나뉜다. 최
상층엔 반성, 통찰, 추리하는 이성(reason)이 있고, 중간층엔 격정을
느끼는 의성(意性)이 있다. 여기서 분노, 명예심, 수치심 등을 느낀다.
맨 하층은 물욕(物慾)이다. 감각적인 욕망을 지칭하는 것이다. 영혼의
세 부분에서 각각의 덕이 나온다. 이성에서는 지혜, 의성에서는 용
기, 물욕에서는 절제가 나온다. 영혼에서처럼 국가란 정신적 조직체
에도 세 계급이 있다. 통치계급, 군인계급, 생산계급이다. 정의의 국
가는 세 계급이 각각의 덕, 지혜, 용기, 절제를 발휘할 때 존립하게
된다.

　아리스토텔레스는 서양 최초로 윤리학 저서인 『니코마코스 윤리
학』을 남겼다. 그는 이 책에서 선 추구의 목적을 행복이라 했고, 선
을 영혼의 활동으로 간주했다. 플라톤처럼 영혼을 이성적인 것과 비
이성적인 것, 둘로 나눴다. 두 부분에서 각각의 덕이 나온다. 그것은
예지적인 덕과 윤리적인 덕이다. 예지적 덕은 배우고 익혀서 획득할

---

11) 최재희, 『서양윤리사상사』 (서울: 서울대학교출판부, 1992), 43. 참조.

수 있고, 윤리적 덕은 습관으로부터 얻을 수 있다. 윤리가 습관으로 부터 유래한 것처럼, 그 역시 윤리를 그런 측면으로 이해했다.

동양 윤리학은 고대 중국으로부터 시작했다. 중국 윤리학은 공자(孔子, BC 551-BC 479)에서 시작하여 맹자(孟子)에게 와서 윤리 체계가 완성되었다. 동양 윤리학 역시 규범 윤리학이 대세였다. 공자의 중심 사상은 예(禮)와 인(仁)이다. 예는 외면적 구속에 의한 사회질서를 지키는 것이고, 인은 어질함에서 사람다움을 찾는 것으로 내면적 도덕성을 지키는 것이다. 맹자는 공자의 인(仁)을 넓혀 의(義)를 행함으로써 복례(復禮, 예를 행하는 것)가 가능하다고 했다. 그에게 지(智)는 슬기를 뜻하며 사리를 밝게 다스리는 재능이다. 지를 얻기 위해 교육이 필요한 것이다. 맹자는 이런 이유로 사덕(四德)을 주장했고, 사덕에서 사단(四端)이 나온다는 것을 말했다. 중국 전한 시대의 유학자 동중서(董仲舒, BC 179-BC 104)는 공자·맹자의 윤리인 유학을 중국의 국교로 삼았고 정치철학의 토대로 간주했다. 유학을 관학으로 권장하며 삼강오륜(三綱五倫)설[12]을 주장했다.

---

12) 삼강오륜의 내용은 다음과 같다. 삼강(三綱)은 세 개의 기본강령이다. 먼저, 군위신강(君爲臣綱)은 임금과 신하 사이 지켜야 할 도리다. 부위자강(父爲子綱)은 부모와 자식 간 지켜야 할 도리다. 부위부강(夫爲婦綱)은 남편과 아내 사이 마땅히 지켜야 할 도리다. 오륜(五倫)은 유교의 도덕을 실천하는 기본 강목으로 다섯 가지다. 부자유친(父子有親), 군신유의(君臣有義), 부부유별(夫婦有別), 장유유서(長幼有序), 붕우유신(朋友有信)이다.

2.1.4 윤리학과 윤리 방법론

일반 윤리학은 선이라는 도덕규범을 다루는 학문이다. 윤리학에
서 도덕 행위의 주체는 인간이다. 도덕적 자아로서 인간은 자신을 스
스로 규제하여 행동한다. 인간이 행동할 때, 어떤 근거로 자신의 행
위를 도덕적으로 하느냐이다. 이런 도덕적 행위 방식에 따라 윤리학도
달라지게 마련이다. 이 때문에 윤리학에서 방법의 문제가 대두된다.

윤리학에서 방법론 이해는 매우 중요하다. 윤리학은 인간의 도덕
적 행위를 아무런 반성도 없이 무의식적으로 파악하고 행동하는 것
을 극히 경계한다. 윤리학은 선 규범을 다루지만, 선행의 근거와 방
향을 무관하게 여기지 않는다. 모든 선한 행동은 자의적이거나 무의
식적이지 않다. 윤리학에서도 방법론 논의는 불가피하다. 방법
(method)이란 복잡한 구조를 가진 사유과정과 행위 과정이 수미일관
하고 목적에 맞게 진행되도록 하는 연구 절차 방식이다.[13] 논리학에
서 논리적 추론이 중요하듯이 윤리학 역시 도덕 논리적 추론이 중요
하다. 방법은 경직된 절차를 따지지 않는다. 사람의 행동 방향이 일
정하게 가고 그렇게 정립되도록 도와준다. 그런 측면에서 윤리학의
방법론적 논의는 불가피하다.

윤리학에서 방법론은 일반적으로 세 가지로 나뉜다. 사람이 행동
할 때, 행위 결과에 목적을 두고 하느냐, 결과가 아닌 동기로부터 하

---

13) 오트프리트 회페, 『윤리학 사전』, 324-325.

느냐, 아니면 자신에 있는 책임 능력으로써 자신의 행위와 그것의 결과에 대하여 책임을 지는 것에 있냐에 따라 방법이 달라진다. 이 세 가지 방법에 따라 윤리학은 세 가지 형태의 윤리학으로 논해진다. 그것은 목적론적 윤리, 의무론적 윤리 그리고 책임 윤리이다. 목적론적 윤리를 주장하는 학자로는 아리스토텔레스, 공리주의자 베이컨과 밀, 실용주의자 존 듀이를 들 수 있다. 의무론적 윤리의 주장자로는 대표적으로 임마누엘 칸트를 꼽을 수 있다. 책임 윤리를 주장하는 학자는 막스 베버와 한스 요나스를 들 수 있다. 기독교윤리도 책임 윤리의 군에 넣을 수 있다.

2.1.4.1 목적론적 윤리

사람은 동물처럼 환경의 자극에 의존하고 본능으로써 자신의 욕구를 충족시키지 않는다. 환경을 넘어서 사유와 언어를 통해 자유로운 정신활동을 한다. 사람은 의식적으로 자신의 목적(目的, end/Zweck)을 추구하는 합목적적 행동을 한다. 사람이 의식적으로 도덕적 행동을 할 때, 당연히 어떤 목적을 갖고 행동하고 있다. 사람의 의지 행위는 도덕적 행위이며 그러한 행위는 선(善)한 목적을 가진다. 사람이 도덕적 행위를 하게 되면, 그것으로 선한 목적과 결과를 낳는다.

윤리학은 도덕적 규범을 다룬다. 도덕 규범 자체는 선함(the good)의 성격이 있다. 규범 윤리는 여러 선을 포괄하는 최고선(summum bonum)의 규범을 지향한다. 선의 최고 목적을 실현하기 위해 그런 방향을 취한다. 그러기에 규범 윤리는 '목적론적 윤리(teleological ethics)'로 칭해진다. 목적은 고대 그리스어 telos에서 유래하였다. 인간은 본래 목적을 갖고 사유한다. 그에 따라 인간 행위는 목적론적 (teleological) 성향을 띤다. 특히 도덕적 행위는 목적을 지향하고 목적 실행으로 간다. 그런 형태로 윤리를 기술할 경우, 윤리는 목적론적 윤리가 된다. 목적론적 윤리는 인간 행위의 목적에다 주안점을 둔다. 인간의 도덕적 행위가 경험적이고 실용적 선의 목적 달성에 규정된 다는 것을 가정하고 출발한다. 윤리적 행동이 그 결과로써 최고의 선 (the good)을 가져올지 아닐지 성찰하는 것이다.

고대 그리스 철학자 아리스토텔레스는 최초로 목적론적 윤리를 정립하였다. 그는 『니코마코스 윤리학』에서 인간 행위가 목적을 지 향할 수밖에 없는 형식적 필연성이 있다고 윤리적 전제를 세웠다. 그 외에도 인간이 가진 정치적(사회적) 본성으로 사회에서 좋은 삶을 열 망하여 추구하는 경향성이 있다고 했다. 그는 인간이 추구하여 목적 으로 얻는 최고선이 다름 아닌 '행복(幸福, eudaimonia, happiness)'이 라고 추론했다. 그에게 행복이란 모든 인생이 추구하는 궁극적 목적 으로 "이성을 완전하게 발휘한 상태"를 말한다. 인간이 하는 윤리적 행위의 근본 목적은 행복을 실현하는 것에 있다. 윤리적 행위는 인간 에게 결국 선(善)한 결과를 가져오는 것이다. 아리스토텔레스의 윤리 는 행위의 본질보다 결과를 중시하는 결과론적 윤리(resulting ethics) 로 치부된다. 이런 윤리 유형을 리처드 니버는 "만드는 자, 인간 (man, the maker)"[14]의 윤리로 개칭했다. 이렇게 새롭게 명명된 윤리 는 인간이 이성을 온전하게 발휘하여 신적 본질에까지 접근시킬 수 있다는 인간 중심적 윤리의 전형을 보여준다. E. 클린턴 가드너는 이런 윤리를 삶의 목적으로 행복을 추구하는 "포부의 윤리(ethics of aspiration)"[15]라 명명했다.

아리스토텔레스의 목적론적 윤리는 기독교윤리로 채택하기에 적합하지 않은 측면이 있다. 기독교윤리는 인간이 추구하는 선의 문제를 다루지 않는다. 그렇기에 선을 추구하는 방식으로 윤리를 시작하지 않는다.[16] 아리스토텔레스의 윤리는 전형적인 철학적 윤리의 실상을 보여주고 있다. 그의 윤리신학적 윤리학으로 전용되기는 쉽지 않다. 인간이 세운 목적을 추구하고 동시에 이를 실현하기 위해 인간 행위의 모든 가능성을 전제하기 때문이다. 아리스토텔레스의 윤리는 선한 인간성을 기대하고 선한 행위로 선한 결과를 낳는다는 확고한 윤리적 낙관주의이다. 더욱이 지고선(至高善, summum bonum)을 향해 가는 자기실현의 가능성, 즉 윤리적 이상주의까지 보여준다. 물론 아리스토텔레스는 자신의 윤리학에서 지고선을 언급하기는 했다. 하지만, 그가 말한 지고선은 기독교에서 말하는 하나님이 될 수 없다. 초월적인 존재로서의 선이 아닌 다른 모든 선을 궁극적 목적으로 묶는 하나의 지고선일 뿐이다. 단지 "이성의 완성"[17]일 뿐이다.

목적론적 윤리는 현대의 윤리 사상에 등장했다. 첫째, 공리주의의

---

14) 고범서 외, 『기독교 윤리학 개론』 (서울: 대한기독교출판사, 2003), 12.
15) E. 클린턴 가드너, 『성서적 신앙과 사회윤리』, 이희숙 역 (서울: 종로서적, 2000), 119. 참조.
16) 자크 엘룰, 『원함과 행함』, 양명수 역 (서울: 전망사, 1990), 199. 참조.
17) 최재희, 『서양윤리사상사』, 53.

윤리가 있다. 공리주의(功利主義, utilitarianism)는 19세기 중반 영국에서 형성된 경험주의적 사회윤리 사상이다. 이 사상은 사적 도덕이나 공적 도덕에서 윤리적 행위의 목적을 '효용성'(utility)에 두고 있다. 가치 판단의 기준을 경험주의적 방법에 세우고 효용이나 행복의 증진을 위하여 '최대 다수의 최대 행복' 실현을 윤리적 행위의 기본 목적으로 삼는다. 제레미 벤담, 존 스튜어트 밀 같은 공리주의자들이 대표적 인물로 꼽힌다.

둘째, 실용주의 윤리가 있다. 실용주의(實用主義, pragmatism)는 19세기 말, 20세기 초 미국에서 시작, 미국서 만개한 현대철학의 한 사조로 일종의 사회윤리 사상이다. 이 사상은 윤리 행위의 목적을 '실용성'(practicality, 현실 적합성)에 둔다. 퍼어스(C.S. Peirce) 같은 학자가 대표적 인물이다. 그의 논문 "how to make our ideas clear"에서 처음 실용주의 사상을 펼쳤다. 실용주의는 두 가지 특징이 있다. 첫째, 진리는 행위의 결과로써 결정된다. 인간의 행동적·실천적인 면에서 볼 때, 어떤 사상이 진리를 갖냐 안 갖냐는 사상 자체가 아닌 그 사상을 행한 결과로 결정한다. 둘째, 진리는 소여(所與, 이미 주어진 것)가 아닌 만들어지는 것이다. 고로 동적(動的), 과정적(過程的) 측면에서 인간 행위와 실천이 중시된다. 진리는 동적 과정에서 파악된다. 선천적 이유, 고정원리, 폐쇄체계, 절대적인 것은 배척된다.

2.1.4.2 의무론적 윤리

인간은 이성을 갖고 있어서 모든 대상에 주체적으로 대응한다. 사

람의 심정(心情 혹은 마음, heart/Gesinnung)은 말이나 표정, 행위 등을
통하여 자신이 누구인지 드러낸다. 사람은 지식과 의지, 느낌으로 표
현되는 마음을 따라서 행동한다. 그런 행동을 하기 위해 의지적 결단
이 선행한다. 사람은 양심이 있어서 직감적으로 도덕적인 요구에 반
응한다. 도덕 행위자는 자신의 행위에 대해 합당한 의미를 부여한다.
의식적으로 감각과 환경에 대응하는 자유를 가진다. 인간의 마음은
자신의 도덕적 행위의 결과와 상관하지 않고 선 자체를 확신하고 행
동에 옮긴다. 이렇게 행위자의 심정에 좌우하는 윤리는 앞서 설명한
목적론적 윤리와는 확연히 구별된다. 이런 윤리는 심정윤리(心情倫理,
ethics of heart/Gesinnungsethik) 혹은 의무론적 윤리(deontological
ethics)로 칭해진다.

의무론적 윤리를 고찰하기 전 다룰 개념은 의무(義務, duty 혹은
obligation/Pflicht)이다. 의무는 사전적으로 '당연히 해야 할 일'이다.
고대 그리스어 δεῖ(děi)는 동사형으로 '-을 해야 한다'(shall, sollen)
이다. děi의 명사형은 의무로 '마땅히 해야 할 것'이다. 의무는 도덕
적 행위를 하게 하는 내적 강제력이다. 여기서 행동의 당위성이 나온
다. 의무 개념은 로마 키케로에 의해서 라틴어 officium(마땅히 행할
업무)으로 바뀌었다. 독일 계몽주의에서 의무는 obligatio(구속)가 되
었다. deontological는 deontic(의무적) + logical(논리적)의 합성어
다. '의무론적'이라 번역된다. 윤리학에서 '의무론적'이면, 하나의 행
위가 선의지이기에 보편적 준칙을 따르는 것이다. 의무론적 윤리의
전형은 칸트 윤리학에서 볼 수 있다.

칸트의 의무론적 윤리는 도덕적 명령이 목적론적이나 실용주의적인 결과로 따지지 않는다. 명령은 그 자체로 선한 준칙에서 나온다.[18] 준칙 명령은 도덕적으로 항상 옳다. 의무론적 윤리는 행위자의 의도나 동기로 고찰하는 도덕적 추론의 방법이다. 이런 측면에서 칸트 윤리는 아리스토텔레스 윤리와 대조가 된다. 칸트가 구상한 정언명령(定言命令, kategorischer Imperativ)은 실천적 관점에서 내적으로 규정된 무조건의 준칙이다. '선의지에 따라 자율적으로 행하라'는 준칙이다. 정언명령은 누구에게나 옳고 마땅히 행할 필연적 도덕법칙이다. 보편적으로 요구되는 무상명령(無上命令)이기도 하다. 도덕에서 최고로 높은 법정이다. 인간성 존중이나 정의의 원칙은 정언명령으로 정당화된다. 반면에 가언명령(假言命令, hypothetischer Imperativ)은 '-을 하고자 하면 -해야 한다'는 조건적인 도덕 명령이다. 정언명령으로서 '옳음'의 개념은 의무, 도덕법, 명령이다.

리처드 니버는 칸트 윤리의 유형을 "시민으로서의 인간(man as the citizen)"[19] 윤리라 불렀다. 그는 왜 의무론적 윤리를 시민으로서의 윤리라 했을까? 시민은 법 아래서 살기에 법에 복종할 의무가 있는 것이다. 도덕법 자체가 옳은 명령이다. 사람은 법을 준수해야 한다. 니버는 칸트 윤리를 "이성은 윤리학이 사용할 수 있는 최선의 방법"으로 인간의 본성이 선하다는 확신에 서 있는 것이라 했다. 칸트 윤리는 인간 중심적 윤리의 전형을 보여준다. 기독교윤리학자 E. 클

---

18) 오트프리트 회페, 『윤리학사전』, 88. 참조.
19) 고범서 외, 『기독교 윤리학 개론』, 14.

린턴 가드너는 칸트 윤리를 실천 "이성의 원리를 따르는 의무의 윤리"[20]라 불렀다.

2.1.4.3 책임 윤리

책임 윤리는 앞에서 언급한 두 윤리 유형과 어떻게 다른가. 우선, 책임 윤리는 목적론적 윤리와 다르다. 목적론적 윤리는 도덕적 자아를 위해 선을 추구하며 자아가 세운 지고선의 목적을 획득하는 윤리이다. 선한 행위에서 선한 결과가 나온다. 경험주의적이고 이기주의적 윤리의 형태이다. 그러나 책임 윤리는 도덕적 자아가 자신, 이웃, 세계에 대한 책임을 인식하여 그런 관계에서 합당한 행동을 한다. 이 윤리는 행위의 결과를 주목하지만, 이기주의적인 것을 벗어나 결과에 책임을 진다.

책임 윤리는 의무론적 윤리와도 다르다. 독일의 사회학자 막스 베버(M. Weber)는 의도적으로 심정 윤리와 대립한 책임 윤리를 개진했다. 의무론적 윤리는 순수한 도덕 명령과 법칙을 따르는 윤리이다. 명령과 법이 옳기에 무조건 지켜야 한다. 그러나 책임 윤리는 행위자가 사회, 세계와 공생 관계에 있는 것을 인식하고 공동의 책임을 떠맡는다.

책임 윤리는 정치, 경제, 법, 가정, 교육, 예술, 종교 등 사회 전반의 영역을 두루 아우른다. 이들 영역에는 책임자가 있다. 정치가, 공직자, 기업가나 소상공인, 판·검사, 부모, 지식인, 예술인, 종교인 등

---

20) E. 클린턴 가드너, 『성서적 신앙과 사회윤리』, 119.

이다. 책임 윤리는 사회 공적 영역에 두루 미치는 법률적 책임의 문제를 묻는다. 법률적 책임은 "사람들이 떠맡은 과제와 직무에서 나온 책무 또는 법률이 정한 보편적 명령과 금지의 엄수"[21]와 관련한다. 법률적 책임의 결과는 처벌과 보상이다. 이에 반해 도덕적 책임의 결과는 칭찬과 비난, 존경과 경멸이다.

20세기 중반부터 영미권 기독교 신학은 책임 윤리를 기독교 윤리학 방법론으로 인정했다. 리처드 니버는 목적론적 윤리와 의무론적 윤리와 다른 제3의 대안인 '책임 윤리'를 제시했다. 그는 이 유형을 "응답자로서 인간(man as the answerer)" 윤리라 불렀다. 그의 유고집인 『책임적 자아』(1963)에서 책임 윤리를 소상히 다루었다. 그가 소개한 책임 윤리는 신학에 고정되지 않고 사회와 세계 전반까지 확대되었다. 책임 윤리는 개인 윤리, 사회 윤리, 세계 윤리 전체를 포괄한다.

---

21) 오트프리트 회페, 『윤리학사전』, 488.

2.2 서양 철학의 인간관과 윤리

인간이 윤리적 존재라면, 서양 철학의 관점에서 인간 이해가 어떠한지 살필 필요가 있다. 고대 이후 인간 이해에 대한 서양 철학의 흐름은 크게 두 갈래로 갈린다. 합리주의적 흐름과 경험주의적 흐름이다. 윤리적 인간이 무엇인지 판단하는 근거는 한편으로 합리주의적인 것에서 다른 한편으로는 경험주의적인 것에서 찾아진다. 그 외에 비합리적인 근거도 무시하기 어렵다.

2.2.1 고대 인간관

서양 철학은 고대로부터 이성의 존재를 긍정하고 강조하는 합리주의의 전통을 가지고 있다. 이런 전통은 인식론적 문제에서 경험주의와 대립하고, 독자적으로 형성, 발전해 간 것을 알 수 있다. 합리주의적 이성 이해는 고대 그리스부터 시작했다.

고대 그리스인들은 참과 관계한 개념으로 로고스(logos)를, 좋음과 관계한 개념으로 에토스(ethos)를, 아름다움과 관련한 개념으로 파토스(pathos)를 사용하였다. 플라톤은 이 세 개념과 관계한 학문을 명확히 구분하지는 않았지만, 그가 세운 학교 아카데미아(academia)에서 가르쳤다. 이를테면 철학, 기하학, 천문학, 지리학, 동물학, 지리학 그리고 정치학과 체육 등 다양한 학문이다.

플라톤은 그의 『국가』에서 이데아 이론을 펼쳤다. 이데아(그리스어 eidos)는 그 자체로 좋은 것이었다.[22] 플라톤은 지고의 이데아(idea) 를 '존재자와 그것의 인식 근거'로 보았다. 그것 자체가 좋은 것이라 했다. 참되고 궁극적인 이데아가 선인 것이다. 선의 이데아는 인간과 사물에 대해 독립적으로 존재한다. 플라톤에게 이성은 좋은 이데아 를 연결하는 능력이다.[23] 플라톤은 선이라는 보편적 윤리 규범을 이 데아로 규정했고 그것을 연결하는 것이 이성이라 했다. 이성은 선의 이데아를 인식하게 한다. 이런 의미에서 플라톤의 국가론은 윤리학 의 내용과 크게 다르지 않다. 그의 이상 국가는 다양한 덕(德, arete) 들이 조화된 자기충족적 사회를 일컫는다. 지혜, 용기, 절제의 덕목 은 서로 조화를 이루어 정의(正義)가 실현된 그런 사회이다.[24]

플라톤의 대화편들을 보면, 참, 좋음, 아름다움에 관한 이야기들 로 가득 차 있다. 완전한 선의 이데아 속에 참과 아름다움은 서로 엉 켜 있다. 참은 좋은 것이고 좋은 것은 참이 된다. 마찬가지로 아름다 움은 좋고 좋은 것은 아름답다. 그에게 철학과 윤리학은 서로 분리될 수 없다. 윤리학과 미학 역시 떨어질 수 없다.[25] 이처럼 플라톤에게 학문은 뚜렷이 분리되지 않는다. 윤리학 혹은 도덕철학은 이론철학 과 예술철학과 무관하지 않고, 서로 긴밀히 연결되어 있다. 플라톤의

---

22) 군나르 시르베크 닐스 길리에, 『서양철학사1』, 윤형식 역 (서울: 이학사, 2016), 92. 참조
23) 위의 책, 106. 참조.
24) 위의 책, 114. 참조.
25) 위의 책, 127. 참조.

학문체계에서 지와 선과 미는 하나로 융합된다.

아리스토텔레스는 참과 좋음, 아름다움의 세 개념을 가지고 학문을 셋으로 분류하였다. 이론(theoria), 실천(praxis) 그리고 포이에시스(poiesis)다. 지식(episteme)인 로고스와 관련한 학문은 자연철학, 수학, 형이상학(metaphysics)이다. "실천적 지혜"(phronesis)로서 에토스와 관련한 학문은 윤리학(ethics)과 정치학(politics)이다. 예술 및 기술 능력(techne)인 파토스와 관련한 학문은 수사학(rhetorics)과 시학(poetics)이다. 이외에 독립 학문은 아니지만, 학문에서 중요한 한 부분을 차지하는 연장(organon)으로서 논리학(logics)을 지정했다.[26]

아리스토텔레스는 윤리학을 실천적 지혜를 가르치는 학문으로 간주했다. 윤리학은 인간 이성적 활동의 한 부분으로 선(善)과 관계하는 것이었다. 학문으로서 윤리학은 선을 대상으로 한다. 선 추구함이 목적이다. 아리스토텔레스는 『니코마코스 윤리학』의 첫머리와 끝부분에서 정치학을 윤리학의 범주에 넣었다. 그는 정치학을 "국가의 선(善, agathon)은 한 민족이나 도시국가를 위하여 실현하는 것"[27]으로 규정했다. 『정치학』에서도 정치를 국가 공동체의 공공선을 실현하는 것으로 반복해 말했다. 아리스토텔레스가 구상한 윤리학은 개인이나 공동체가 온전하게 선을 실천하는 활동 그 자체다. 윤리학은 선을 직접 대상으로 삼는다. 윤리를 논할 자리는 의지(意志)이다.

선(善, goodness) 개념은 사실 윤리만이 아니다. 지식이나 예술까

---

26) 위의 책, 156-158. 참조.
27) 아리스토텔레스, 『니코마코스윤리학』, 최명관 역 (서울: 서광사, 1991), 32-33.

지도 대상이 되는 통합적 개념이다. 예컨대, 소크라테스는 인간 본질을 영혼 있는 정신적 존재쯤으로 생각했다. 정신적 존재로서 인간은 자신을 아는 자가 참 자아라고 했고, 진지(眞知)가 선이 된다고 했다. 이렇듯, 자기 자신을 아는 참된 지식(知識)이 선이다. 그는 델포이 신전에 새겨진 "너 자신을 알라"는 신탁을 몸소 깨닫고 청년들을 가르쳤다. 소크라테스는 자기 자신을 참으로 아는 자가 지혜, 용기, 절제, 정의 같은 정신적 덕을 실천할 수 있다는 점을 간파했다.

그의 제자 플라톤은 스승의 가르침에 따라 선 개념을 참된 지식(진지)과 온전한 미와 통합했다. 참된 이데아는 선의 이데아이자 미의 극치다. 이데아에서 진·선·미 세 가치는 통합된다. 아리스토텔레스도 선을 협의적 의미인 윤리적 덕만을 보려고 하지 않았다. 지적인 덕, 감정적 덕 모두를 포괄해서 실천하는 것을 철학의 대상으로 삼았다. 아리스토텔레스에게 지(知)는 선이 되고, 선은 곧 미(美)가 된다.

2.2.2 중세 인간관

고대 인간관은 그리스·로마의 인간관과 크게 다르지 않았다. 고대에 인간 이성이 강조되었다. 이성을 근거로 한 다양한 학문이 발전하였다. 그리스 시대엔 로고스 중심의 지식학이 크게 발달했다. 로마 시대에는 인간성(humanity)을 탐구하는 인문학(humanitas)이 대세였다. 철옹성처럼 단단했던 로마제국은 이민족들, 예컨대 고트족, 부르군트족, 프랑크족, 훈족 등의 침입을 받았다. 피로해진 서로마 제국은 476년 멸망하고 말았다. 그때를 계기로 서유럽은 중세세계로 진입했다. 중세는 새로운 시대로 전개되었다. 중세는 신의 계시가 절대적이고 인간의 이성은 상대적인 것이 되었다. 이성과 계시가 함께 작용한다. 하지만, 이성이 하위에 있고 계시가 상위에 있는 시대가 중세라 할 수 있다.

천년의 중세는 정치, 종교, 사회의 측면에서 세 시기, 즉 전기, 중기 그리고 후기로 세분된다. 전기(5-10세기)는 서로마 제국의 멸망부터 프랑크 왕국 성립과 붕괴까지의 기간을 가리킨다. 이 기간에는 8세기경부터 유럽의 새로운 사회체제인 봉건제가 프랑스를 기점으로 전 유럽에 퍼졌다. 봉건사회란 장원제와 농노제를 기초로 한 지배자 내 주종관계의 사회를 말한다. 지배자 계급은 국왕→제후→하급 영주→기사라는 피라미드 형태의 정치 질서로 구성됐다. 중세 교회 역시 교황→대주교→주교→사제라는 신분 질서를 갖추고 광대한 영지까지 소유하였다. 중기(11-13세기 말)는 작센공 하인리히 1세 아들 오토 1세가 962년 교황 요한 12세로부터 대관되어 신성로마제국(962-806)이 성립하면서 시작되었다. 중기는 중세의 번영을 이뤘던 시기다. 도시 인구가 급증했고 상업이 크게 융성했다. 중세 후기(14-15세기)는 사회가 점차 붕괴하는 조짐을 보였다. 페스트의 대유행과 잇단 기근(飢饉)이 발생했고, 백년전쟁까지 일어났다. 사회가 극도로 혼란한 상태에 빠졌고 인구는 급감했다.

중세에 정립된 인간관은 인간이 이성적 존재이자 영적(신앙적) 존

재라는 것으로 각인된다. 스콜라 철학(학교에서 배운 철학) 관점에서의
중세 인간관은 세 시기로 세분, 이해되었다.[28] 중세 초기엔 인간은
계시의 이해를 이성의 도움으로 획득한다고 했고, 이성으로 신앙을
파악할 수 있다고 생각했다. 이때 신앙은 인간의 생각 속에 존재하는
것으로 이해하는 실재론이 우세하였다. 신 인식은 이성으로써 가능
했다. 반면에, 중기는 이성과 신앙을 조화시키는 시기라 할 수 있다.
중세의 대표적 신학자는 토마스 아퀴나스이다. 그는 이성을 가지고
온전히 신앙을 파악할 수 없다고 생각했다. 이성은 신의 직접적인 계
시로 주어진 신앙으로 보완돼야 한다. 즉, 자연적 이성은 본질상 초
자연적 신앙을 향하는 것이다. 그러나 중세 후기에 오면, 실재론은
약해지고 유명론이 우세하게 된다. 신앙은 이성적 사고에 의한 추상
적 산물이 아니다. 유명론의 관점에서 볼 때, 이성과 신앙은 서로 별
개의 것이다. 이성과 신앙은 연속적이지 않고 서로 다른 성격의 것이
다. 신앙은 이성이 파악할 수 없는 독특한 특징이 있다.[29]

　토마스 아퀴나스의 윤리 사상은 아리스토텔레스의 윤리를 기독교
적인 것과 융합한 것으로부터 그 특징을 잡을 수 있다. 인간의 도덕
성은 종교성과 무관하지 않다는 것을 입증하는 것이다. 실천적 이성
과 기독교 신앙을 조화시키는 그런 윤리 사상이다. 토마스의 윤리 사
상은 다음과 같은 말로 정리될 수 있다.

---

28) 군나르 시르베크 닐스 길리에, 『서양철학사1』, 264-265. 참조.
29) 위의 책, 265. 참조.

"이성적인 것이건 비이성적인 것이건, 모든 것의 행동이나 운동은 목적 혹은 선으로 향하여 있다. 목적 혹은 선은 이성적 피조물인 경우에는 의도에 의해서 정해진 사상 중에 드러나고, 실천적 이성의 영향 아래서 의지가 노리는 것이다. 행복은 만물의 근거·제일원인인 하나님, 모든 운동의 원동적 원리인 하나님 자신에 의해서 주어질 수 있다. 만물은 무의식적이기는 하나 현실로 선을 추구하고 있는 노력은, 하나님을 향하여 있는 것이다."[30]

2.2.3 근대 인간관

서양은 근대(17세기 이후)로 접어들었다. 근대 초기에 계몽주의 사조가 있었다. 근대는 점차 합리주의와 경험주의 두 사조로 흘러갔다. 물론 합리주의의 큰 흐름 속에 비합리주의의 반동도 못지않게 컸던 것이 사실이다. 근대에 들어와 새로운 인간관이 형성되었다. 여러 철학 사조 속에서 다양한 인간관이 주조되었다. 여기서는 근대에 형성된 인간관으로서 합리주의 인간관, 비합리주의 인간관 그리고 경험주의 인간관을 다룬다.

2.2.3.1 합리주의 인간관과 윤리

합리주의(rationalism)는 이성주의라고도 한다. 근대 합리주의는 데카르트로부터 시작한다. 그가 합리주의 인간관의 시작을 알렸다.

---

30) 최재희, 『서양윤리사상사』, 98.

데카르트(René Descartes)는 인간을 신체와 영혼이 결합한 존재로 본다. 신체와 영혼은 상호작용을 한다. 데카르트는 신체를 일종의 열기관 같은 정교한 자동기계로 이해했다. 신체로부터 동물적 정기가 나온다. 그것이 바로 정념이다. 육체와 영혼의 관계는 정념과 이성의 관계와 다르지 않다. 데카르트의 관심은 이성이 정념을 어떻게 다스리는가에 있다.

마음의 정념은 열기관인 신체로부터 나온다. 정념은 "영혼과 특수하게 관련되고(육체적) 정기의 어떤 움직임에 의해 생기고 유지되며 강해지는 지각, 감각 또는 감정"[31]이다. 마음의 정념은 6가지가 있다. 그것은 "욕구, 찬미, 사랑, 증오, 슬픔, 기쁨"[32]인 것이다. 인간 영혼에는 정신과 의지가 있다. 이 정신과 의지가 이성(理性)이라고 말할 수 있다. 데카르트는 영혼의 나머지 반쪽기능인 의지가 작용해서 동물정기, 즉 정념을 움직일 수 있다고 보았다. 의지는 올바른 인식, 즉 정신(지성)을 통해서 정념을 억제할 수 있다. 의지의 자유는 지성에 의존하는 것이다.[33] 데카르트에게 올바른 지식(眞知)은 곧 덕(德)이 된다. 덕은 곧 선(善)이다. 덕은 최선이라고 판단되는 모든 것을 정확히 알고 그것을 확고하게 실천하는 것이다.

데카르트에게 이성의 과제는 정념을 정복하는 일이다. 그것이 윤리적 과제다. 이성이 추구하는 목적은 행복이다. 데카르트에게 행복

---

31) 서양근대철학회 엮음, 『서양근대윤리학』 (파주: 창비, 2010), 339.
32) 최재희, 『서양윤리사상사』, 124.
33) 위의 책. 참조.

2.2 서양 철학의 인간관과 윤리 107

이란 정념을 정복하여 영혼이 완벽한 기쁨을 누리고 내면의 만족을 얻는 것에 있다. 영혼의 만족은 덕을 바로 알고(眞知) 실천하는 의지가 있을 때만 가능하다.

임마누엘 칸트는 계몽된 이성에 대해 질문하고 그 이성이 무엇인지 구체적으로 규명하고자 했다. 경험주의자 로크나 흄 역시 이성의 존재를 인정하긴 했다. 하지만 이성보다 경험(經驗, experience)을 우선 밝히려다 정작 이성이 무엇인지 설명하지는 못하는 우를 범했다. 결과적으로 이성의 역할을 과소평가하는 실책까지 범했다. 이와 달리 칸트는 경험을 수용하면서도 이성을 적극적으로 해명하려고 했다. 칸트는 경험과 이성을 종합했다. 그러나 칸트는 경험주의자이라기보다 합리주의자에 더 가깝다.

칸트는 이성을 셋으로 분류했다. 그것은 이론 이성, 실천 이성 그리고 감정 이성이다. 그는 선험적 이성의 실체를 깊이 천착하였다. 선험론적 분석을 통해 자연과학과 윤리학만이 아니라 종교철학과 미학에까지 논리적 필연성과 보편타당성인 것을 치밀하게 논증하였다. 칸트는 이성의 기능으로서 지·정·의 뿐 아니라 참인 진과 아름다움인 미 그리고 좋음인 선이 선험적으로 있다는 것을 적극적으로 해명하였다.

칸트는 인간 이성을 이론적으로 탐구하는 것에 생애를 바쳤다. 그의 대표 저서는 3대 비판서다. 우선, 그는 앎의 진위(眞僞)를 묻는 인식론 문제를 『순수이성비판』(1781)에서 다루었다. 칸트는 시간과 공간인 직관 형식과 12가지 오성 범주에 의해서 사물을 인식하게 된다고 했다.[34] 이런 인식을 통해 사람은 참된 지식을 알게 되고 객관성과 보편타당성을 확보한다고 말했다. 다음 단계로 가서 칸트는 도덕적 실천의 근원에 대하여 질문했다. 그것을 윤리학의 과제로 삼아서 『실천이성비판』(1788)에서 그런 문제를 다루었다. 그는 책에서 선악(善惡)의 근거를 물었다. '너는 마땅히 해야 한다'는 당위 규범이 선의 근거가 되는 것이며 그것은 절대적 의무라고 했다. 의무로부터 도덕법칙이 나온다. 도덕법칙은 언제나 어디서나 그리고 누구에게나 타당한 것이다. 그러기에 반드시 준수해야 할 것이다. 도덕법칙은 실천이성의 범주에 속하기에 '무조건적 명령'인 정언명령(kategorischer Imperativ)이다. 정언명령은 "너는 오로지 너의 행위의 준칙이 동시에 보편적 법칙이 되기를 네가 바랄 수 있는 그러한 준칙에 따라서만 행위하라"[35]는 형식주의를 고수한다. 도덕적 명령 형식은 경험으로부터 나올 수 없다. 인간 내면으로부터 나오는 도덕적 의지의 소산이다. 의지는 선의지(善意志)다.

칸트는 숭고함과 미추(美醜) 감정을 묻는 종교철학이나 미학을 『판단력 비판』(1790)에서 심도 있게 다루었다. 그는 『판단력 비판』에서 성(聖)과 미(美)에 관해 물었고 감정의 문제에까지 천착했다. 숭고한 감정에서 나오는 종교 문제가 과학화된 사회 속에서 얼마나 가능한지 그리고 아름다움을 느끼는 감정이 어떤 것인지 캐묻고 이에 대해 답

---

34) 군나르 시르베크 닐스 길리에, 『서양철학사2』, 윤형식 역 (서울: 이학사, 2016), 606. 참조.
35) 위의 책, 619.

하고자 했다. 끝으로 칸트는 이론이성과 실천이성을 종합했다. 칸트의 판단력은 이론이성과 실천이성을 매개하는 능력이다. 그는 목적론과 미학에서의 판단을 인식판단이 아닌 "취향 판단"으로 보았다. 그다음, 그는 두 이성을 매개했다. 칸트는 목적론으로부터 자연 세계와 인간세계의 목적과 의미를 찾았고, 인간은 숭고함을 경험하는 존재라는 사실을 파악했다. 미학에서 인간은 아름다움의 감정을 갖는 것이 주관적 판단이 된다고 하지만, 그 판단엔 보편타당한 여지가 있다는 것을 보았다.[36]

더 나아가 칸트는 『판단력 비판』에서 윤리학과 미학, 즉 선과 미의 관계가 무엇인지 추론했다. 그는 아름다운 것은 도덕적으로 선한 것의 상징이라고 말했다. 그에게 미(美)는 도덕성의 상징이다. 도덕성은 규칙을 준수하는 보편적 감정에 호소하는 것이다. 미적 감정 역시 모든 사람에게 동의를 요구하고, 보편적 동의나 보편적 만족감을 준다. 이러한 "공통감"(Gemeinsinn)[37]에서 미와 도덕성은 동시적으로 가능하게 된다. 그러므로 미적 판단은 보편적 도덕법칙을 부여하는 선의지와 유사하다.[38]

칸트는 또한 『판단력 비판』에서 실천이성이 요청한 도덕적 세계 창조주인 신(神) 이념을 세웠고, 신이야말로 자연의 목적론적 체계에

---

36) 위의 책, 637.
37) 김광명, "칸트에 있어 미와 도덕성의 문제", in: 한국칸트학회, 『칸트와 윤리학』 (서울: 민음사, 1996), 236.
38) 위의 책, 240. 참조.

근거한다고 말했다.[39] 그러므로 "자연의 왕국(Reich der Natur)"은 도
덕적 목적 실현을 위한 "목적의 왕국(Reich der Zwecke)"이 되며, 결
국 실천이성의 궁극적 관심인 지고선인 신과 만나는 것이다.[40] 칸트
에 와서 진과 선과 미는 하나의 이성의 작용으로 서로 융합된다. 진
과 선은 미에, 진과 미는 선에 수렴된다.

칸트는 실천이성이 지성과 감성에서 촉발한 것임도 밝혔다. 인간
의 지성과 감성 역시 의지에 수렴하여 실천하기에 이른다. 도덕 실천
의 원리는 자유 의지에서 비롯했고 거기로부터 보편타당한 도덕법칙
이 성립된다. 칸트는 이렇게 선험형식의 측면에서 자율적 의지를 엄
밀하게 규명했다. 칸트에게 와서 인간은 윤리적 존재라는 것이 확실
하게 규명되었다 해도 과언이 아니다.

칸트의 선험형식의 윤리학을 비판하는 학자가 등장했다. 그가 막스
쉘러(M. Scheler, 1874-1928)다. 그는 칸트가 이성의 선험 분석에서
당위적인 명령 형식에만 치우쳤다고 비판했다. 칸트는 사실 사람이
구체적으로 어떤 행동을 할 것인지, 곧 당위 명령의 내용에 대해선
질문하지 않았다. 칸트는 실천이성에서 순수한 도덕 행위의 형식이
무엇인지만 규명하려고 했다. 실천 행위의 내용에 대해선 침묵했다.
쉘러는 칸트와는 달리 윤리적 행동을 가능하게 한 실질적 내용 자체
에 집중했다. 실질적 윤리 내용은 다름 아닌 가치에 관한 것이다. 그

---

39) 공병혜, "자연의 목적론적 체계 속에서의 윤리적 목적의 실현", in: 한국칸트학회,
『칸트와 윤리학』 (서울: 민음사, 1996), 249. 참조.
40) 위의 글, 248. 참조.

는 형식적 당위 명령과 그것의 내용인 가치를 서로 연결하고자 했다. 모든 당위적 행동은 가치에 근거해야 한다고 말하고 "실질적 가치윤리학"[41]을 주장하기에 이르렀다.

쉘러는 가치윤리학을 정초하기 위해 기본 전제를 세웠다. 그는 윤리의 자리를 실천이성을 지칭하는 의지가 아닌 감정(感情)에다 놓았다. 쉘러는 여러 다양한 가치는 어떤 사유, 의지, 감각 경험이 아닌 감정에 의해 주어진다고 주장했다. 가치는 사유처럼 단순히 대상을 인식하는 것에 그치지 않는다. "정서적(情緒的)인 직각작용(直覺作用)"[42]이 바로 가치다. 무엇이 가치인지 그것을 직접적인 느낌, 그 감정이 곧 가치감정(價値感情, Wertfuehlung)이다. 가치는 느낌(feeling)으로 파악되는 본질 현상이다.

쉘러는 다양한 가치들이 있고 그것들은 일종의 층위를 가진다고 분석했다. 가치는 4가지로 분류된다고 했다. 가치는 감각적, 생명적, 정신적 그리고 절대적인 것들이다. 첫 번째 가장 밑에 있는 가치는 감각적 가치다. 신체에서 오는 것으로 쾌와 불쾌, 이해관계로 느껴진다. 두 번째 위 단계의 가치는 생명적 가치다. 고귀와 비천, 행복과 불행이란 대립 감정을 감지한다. 세 번째 단계의 가치는 정신적 가치다. 아름다움과 추함, 올바름과 부정함, 진리와 거짓 등을 구별하는 것으로 예술과 법 그리고 학문에서 고려되는 문화적 가치들이다. 이런 가치가 윤리적 가치로 일컬어진다. 네 번째 최상에 있는 가치는

---

41) 최재희, 『서양윤리사상사』 (서울: 서울대학교출판부, 1992), 352.
42) 위의 책, 352.

절대적 가치다. 궁극적 가치 양태를 보여주는 것들이다. 예컨대 거룩
함과 거룩하지 않음, 지복과 절망, 믿음과 불신, 외경과 숭배 등 대칭
을 이루는 가치들이다.[43]

이렇게 다양한 가치들을 파악하는 기능들, 즉 "(가치를 느끼는) 감득
(Fuernehmen), (가치의 차등을 인식하는) 우열 판정(Vorziehen und
Nachsetzen), (가치 파악의 영역을 확대하거나 좁히는) 애증(Liebe und
Hass)의 작용"[44]에서 인격(Person)이 결정된다. 예컨대, 높은 단계의
가치를 소유한 자가 "윤리적 인격"[45]으로 일컬어진다. 인격은 도덕적
질서 속에서 선악을 규정한다.[46] 높은 가치감정을 얻는 것은 태어날
때가 아니라 성숙한 단계에 들어선, "성년성"(Muendigkeit)[47]에서 나
타난다. 애증 작용에서 사랑이 순수하면 할수록 더 높은 가치를 갖는
다. 사랑은 낮은 단계에서 높은 가치로 나아가게 하는 가치다. 동시
에 낮은 가치를 배제하는 것이기도 하다.[48] 사랑도 차등이 있다.

2.2.3.2 비합리주의 인간관

비합리주의(irrationalism) 철학은 '합리주의 철학'의 다른 이름인

---

43) M. 쉘러, 『윤리학에 있어서 형식주의와 실질적 가치윤리학』, 이을상·금교영 역
  (서울: 서광사, 1998), 151-157. 참조.
44) 김두헌, 『현대 인간론』 (서울: 박영사, 1973), 343.
45) M. 쉘러, 『윤리학에 있어서 형식주의와 실질적 가치윤리학』, 557.
46) 김두헌, 『현대 인간론』 (서울: 박영사, 1973), 343. 참조.
47) M. 쉘러, 557. 성년성의 현상은 체험 속에 주어진 자기 자신의 의욕, 감정, 사
  유가 타인의 의욕, 감정, 사유가 다르다는 것을 통찰하는 것이다.
48) 김두헌, 『현대 인간론』, 345. 참조.

이성주의 철학에 반대하는 철학적 경향을 말한다. 비합리주의자들은 이성 중 지성과 의지를 적극적으로 신뢰하기보다 주로 비합리적 감정이나 본능을 긍정하는 철학자들이라 할 수 있다. 실존주의 철학도 비합리주의 철학 계열에 속해 있다. 대표적인 철학자는 쇠렌 키르케고르와 장 폴 사르트르, 하이데거 같은 실존주의자들이다. 실존주의 철학자들에 대해서는 여기서 다루지 않는다.

독일 이성주의 철학의 반작용으로 나타난 철학자는 A. 쇼펜하우어, 프리드리히 니체 같은 자들이다. 이들은 비합리주의의 '의지 철학자들'로 불린다. 먼저, 쇼펜하우어(Arthur Schopenhauer, 1788-1860)의 인간관과 그의 윤리 사상에 대하여 살펴본다.

쇼펜하우어는 칸트의 이성을 비판적으로 검토하고 그의 철학을 시작했다. 그는 칸트가 이성적 의지를 선험형식으로 본 것에 대해 비판하고 의지의 근원적 차원으로 더 밀고 들어갔다. 의지의 근원은 이성이 아닌 본능이다. 맹목적 의지가 객관화된 것이 신체다. 쇼펜하우어는 본능적 의지를 '의욕 자체를 위해 의욕하는 맹목적 의지'라고 이해했다. 그는 이성적 당위에서 의욕으로 가는 것이 아니라 의욕에서 당위로 나아간다고 주장했다. 인간의 의욕은 그칠 수 없고 영원히 족함이 없다.

인간이 의지 충동하는 동기는 다름 아닌 쾌락을 얻으려는 것이다. 쾌락이 곧 선(善)이다. 그렇지만 인간이 아무리 쾌락을 추구한다고 해도 쾌락을 얻지 못하고 다 채우지 못한다. 외적 자연이라는 장애를 만난다. 인간 간 의욕 충족에도 차이가 있다. 인간에게는 중단 없는 고통이 수반된다. 이 고통이 곧 악(惡)이다.

쇼펜하우어는 맹목적 의지가 인간에게만 있는 것이 아니라 세계 전체에 있다고 생각했다. 세계 본질은 "살려고 하는 맹목적 의지(der blinde Wille zum Leben)"[49]다. 이 세상 모든 것은 맹목적으로 살려고 하는 의지로 충만해 있다. 세계에 존재하는 투쟁과 시름은 모두 이 맹목적 의지에서 비롯한 것이다. 모든 개체가 투쟁하고 고통을 겪는다. 그것은 악이다. 모든 개체가 고통을 느끼는 것에서 일심동체가 된다. 타인의 고뇌, 동물의 고뇌까지 나의 고뇌가 된다. 세계는 최악의 세계다.

쇼펜하우어의 윤리는 염세주의적이다. 인간의 삶은 부정적이다. 부정되어야 할 그 무엇이다. 그의 윤리는 체관(諦觀)의 윤리, 보편적 동고(同苦)의 윤리, 세계 거부의 윤리가 된다.[50] 인간과 세계의 삶은 고통 그 자체다. 쇼펜하우어는 고뇌에서 벗어나기 위해서는 금욕과 무의지를 통해 해탈해야 한다고 주장했다. 쇼펜하우어는 이성으로 세계를 미화하려는 사상가와 크게 다르다.

프리드리히 니체(Friedrich Wilhelm Nietzsche, 1844-1900)는 쇼펜하우어의 의지 철학을 계승하는 '생의 철학'의 기수(旗手)다. 그는 인생을 부정한 쇼펜하우어와 다르게 인생을 긍정한 철학자이다. 그는 인생이 끝없는 생존경쟁에 놓여 있다고 보았다. 생존경쟁이 인간을 고통으로 몰고 가기도 하지만 다른 한편 강한 생명력으로 뻗어 나가

---

49) 최재희, 『서양윤리사상사』, 251.
50) 위의 책, 256. 참조.

게도 한다. 생물학적 관점에서 적자생존의 원리가 작동되기 때문에 생을 긍정하는 인간에게는 지금 살겠다는 존재 의지(der Wille zum Dasein)가 발동된다. 현존재의 의지는 곧 힘의 의지(der Wille zur Macht)다. 이 힘은 세속권력이 아닌 생명력이다. 인간에게는 강력한 '생 의지의 힘'(die Macht des Lebenswilles)이 있다. 니체의 의지는 쇼펜하우어의 경우처럼 본능적 의지를 말한다. 신체로부터 나오는 생존 의지다. 니체는 이와 같은 생 의지의 힘을 선(善)으로 봤다. 그 힘을 부정하는 것은 악이다. 그러므로 니체가 생각하는 이상적 인간형은 생 의지의 힘을 절대적으로 긍정하는 초인(超人, Uebermensch)이다.

니체는 『차라투스트라는 이렇게 말하였다(*Also sprach Zarathustra*)』(1883-1885)에서 신의 죽음을 외쳤다. 지상을 무시하고 천상을 설교하는 자를 독(毒)을 제조하는 자라고 비난했다. 그는 피안의 생이 아닌 지상적(地上的) 생이 가진 의의를 강조했다. 영겁회귀(永劫回歸)에 의한 생을 긍정(肯定)하는 것이야말로 최상의 생 형식이라고 역설했다. 초인(超人) 이상을 가르쳤다. 『선악(善惡)의 피안(彼岸) (*Jenseits von Gut und Böse*)』(1886)에서 초인 사상을 부연 설명하면서 근대 기독교를 삶을 파괴하는 타락의 원인으로 지목, 생긍정(生肯定)의 새로운 가치를 가질 것을 역설했다. 기독교는 생의 기본적 본능을 죄악시한다. 인간을 생의 의욕을 상실한 약자로 만든다.

니체는 『도덕의 계보학(系譜學) (*Zur Genealogie der Moral*)』(1887)에서 약자(弱者)의 도덕에 대하여 삶의 통일을 부여하는 강자(强者)의 도덕을 수립하려고 시도했다. 그는 기독교의 도덕을 노예도덕

(Sklavenmoral)이라 불렀다. 현세에서 희망을 잃은 노예들이 세상을 비난하고 생을 부정하는 데서 기독교가 생겨났다고 했다. 기독교는 삶의 즐거움을 거부하고 깊은 권태, 기력소진, 빈혈 증상의 중병에 걸렸다고 진단했다. 기독교의 퇴폐주의를 팽개치고 생을 긍정할 것을 역설했다. 생의 부정을 생의 긍정으로 바꾸려면 가치전도가 필요하다. 전통적 의미인 나약하고 병약한 선한 사람을 지우고 강력한 힘을 가진 강자로 바뀌어야 한다. 치열한 생존경쟁에서 이기려면 강자가 되어야 한다. 니체는 기독교의 노예도덕을 배척하고 초인의 군주도덕을 주장했다.

니체는 인간을 '생 의지의 존재'가 아닌 '사유하는 존재'로 규정하는 것은 미친 짓이고, 이성을 만물 인식의 통로로 보는 것은 저주라고 독설을 퍼부었다. 그는 이성적 의지가 아닌 생 의지만을 절대적으로 신뢰했다. 그는 힘에의 의지를 본질로 하는 생 철학을 주장했다. 순간의 생을 절대 긍정하는 영겁회귀 사상을 역설했다. 하지만, 그는 생 의지의 희망과는 정반대로 절망감과 허무감으로 침윤하는, 하나님을 부정하는 절대 허무주의의 극단으로 나아갔다.[51]

프랑스 비합리주의 철학자로 생의 철학자 앙리 베르그송을 꼽을 수 있다. 그는 프랑스 철학계에 큰 영향력을 미쳤다. 베르그송(Henri Bergson, 1859-1941)은 쇼펜하우어처럼 생명을 세계 본질로 파악했다. 그는 쇼펜하우어와 달리 본능만을 세계 본질로 보지 않았고 이성

51) 위의 책, 298. 참조.

적 인식능력도 중요하게 여겼다. 그가 생각한 인식능력은 두 가지다. 지성과 직관이다. 지성은 대상 밖을 분석하는 자연과학적 사고이고, 직관은 대상 내부를 들여다보는 방법이다. 대상 안에서 약동하는 생명 현상을 파악하려면, 당연히 대상을 분석하는 지성이 아닌 안을 들여다보는 직관을 사용해야 한다. 그에 따르면, 직관은 "실재하는 생명을 내부에서 직접 공감하여 그것의 유니크한 특질을 그대로 파악하는 것"[52]이다.

베르그송은 인간을 진화생물학적 존재로 이해했다. 그러나 생물체인 인간을 외부에서 보는 물질적, 기계적 작동이 아닌 '약동하는 생물'로 보았다. 즉, 인간은 "생명의 약진(elan vital)"[53]의 존재다. 이 약진력이 인간을 창조적으로 진화하게 했고 실존적 생명이 되게 했다고 했다. 그에게 있어 인간은 "물질적 조건에 묶이지 않는 자유로운 존재"[54]다. 자연을 극복하는 존재다. 인간의 사회적 활동은 개미와 벌 같은 본능이 아니라 반성하는 지성 때문에 가능했다.[55] 인간은 지성으로써 자연적 조건에 저항하고 그 조건을 역이용해 도구를 만들었고 자유를 실현했다. 자유 하는 인간은 도덕과 종교를 가지게 됐다.

베르그송은 그의 책 『도덕과 종교의 두 원천』(1932)에서 도덕과 종교의 문제를 다루었다. 먼저, 그는 도덕을 둘로 나눴다. "닫혀진

---

52) 위의 책, 304.
53) 강재륜, 『사회윤리와 이데올로기』 (서울: 서광사, 1985), 250.
54) 위의 책.
55) 최재희, 『서양윤리사상사』, 305. 참조.

도덕"과 "열려진 도덕"[56]이다. 전자는 전통의 권위와 조국애의 요구
로 된 도덕이기에 개인의 자유와 창조를 저지하는 '정적 도덕(靜的 道
德)'이다. 사회적 강제와 압력으로 사회질서를 유지하게 하는 사회적
자기애(自己愛)가 나타난다. 후자는 개인의 창조성, 특히 창조적 소수
자의 노력을 통해 사회적 연대에서 인류애(人類愛)로 나아가게 하는
'동적 도덕(動的 道德)'이다. 이 도덕은 사회를 창조적으로 진화하게
한다. 도덕을 가능하게 하는 힘의 원천은 위압(威壓, pression)과 동경
(憧憬, aspiration)이다.[57] 전자가 '닫혀진 도덕'의 원천이고, 후자가
'열려진 도덕'의 원천이다. 인류애는 "베르그송의 휴머니즘(이고) 하
나님의 사랑"[58]이다.

그다음 베르그송은 도덕을 분류한 것과 비슷하게 종교를 둘로 나
눴다. 정적 종교와 동적 종교다.[59] 정적 종교(靜的 宗敎)는 사회질서를
유지하는 기능을 하는 비지성적이고 정서적 종교다. 동적 종교(動的
宗敎)는 인류를 무한히 발전시키는 길을 열어주는 종교다. 창조적 진
화의 길을 열어주는 것은 사랑(amour)이다. 사랑은 "생명의 약진을
더욱 촉진하여 무한한 창조력을 발휘"[60]하게 한다. 생명의 약진은 결
국 사랑의 약진에 도달하게 되었다.

베르그송의 윤리는 사랑의 윤리다. '생명의 약진'의 존재인 인간

---

56) 위의 책.
57) 위의 책. 참조.
58) 위의 책.
59) 강재륜, 『사회윤리와 이데올로기』, 251. 참조.
60) 위의 책.

이 '생명의 약진'인 사회를 만들고 인간과 사회를 무한히 창조적으로 진화해 가도록 하는 것은 사랑이다. 또한, 사랑은 도덕과 종교를 가능하게 하는 힘이다. 베르그송은 생의 원리 위에 사랑의 원리를 놓았다. 그의 생철학은 니체의 허무주의를 넘어서 인류가 가야 할 길을 제시했다.

2.2.3.3 경험주의 인간관

서구 경험주의자들은 이성에 토대를 두는 합리주의자들의 사유방식과 다르다. 모든 이성적인 것은 경험(experience)으로 획득되고, 도출된다고 확신한다. 그들은 인식론적 관점에서 정신의 추론이나 인식의 재료 모두 경험으로부터 온다고 했다. 윤리적인 인식 역시 그런 선상에서 이해한다. 이성 자체의 도덕 본유관념을 부정한다. 인간 마음에는 이성적 본유관념이 없기에, 마음은 태어날 때부터 백지상태(tabula rasa)다. 백지상태의 마음을 채우는 것은 오직 경험뿐이다. 예컨대, 윤리의식은 이성에서 나오지 않고 오로지 경험으로만 획득된다.

영국 철학자 존 로크(John Locke, 1632-1704)는 대표적 경험주의자다. 경험인식을 비판적으로 이해한 선구자였다.[61] 그는 이성 인식이 아닌 경험인식을 정당화하려 했다. 뜻이 모호한 경험 개념을 분석, 설명하려고 했다. 그는 경험을 둘로 나눴다. 경험은 "외적 지각

---

61) 군나르 시르베크 닐스 길리에, 『서양철학사1』, 윤형식 역 (서울: 이학사, 2016), 470.

으로서의 경험(感覺, sensation)과 (…) 정신적 작용과 조건에 대한 내적 지각으로서의 경험(反省, reflection)"[62]이다. 둘로 나눠진 경험을 토대로 인식의 기반을 탄탄히 세우고자 했다. 그는 지각 경험과 반성 경험, 이 둘이 모든 인식을 결정한다고 말했다. 한편으로 두 경험으로부터 수동적으로 얻는 "단순 관념들(simple ideas)"[63]에 대해 말했고, 다른 한편으로 단순 경험의 재료를 가지고 정신에 의해 연상하고, 추상해서 가공된 "복합관념들(complex ideas)"[64]에 대해 말했다. 두 관념이 일치하냐 안 하냐를 지각하여서 인식 개념을 얻고자 했다.[65] 그가 생각한 인식 형태는 두 가지다. 두 관념이 서로 일치, 불일치하는 것으로 판명되면, 그것은 직각적 인식이 되고, 매개 관념을 통해 인식하면 그것은 논증적 인식이 된다. 로크는 신학, 수학, 윤리학에서 세운 명제는 논증적 인식에 해당하는 것으로 보았다. 예컨대, "소유가 없는 곳에서 부정이 있을 수 없다"[66]는 윤리적 명제는 수학의 공리처럼 증명조차 필요 없는 확실한 논증적 인식이다.

　로크는 위에서 설명한 것처럼 경험주의적 윤리의 근거를 처음 세웠다. 도덕적 행위를 경험상 심리학적으로 관찰하고 거기서 윤리의

---

62) 위의 책, 471.
63) 위의 책. 단순 관념들은 4가지에서 나온다. 즉, 하나의 감각, 둘 이상의 감각, 반성, 감각과 반성의 종합(쾌락이나 고통의 관념)을 통해 단순 관념들이 나온다. 최재희, 『서양윤리사상사』, 128. 참조.
64) 위의 책. 이러한 관념들은 양태(공간, 시간 그리고 수), 실체(여러 속성의 결합상태, 일례로 황금, 인간), 관계(사물의 비교를 통한 인과관계, 사물의 동일성과 차이) 등을 통해 나오는 것들이다. 최재희, 『서양윤리사상사』, 129. 참조.
65) 최재희, 『서양윤리사상사』, 129.
66) 위의 책, 129.

근거를 파악하려고 했다. 그는 칸트가 세웠던 본유적 실천이성 원리인 정언명령을 부정하고, 행위의 경험을 분석해서 그것을 윤리의 본질로 파악했다. 그는 사람의 도덕적 행위를 분석할 때, 세 단계로 나눠 진행했다.[67] 먼저, 쾌감과 불쾌감을 동반하는 욕망으로부터 도덕적 행위 여부를 묻는다. 그다음 그것을 자유롭게 반성한다. 끝으로 의식적 판단 아래 결단하고 외적으로 행위 한다. 세 단계의 진행 과정 가운데 세 가지 내세운 법칙이 사람의 윤리의식을 지배한다. 그것은 의무 관념인 '하나님의 법칙'(성서와 자연법), 범죄와 무죄를 결정하는 '시민의 법칙' 그리고 덕과 부덕 그리고 관습 여부를 구별하는 '여론의 법칙'이다.[68] 사람이 이 세 법칙을 따르면, 그 자신에게 쾌락을 준다. 법칙들을 지키려고 결심하고 행위 하면, 그것은 선한 것이 되고 쾌감을 줄 뿐 아니라 쾌락을 더욱 키운다. 반면에 법칙들을 안 지키면, 그것은 악한 행위가 되고 불쾌감을 주는 것이다.[69]

로크는 이런 식으로 경험주의적 윤리 근거를 세우는 일에 집중했다. 그렇지만 경험주의 윤리론까지 발전시키지는 못했다. 경험주의 윤리론에 비견되는 공리주의(功利主義, utilitarianism)를 처음 정립시킨 학자는 벤담(Jeremy Bentham, 1748-1832)이다. 그는 공리주의 윤리론의 시조다. 벤담은 마음으로부터 나온 도덕적 동기보다는 공리(功利)라는 경험 결과를 가지고 도덕적 행위를 평가하였다. 공리 개념

67) 위의 책, 130. 참조.
68) 위의 책, 130-131. 참조.
69) 위의 책, 131. 참조.

은 '쓸모 있어 이로운 것'이다. 즉 유용성(utility)을 말한다. 벤담에게 공리는 도덕적 판단의 유일한 기준이다. 그는 유용성으로부터 획득된 즐거움을 선(善)이라 했다. 유용성의 가치를 현실주의적으로 추구하는 생활 태도가 그에게 있다. 그는 유용성 개념에서 얻어지는 "최대 다수의 최대 행복"을 공리주의의 제1원칙으로 삼았다. 이 원칙이 제1의 윤리적 규범이다. 이 원칙은 로크가 말한 것처럼 증명이 필요 없는 공리(公理)이다.[70]

벤담에게 행복이란 다름 아닌 쾌락이 있는 상태다. 그는 "자연이 인류를 쾌락과 고통이라는 두 군주의 지배 아래 두었다."[71]라고 외쳤다. 인간의 행복은 쾌락을 추구하고 가능한 한 고통을 피하는 것에 있다. 인간의 행위 자체를 가지고 그것을 선하다 악하다 말할 수 없다. 행위의 결과에서 쾌락을 주거나 고통이 감소되면, 그것은 선이고, 그 반대는 악인 것이다. 유용성이란 잣대로 쾌락과 고통을 낳는지를 경험적으로 계산하는 방식엔 일곱 가지 기준이 있다. 쾌락과 고통의 강도, 쾌락의 지속성, 고락(苦樂) 발생의 확실성과 원근성, 다산성과 순수성(고통 감정을 주지 않음) 그리고 쾌락과 고통의 양 같은 것들이다.[72] 벤담은 이같이 순전히 양적 기준만 가지고 공리성의 여부를 측정했다. 그 때문에 그는 '양적 공리주의자'로 불린다. 벤담은 마음에서 나온 동기가 아닌 쾌락과 고통을 낳는 동기 그 자체가 "제재

70) 위의 책, 274. 참조.
71) 편상범, 『윤리학』, 16. 재인용.
72) 최재희, 『서양윤리사상사』, 274-275. 참조.

(sanction)"[73]라고 말했다. 제재의 종류는 네 가지로 들 수 있다. 그것은 개인의 건강을 보존하고 구속하는 자연적인 제재, 국가에서 형벌로 가하는 정치적인 제재, 여론과 칭찬으로 가하는 도덕적인 제재, 끝으로 신이 내리는 형벌로서 종교적인 제재이다.[74] 벤담은 이 네 가지 제재가 결합한 일체를 가리켜 '양심'으로 칭했다.[75]

벤담의 사상을 계승한 밀(John Stuart Mill, 1806-1873)은 벤담처럼 행복을 쾌락의 획득과 고통의 결여로 보았다. 반면에 불행을 고통의 획득과 쾌락의 결여로 여겼다.[76] 그러나 그는 벤담과 다르게 공리주의의 원리를 '인간성이 직·간접적으로 행복을 준다.'는 경험적 명제에다 두었다.[77] 그에게 선은 개인의 행복뿐 아니라 다수의 행복이다. 그러나 그는 사회보다 개인을 더 중요하게 여겼다. 사회의 행복을 증진하게 하는 개인의 행위나 의지의 동기가 선의 유일한 도덕적 표준이 되었다. 그가 세운 공리주의 원칙에는 인류애를 향한 이성의 원리가 명백히 들어 있다.[78]

밀은 벤담과 다르게 쾌락의 양만이 아니라 쾌락의 질까지 고려하는 센스를 가졌다. 인간의 존엄성에 기대어 고상한 쾌락과 저급한 쾌락을 갈랐고, 고상한 쾌락이 저급한 쾌락보다 더 값지다는 것을 역설

---

73) 위의 책, 275.
74) 위의 책. 참조.
75) 위의 책, 275-276. 참조.
76) 위의 책, 280. 참조.
77) 위의 책. 참조.
78) 위의 책, 281. 참조.

했다. 밀은 이런 측면에서 "만족한 돼지보다 만족스럽지 않은 인간이 더 좋다. 만족한 바보보다 불만을 잔뜩 품은 소크라테스 같은 사람이 더 좋다."고 말했다. 그는 경험에 기초한 공리주의에다 인격주의 사상을 부가했다. 그래서 밀의 윤리학은 흔히 인격주의적 공리주의 혹은 질적 공리주의라 불리는 것이다.[79]

---

79) 위의 책, 282. 참조.

2.3 동서양 종교의 인간관과 윤리

인간 이해에 철학적인 측면이 있듯이, 종교적 측면의 인간 이해도 있다. 인간은 종교를 갖는 존재다. 물론 세상엔 무신론자도 있다. 하지만 유신론자가 더 많다. 인간이 본질상 종교적 존재로 규정되어야 할 정도로 인간은 종교와 무관하며 살 수가 없다. 종교적 인간과 윤리적 인간은 또한 상호 밀접한 관계에 있다. 종교적 인간관 속에서 인간이 가진 윤리적 측면을 엿볼 수 있다.

종교는 서양 종교와 동양 종교로 크게 나뉜다. 익히 알려진 바대로 서양 종교에는 3대 종교, 즉 유대교, 기독교, 이슬람교가 있다. 동양 종교에는 3대의 큰 종교, 즉 유·불·선(유교, 불교 그리고 도교)이 있다. 그 외에 우리나라 같은 경우 전통종교로서 대종교, 천도교 등이 있다. 서양과 동양의 종교에는 각각 나름의 인간관과 함께 그에 따르는 윤리관을 가진다. 먼저, 3대 서양 종교의 인간 이해를 살피고, 그다음 3대 동양 종교의 인간 이해를 간략하게 다루고자 한다. 전자는 서양종교의 인간관이고, 후자는 동양 종교의 인간관이다. 전자와 후자의 인간관으로부터 여러 형태의 윤리가 도출된다.

2.3.1 유대교의 인간관

유대교(Judaism)는 에스라[80]에 의하여 설립된, "바빌론 포로(BC 586-BC 536) 이후 '모세의 율법'을 근간으로 하여 발달한 유대인의 고유 종교"[81]이다. 유대교에서 인간 이해의 근본적 근거는 구약성서 (Old Testament) 창세기에서 찾는다. 창세기 1-2장은 인간을 '하나님에 의해 창조된 존재'라고 기술했다. 하나님이 처음 만든 인간 아담은 '하나님의 형상'(imago Dei)에 따라 지어졌다. 아담은 인간의 원형이다. 이처럼 율법서의 첫 책 창세기는 처음 피조된 인간을 온 인류의 원형으로 보았다.

유대교의 인간 이해는 명백하다. 유대교는 하나님 형상으로 된 인간이 본성상 선한 존재라고 여겼다. 선하신 하나님이 인간을 창조하였기에 인간은 선한 존재다. 그러나 최초 인간인 아담과 하와는 하나님께 불순종했고 이런 불순종이 악이 되고 하나님 앞에서 죄가 되었다. 그것으로 그들의 죄는 그들의 것으로 끝났다. 그들은 하나님의 심판을 받고 에덴동산에서 추방되었다.

그러므로 유대교는 최초 인간들의 죄가 후손에게 대대로 계승된다는 원죄 사상을 가르치지 않는다. 유대인들에게 죄란 과거의 아담

---

80) 한스 큉, 『유대교』, 이신건·이용봉·박영식 역 (서울: 도서출판 시와진실, 2015), 168. 참조. 에스라는 제의적, 율법적 특징을 띠는 초기 유대교의 설립자다.

81) "유대교", 『두산백과』.
https://terms.naver.com/entry.naver?docId=1132205&cid=40942&categoryId=31599

죄가 아니고 현재 그들이 짓는 죄를 가리킨다. 인간 본성 안에 악이 있을 수 없다. 유대인에게 죄악은 현재 율법을 충실히 준수하지 않는 것이다. 그들에게 부여된 율법을 거스르고 지키지 않는 게으름, 연약함과 무능이 죄가 되지 악 자체가 본성 안에 있지 않다. 유대인의 신앙생활이란 그들에게 계시 된 유일신 하나님만을 섬기고 그가 계시한 율법을 지키며 자기 자신 속 내재한 하나님의 형상을 따라 살아가는 삶이다.

그러므로 유대인은 율법을 지키느냐 안 지키느냐 하는 율법준수를 매우 중요하게 여긴다. 유대교의 구원론은 율법 행위로 인한 구원을 강조한다. 사람이 율법을 온전히 지키면 구원을 받고 지키지 않으면 구원을 받지 못한다고 가르친다. 유대인들은 사람이 율법을 지킴으로써 의(義)에 이를 수 있다고 굳게 믿는다. 그러나 유대인은 율법을 온전하게 지킬 수 없다. 그러므로 의에 이를 수 없다. 진정한 유대인이었던 사도 바울은 율법 행위에 몰두하는 유대인을 이렇게 비판적으로 평가했다.

> "무릇 율법 행위에 속한 자들은 저주 아래에 있나니 기록된 바 누구든지 율법 책에 기록된 대로 모든 일을 항상 행하지 아니하는 자는 저주 아래에 있는 자라 하였음이라. 또 하나님 앞에서 아무도 율법으로 말미암아 의롭게 되지 못한 것이 분명하니 이는 의인은 믿음으로 살리라 하였음이라."(갈 3:10-11)

인간은 본질상 선하기도 하지만 악하기도 하다. 그러기에 인간은 죄가 있기에 율법을 모두 그리고 온전하게 지키기가 사실상 어렵다. 그러할지라도 유대인은 오로지 율법의 행위로써 하나님의 의에 이르기 위해 힘쓴다. 이에 대해 바울은 기독교로 회심한 이후에 율법의 행위로 인한 구원 노력은 모두 헛수고임을 주장했다.

> "사람이 의롭게 되는 것은 율법의 행위로 말미암음이 아니요. 오직 예수 그리스도를 믿음으로 말미암는 줄 알므로 우리도 그리스도 예수를 믿나니 이는 우리가 율법의 행위로써 아니고 그리스도를 믿음으로써 의롭다 함을 얻으려 함이라. 율법의 행위로써는 의롭다 함을 얻을 육체가 없느니라."(갈 2:16)

결론적으로 유대교는 원죄설을 교리로 인정하지 않고 가르치지 않는다. 그기에 인간 본성이 선한 것이고 악하지 않다고 가르친다. 유대인은 인간의 악함을 무시하고 율법의 행위로 의롭다 함을 얻으려고만 한다. 유대교의 윤리는 율법으로부터 도출된다. 도덕법으로서 율법에는 도덕적 가르침이 담겨 있다. 그러므로 유대교 윤리는 율법 윤리로 칭해진다. 유대인들은 율법 명령의 형태로 주어진 도덕적 규례를 열심히 지키고자 한다. 그러나 그들은 율법을 형식적으로 지키는 데 그치고, 율법의 정신을 제대로 실천하지 못하는 도덕적 한계점을 가진다.

2.3.2 기독교의 인간관

기독교(基督敎, Christian religion)는 "예수 그리스도의 가르침과 행적을 본받으며, 그를 인류를 구원한 메시아로 믿고 따르는 아브라함 계통의 종교"[82]이다. 유대교처럼 구약성서를 경전으로 삼는다. 기독교에서 인간 이해의 근본적 근거는 구약성서 창세기에서 찾게 된다. 창세기 1장 27절에 최초의 인간 아담과 그의 아내 하와는 하나님의 형상으로 지어졌다. 하나님 형상의 인간은 선하게 창조되었다. 그러므로 인간은 본성상 선한 존재다.

그러나 인간들은 하나님이 엄금한 선악을 알게 하는 나무의 열매를 따서 먹었다.(창 2:17; 3:6) 그들은 하나님의 말씀에 불순종하는 죄를 짓게 되었다. 이것이 인류가 지은 원죄(original sin)의 기원이다. 선악과는 '선악을 분별하게 하는 지혜'의 과일이다. 인간이 먹어서는 안 되는 나무 열매다. 금단의 열매는 하나님과 인간 사이에 그어진 선이다. 인간이 선악과를 따먹는 행위는 교만으로 하나님처럼 선악을 알게 되는 단계로 갔다는 것을 뜻한다. 이것이 죄가 된다. 이 죄는 한 사람에게 그치고 만 것이 아니라 모든 사람에게 해당하는 죄가 된 것이다. 원죄론의 근거는 이렇다. 죄지은 아담과 하와는 자녀를 낳고 그 자녀는 다시 자녀를 낳았다. 인류의 후손은 계속되고 죄 역시 대대로 전수된 것이다. 사도 바울은 신약성서에서 원죄가 인간에겐 운

---

82) "기독교", 「나무위키」.
https://namu.wiki/w/%EA%B8%B0%EB%8F%85%EA%B5%90

명적이라는 사실을 다음과 같이 언급했다.

> "그러면 어떠하냐 우리는 나으냐 결코 아니라 유대인이나 헬라인
> 이나 다 죄 아래에 있다고 우리가 이미 선언하였느니라."(롬 3:9)
> "그러므로 한 사람으로 말미암아 죄가 세상에 들어오고 죄로 말미
> 암아 사망이 들어왔나니 이와 같이 모든 사람이 죄를 지었으므로 사
> 망이 모든 사람에게 이르렀느니라."(롬 5:12)

인간이 원죄가 있기에 경건치 않고 불의를 행하는 자들이 되었을
지라도 그렇다고 그들에게 악만 있는 게 아니라 선도 함께 공존한다.
사람에게는 선과 악이 함께 있다. 사도 바울 역시 이 점을 다음과 같
이 말하고 있다. 앞서 언급한 구절은 악인에게 선한 것이 있고, 뒤의
구절엔 인간 모두에게 선과 악이 공존함을 적고 있다.

> "이는 하나님을 알만한 것이 그들 속에 보임이라. 하나님께서 이
> 를 그들에게 보이셨느니라. 창세로부터 그의 보이지 아니하는 것들
> 곧 그의 영원하신 능력과 신성이 그가 만드신 만물에 분명히 보여 알
> 려졌나니 그러므로 그들이 핑계하지 못할지니라."(롬 1:19-20)

> "그러므로 내가 한 법을 깨달았노니 곧 선을 행하기 원하는 나에
> 게 악이 함께 있는 것이로다. 내 속사람으로는 하나님의 법을 즐거워
> 하되"(롬 7:21)

사도 바울은 이 두 구절을 근거로 인간에겐 선과 악이 공존함을

알려주고 있다. 인간은 선악혼재(善惡混在)의 존재다. 아담의 원죄로 인해 인간은 죄가 있어 악한 존재이기도 하지만, 반면에 선한 면이 전혀 없지 아니하다. 사람은 선을 행하기 원하지만, 선을 행치 않고 도리어 악을 행하는 이율배반적인 모습을 보여준다.

여기서 기독교의 구원론이 대두된다. 죄인이 구원에 이르는 길은 율법의 행위로는 가능하지 않다. 하나님의 법을 지키려고 해도 인간에게 있는 죄의 법이 사로잡아 결국 하나님의 선을 행하지 않고 악을 행하게 된다.(롬 7:23) 사람이 의롭게 되는 것은 율법의 행위가 아닌 믿음으로만 가능하다. 사도 바울은 기독교의 구원을 '예수를 믿음으로 죄가 사해지고 의롭게 되는 것'이라고 설명한다.

> "복음에는 하나님의 의가 나타나서 믿음으로 믿음에 이르게 하나니 기록된 바 오직 의인은 믿음으로 말미암아 살리라 함과 같으니라."(롬 1:17)

> "사람이 의롭게 되는 것은 율법의 행위로 말미암음이 아니요. 오직 예수 그리스도를 믿음으로 말미암는 줄 알므로 우리도 그리스도 예수를 믿나니 이는 우리가 율법의 행위로써가 아니고 그리스도를 믿음으로써 의롭다 함을 얻으려 함이라. 율법의 행위로써는 의롭다 함을 얻을 육체가 없느니라."(갈 2:16)

예수를 하나님의 아들로 고백하고 인류를 구원할 그리스도로 믿고 따르는 사람들이 '그리스도인'이다. 그리스도인의 도덕적 행위를 연구하고 실천하는 학문이 기독교윤리이다. 기독교윤리는 그런 의미에서 율법 윤리(ethics of law)가 아닌 복음 윤리(ethics of gospel)라할 수 있다. 복음은 사람의 뜻으로 나온 것이 아니라 그리스도의 계시로 된 것이다.(갈 1:11-12) 복음은 '복된 소식'으로 인간의 죄를 대속한 예수 그리스도를 믿음으로써 인간이 지은 죄가 사해지고 의롭게되는 것을 말한다. 이로써, 복음 윤리는 예수 그리스도를 믿음으로구원함을 받고 그가 가르친 사랑의 계명을 실천하며 사는 윤리이다.복음 윤리는 복음에 합당한 삶에 관한 것이다.(빌 1:27-28)

2.3.3 이슬람교의 인간관

이슬람(إسلام, Islam)교는 "하나님(알라)을 유일신으로 믿고 무함마드를 신의 사도로 여기는 아브라함 계통의 종교"[83]이다. 기독교, 유대교와 함께 3대 유일신 종교다. 이슬람의 뜻은 무엇인가? 이슬람은아랍어 어근 s-l-m에서 유래했다. 히브리어 샬롬(shalom)과 뜻이 유사하다. 이슬람은 '평화'이다. 이 어원을 따르면, 이슬람의 중심사상은 평화임이 확실하다.

이슬람교는 평화를 추구하는 종교라 할 수 있다. 이슬람을 따르는신자는 무슬림(مسلم, Muslim)으로 칭해진다. 무슬림도 아랍어 어근

---

83) "이슬람", 「나무위키」.
https://namu.wiki/w/%EC%9D%B4%EC%8A%AC%EB%9E%8C

s-l-m의 제4형 동사 aslama의 능동분사에서 유래했다. '(신에) 절대적으로 복종하는 자'라는 뜻을 가진다. 이런 의미로 보면, 이슬람교의 인간이란 '알라의 종'에 불과하다. 알라가 세상 모든 것의 운명을 정하기에, 인간은 신의 뜻에 전적으로 복종을 해야 한다. 이슬람교는 오늘날 평화의 종교로 표방되기보다는 그들의 조상 아브라함의 순종을 본받아 '신의 뜻에 복종하는 종교'로 더 많이 부각되고 있다.

이슬람교의 경전은 '꾸란'이다. 꾸란은 교육을 받은 적도 없는 문맹의 한 인간 "무함마드가 서기 610년에서 632년까지 23년간 예언자로서 알라로부터 받은 계시 내용을 담은 이슬람 최고의 경전"[84]이다. 꾸란은 전체가 30파트, 114개 장, 6236절로 구성되어 있다. 꾸란은 무슬림이 지킬 신앙법전, 생활 규범이자 보편적 도덕률로 시공을 초월하여 그들에게 지대한 영향을 미치고 있다.[85] 유대교의 율법이나 기독교의 성서는 실정법과 조화를 이룬다. 그에 반해, 이슬람교의 꾸란은 현재까지 실정법의 역할을 대체한다. 그만큼 꾸란의 가르침은 무슬림의 삶 전체를 지배한다. 이슬람교는 무함마드의 언행록인 '하디스'를 경전으로 삼는다. 하디스는 꾸란 다음으로 중요한 경전이다.

무함마드는 신의 아들이 아니다. 하지만, 알라의 최종적인 계시 말씀인 꾸란을 인류에게 전해 준 마지막 예언자이다. 그런데 그가 왜 이슬람교에서는 가장 중요한 인물로 추앙되는가? 알라가 창세기 아

---

84) 이희수, 『이희수의 이슬람』 (파주: 청아출판사, 2021), 215.
85) 위의 책, 217. 참조.

담 이후에 노아, 아브라함, 모세, 예수 등을 보내 난세의 세상을 바로
잡으려 했다. 제세가 실패하자 무함마드에게 꾸란 계시를 주어 인류
의 복음을 완성케 했다. 무함마드는 인류의 마지막 예언자이다. 꾸란
93개 절은 매우 이례적으로 예수에 대한 기록을 남겼다. 그러나 이
슬람교는 예수를 예언자 중 하나로 볼 뿐 하나님의 아들로는 인정하
지 않는다.(꾸란 4:171) 더욱이 예수를 신으로 여기는 자는 저주받는
다고까지 경고한다.(꾸란 5:19, 75-76) 그리고 예수의 십자가 죽음과
대속 개념 그리고 부활의 기적을 부정한다. 하지만, 예수의 동정녀
탄생, 승천과 재림을 긍정한다.

무슬림은 유일신 하나님(알라)을 신앙한다. 그들의 믿음(信) 내용은
"6신(六信)"[86]이다. 첫째가 창조주 유일신에 대한 믿음이다. 그들은
항상 "라 일랄라 일라하(알라 이외에 신은 없다)"[87] 구절을 음송한다. 둘
째, 그들은 가브리엘, 미카엘, 라파엘 등 천사들을 믿는다. 셋째는 4
권의 경전을 믿는다. 4권은 꾸란, 모세 율법, 다윗의 시편 그리고 예
수의 복음서다. 이 중 최고 권위의 경전은 꾸란으로 하나님의 최종
복음이다.[88] 넷째는 예언자들에 대한 믿음도 있다. 꾸란에는 아담,
노아, 아브라함, 모세, 예수 등 25명이 언급되어 있다. 그들은 모두
무슬림 예언자들이다. 다섯째, 내세와 최후 심판에 대한 믿음이 있
다. 최후 심판 날엔 모든 생명이 부활, 현세의 모든 행동을 심판받는

---

86) 위의 책, 202.
87) 위의 책.
88) 위의 책, 203. 참조.

다. 선행과 악행 경중에 따라서 천국과 지옥행이 갈라진다.[89] 특히 이교도와의 싸움에서 전사하면 천국으로 직행한다. 여섯째, 인간 삶은 하나님의 뜻에 따라 움직인다는 정명(定命) 믿음이 있다.[90] 이 믿음 때문에 무슬림은 하나님의 뜻에 복종해야 한다. 그렇다고 정명 신앙은 결정론적 숙명론이 아니다. 인간은 자유 의지가 있기에 모든 결정을 하나님의 책임이나 그의 명령으로 돌려서는 안 된다.[91]

이슬람교는 '6신(信)' 외에 종교적 의무인 '5주(柱)'도 있다. 오주(五柱)는 이슬람의 다섯 가지 행동으로 기둥과 같은 것이다.[92] 첫째, 알라의 유일성과 무함마드가 최종적 예언자임을 고백한다.(Shahada) 둘째는 하루 5번 예배한다.(Salat) 셋째, 라마단의 한 달간은 단식한다.(Ramadhan) 넷째, 자신의 순수입 2.5%를 가난한 자를 위해 의무적으로 세금을 낸다.(Zakat) 이와는 별도로 내는 자발적 희사(Sadakah)가 있다.[93] 다섯째, 평생 한 번은 메카에 성지순례 해야 한다.

이슬람교는 기독교와 달리 원죄론을 부정하고 성선설을 지지한다.[94] 이슬람교에서 인간 이해의 근본적 근거로 꾸란에 인간 타락 기사가 있다. 꾸란에 따르면, 아담과 하와는 사탄의 유혹에 빠져 금단의 열매를 먹고 하나님의 계율을 어겨 죄를 지었다. 이들의 범죄는

---

89) 위의 책, 204. 참조.
90) 위의 책. 참조.
91) 위의 책. 참조.
92) 위의 책, 201. 참조.
93) 위의 책. 책의 각주 참조.
94) 위의 책, 231. 참조.

계획적인 음모에 의한 것이 아니었다. 이들은 사탄의 유혹에 빠져 이성의 망각 상태에서 과실로 죄를 지었다. 곧 자신들의 죄를 깨닫고 뉘우치며 회개했다. 하나님은 이들의 죄를 묻고 죗값을 치르게 했다. 이것으로써 아담과 하와의 죄는 당대에 소멸했다고 꾸란은 해석했다. 그러므로 아담과 하와가 지은 죄는 자유 의지로 지은 개인적인 죄일 뿐이고 인류가 물려받는 그런 유전죄는 있을 수 없다. 아담의 후손인 인류에게 주는 선악과에 대한 원죄 및 원죄의 악영향은 전혀 없는 것이다. 이를 요약하면, 인간은 태어날 때 원죄 같은 것 없이 선하게 태어난다. 인간에게 죄가 있고 없고는 생후 사람의 선행으로만 판단할 수 있다.

여기서 이슬람교의 구원론이 대두된다. 인간은 선한 상태로 창조되었고, 스스로 선과 악을 선택할 수 있다. 하나님은 인간에게 이성 가운데 자유 의지를 부여했다. 인간은 자유 의지로써 꾸란, 하디스와 순나(예언자의 길)의 가르침을 따라간다. 그것이 선을 행하는 것이고 그것을 따르지 않으면 악을 행하는 것이다. 이슬람교 역시 꾸란 '행위에 의한 구원'을 가르친다. 무슬림은 현세생활에서 경전의 가르침을 따라야 한다. 무슬림에게 꾸란 가르침의 지킴 여부가 선악을 결정하고 내세에서의 구원을 결정한다. 천사는 선악 장부를 보고 현세에서 행한 사람의 선행과 악행의 무게를 저울에 단다. 선행이 많은 자는 천국 가고, 악행을 한 자는 지옥에 떨어진다.[95]

---

95) 위의 책, 232. 참조.

2.3.4 유교의 인간관

유교(儒敎, Confucianism)는 "공자가 이전 시대의 문화와 사상을 정리한 유가(제자백가)를 후대 공자학파의 사상가들이 계승하여 체계화한 중국 사상의 한 조류"[96]이다. 원래 '중국의 공자를 시조(始祖)로 하는 전통적인 학문'인 유학(儒學)이었다. 유학은 20세기에 들어와서 유가(儒家)로서의 학문(學問)이 되지 않았다. 유(儒) 자에 종교적인 의미인 교(敎)가 붙여져 유교로 발전했다.

유교의 사상은 공자(孔子, Confucius)의 사상에 기반을 두고 있다. 공자의 제자들이 스승의 사상을 더 체계화하고 발전시켰다. 유교의 기본 경전은 사서(四書)로 알려져 있다.[97] 사서는 『대학』, 『논어』, 『맹자』, 『중용』이다. 유교 사상의 핵심적 윤곽은 이 4권을 통해서 상당 부분 파악하게 된다.

공자는 인간을 천명으로 태어난 존재로 보았다. 그는 『논어』 「양화」에서 "타고난 본성은 서로 비슷하지만, 무엇을 어떻게 익히는가에 따라 차이가 있다."[98]고 말했다. 또한 『논어』 「요왈」에서 "천명을 알

96) "유교", 「나무위키」. https://namu.wiki/w/%EC%9C%A0%EA%B5%90
97) 유교의 경전은 일반적으로 사서오경(四書五經)을 가리킨다. 사서는 주자(朱子)에 의해 확정된 4권으로 『대학(大學)』·『논어(論語)』·『맹자(孟子)』·『중용(中庸)』을 칭한다. 사서 가운데 『논어』는 공자(孔子)의 언행록, 『맹자』는 맹자의 언행록이며, 『대학』·『중용』은 각각 『예기』의 한 편(篇)이었으나 송대에 단행본으로 떼어져 나왔다. 오경은 당 태종이 『오경정의(五經正義)』로 칙령 하면서 확정되었다. 『시경(詩經)』·『서경(書經)』·『주역(周易)』·『예기(禮記)』·『춘추(春秋)』를 말한다.
98) 공자, 『논어』, 김형찬 역 (서울: 현암사, 2020), 221. 子曰 : 性相近也, 習相遠也.

지 못하면 군자가 될 수 없다."[99]고 말했다. 인간이 천명(天命)을 안다는 것은 인간이 천성(天性)이 있다는 것을 웅변한다. 천성은 곧 인성(人性)과 직결된다. 인성은 하늘로부터 받았기에 하늘과 비슷한 그 무엇, 즉 선한 것이 있다. 유교는 인간을 하늘과 땅 한가운데 있는 삼재(三才) 사상으로 이해한다. 삼재에 근거한 인간은 만물을 대표하는 존재다. 그러므로 유교는 인성을 매우 중시했다. 공자는 인성으로부터 나온 것이 도(道)라고 인식했고 그것을 가르쳤다. 공자의 도는 다름 아닌 인도(人道), 즉 인간이 행할 도리이다. 그가 말한 도는 인(仁)의 법칙인 인도(仁道)이다. 그는 인간이 가진 가장 인간다운 덕목을 인(仁)이라 했다. 공자는 인을 매우 다양하게 풀이했다. 인은 크게 두 가지로, 즉 개인윤리와 사회윤리로 나뉜다. 그는 『논어』 「안연」에서 인을 "극기복례"(克己復禮)[100]라 했고, 중궁의 질문에는 인을 충서(忠恕)에 해당하는 "자기가 바라지 않는 일을 남에게 하지 말아야 한다."[101]는 것으로 답했고, 번지의 질문에는 인을 "사람을 사랑하는 것"[102]으로 답했다. 그는 또한 인을 덕치(德治)의 원리로도 삼았다.[103] 공자는 『논어』 「안연」에서 "정치는 바르게 함이다."[104]라고 정의했다. 인(仁)이야말로 정치의 이상이자 덕치주의(德治主義)의 이념이다.

---

99) 子曰: "不知命, 無以爲君子也."
100) 子曰: "克己復禮爲仁."
101) 子曰: "出門如見大賓, 使民如承大祭. 己所不欲, 勿施於人..."
102) 樊遲問仁, 子曰: "愛人."
103) 문현상, 『인간윤리』, 108. 참조.
104) 공자, 『논어』, 162. 孔子對曰 : 政者, 正也.

자사는 『중용』 첫머리에서 "천명이 곧 성이라 불린다."[105]고 말했다. 천명(天命), 즉 하늘로부터 받은 것은 성이 되었다. 인간의 성(性)은 하늘의 것으로 인간이 지닌 본래 모습이다. 인간이 성을 따르는 것은 인간의 본모습을 행위 함을 뜻한다. 그러므로 하늘과 인간은 하나다.(天人合一) 이런 측면에서 중용 역시 사람의 바탕은 본래 선하다는 것을 웅변하고 있다. 『중용』은 "성을 따르는 것이 도이다."[106]라고 계속 이어갔다. 도(道)는 길이다. 인간이 걷는 길, 높고 먼 데까지 이르는 그 길이다. 도는 외재적인 것이 아니라 내재적인 것, 즉 성에서 비롯한 것이다. 그다음, 자사는 "도를 마름하는 것이 교"[107]라고 했다. 교(敎)는 도에 근본을 두면서 그 실천 수단으로서 보편타당한 교훈, 규칙을 만든 것이다. 대체로 경전에 실린 내용이 교(敎)의 중심을 이룬다. 또한, 자사는 "도는 잠시도 떠날 수 없는 것"[108]이라 했다. 인간 본연으로부터 떠나지 않으면, 도는 떠날 수 없다. 이렇게 도의 경지에 이른 사람을 가리켜 군자(君子)라 한다. 군자는 "남에게 보이지 않고 들리지 않는 곳을 삼가고 두려워하는"[109] 자다. 자사는 천·성·도·교를 유교 사상의 중심 개념으로 다루고, 그다음 곧바로 성(性)과 정(情)의 문제를 다룬다. 그는 "성이 움직여서 정이 된다."[110]고 했다.

---

105) 天命之謂性.
106) 率性之謂道.
107) 修道之謂敎.
108) 道也者, 不可須臾離也.
109) 자사, 『중용』, 이동환 역해 (서울: 현암사, 2016), 50.
110) 위의 책, 57.

『중용』첫머리는 천인론(天人論) 다음에 인간의 감정(感情, feeling)을 다룬다. "기쁨, 노여움, 슬픔, 즐거움의 감정이 아직 움직이지 않은 상태를 중(中)이라 하고 움직여서 다 절도에 맞는 것을 화(和)라고 한다."[111]고 했다. 주희의 주해에 따르면 희노애락[112]은 정(情)이다. 성(性)이 움직여 겉으로 드러난 것이 정(情)인 것이다.[113] 인간의 본성 상태는 중(中)이고, 중(中)은 "인간 내면에 깊숙이 숨어 있는 그 '성'의 순수·본연한 자세(이자) (...) 치우치거나 기울지 않은 자태"[114]를 말한다. 본성의 "행위 준칙에 지나치거나 미치지 못함이 없이 꼭 들어맞은 것"[115]을 가리켜 화(和)라 한다. 이렇게 보면, 중화(中和)는 중용(中庸, mean)과 다를 게 없는 용어이다. '지나치거나 모자라지 아니하고 한 쪽으로 치우치지도 아니한, 떳떳하며 변함이 없는 상태나 정도'가 바로 중용인 것이다. 중용의 도는 인성(人性)의 감정을 다루는 덕목이다.

『대학』첫머리도 "대학의 도는 밝은 덕을 밝히는 데 있으며 백성을 새롭게 하는 데 있고 지극한 선에 머무름에 있다."[116]고 적고 있다. 이 구절로부터 대학의 삼강령(三綱領)이 나온다. '밝은 덕을 밝히는

---

111) 喜怒哀樂之未發 , 謂之中 ; 發而皆中節 , 謂之和。中也者 , 天下之大本也 ; 和也者 , 天下之達道也。
112) 『예기』「예운」에서는 중용의 3정을 포함해서 7정에 대해 말한다. 7정은 3정인 기쁨·노여움·슬픔(희노애, 喜怒哀)과 함께 4정인 두려움·사랑함·미움·바람(구·애·오·욕, 懼·愛·惡·慾)이다. 7정은 배우지 않고도 자연스럽게 드러낼 수 있는 본래적 감정이다.
113) 자사, 『중용』, 57. 참조.
114) 위의 책, 59.
115) 위의 책, 62.
116) 공자, 『대학』, 이동환 역해 (서울: 현암사, 2015), 21. 大學之道 在明明德 在親(新)民 在止於至善.

것'은 온 세상을 윤리적 질서로 만들겠다는 것이고, '백성을 새롭게 함'은 통치받는 사람을 덕으로 다스린다는 것을 뜻한다. '지극한 선에 이른다는 것'(止至善)은 훌륭한 덕성을 갖춘 통치자가 선정을 베푼다는 것이다. 삼강령은 군자의 인성에 관한 것이다. 인간은 본래 선하기 때문에 선을 목표로 산다. 도(道)나 덕(德) 모두 하늘이 부여한 것으로 사람의 마음에 이미 내재해 있다. 도나 덕 모두 선한 것이다. 그것을 갖춘 자는 지극한 선에 이르도록 힘써야 한다.

『대학』은 이렇게 '지극한 선'에 이른 사람이 있다는 것을 알렸고 범례로써 제시했다. 도와 덕의 경지에 이른 사람을 가리켜 군자(君子) 혹은 성인(聖人)이라 한다. 유가에서 정통으로 받드는 성인 중의 한 사람이 바로 주나라 문왕[117]이다. 『대학』 전문 3장에서는 문왕의 선한 내면을 칭송했다.

> "『시경』에서 읊었다. '깊고도 머언 문왕이시여, 아아 끊임없이 밝으시어 안온히 머무르시었도다.' 남의 임금이 되어선 인에 머물렀고, 남의 신하가 되어선 경에 머물렀고, 남의 아들이 되어선 효에 머물렀고, 남의 아비가 되어선 자에 머물렀으며, 나라 사람들과 사귐에는 신에 머물렀더니라."[118]

위의 인용에서 언급된 인(仁), 경(敬), 효(孝), 자(慈), 신(信)과 같은

---

117) 문왕(文王)은 성이 희(姬)고, 이름이 창(昌)이다. 그는 무왕(武王)의 아버지다.

118) 공자, 『대학』, 78. 《詩》云:「穆穆文王, 於緝熙敬止. 爲人君, 止於仁; 爲人臣, 止於敬; 爲人子, 止於孝; 爲人父, 止於慈; 與國人交, 止於信.

덕목들은 모두 가정과 사회의 뭇 관계에서 올바른 인륜적 범주이자 지극한 선에 관한 강령들이다. 이것들은 후천적으로 획득되지 아니한 것이고 선천적으로 주어진 것이다.

맹자는 『맹자』「고자장구」에서 본격적으로 성선설의 기치를 들었다. "인간의 본성은 처음부터 선하다.(人性之善也)"면서 매우 독창적인 기본 명제를 내세웠다.[119] 물이 아래로 흐르듯이, 인간 본성 역시 선하게 흘러나오게 되어 있다. 자연이 정한 이치와 같은 것이다. 맹자는 선한 본성(本性)으로부터 사덕사단(四德四端)이 도출된다고 했다.[120] 사덕사단은 성이 움직여서 드러난 것이다. 맹자는 사덕 중에서 공자의 인(仁)을 일차로 수용했고 이에 덧붙여 의(義)를 부가했다. 그는 사랑의 가치인 인(仁)과 함께 이익을 중심으로 움직이는 대인관계에서 자기의 분수를 지키는 의를 부가했다. 맹자의 사덕인 인의예지(仁義禮智)는 왕도정치(王道政治) 사상의 근간이고 백성을 다스리는 덕치주의(德治主義) 이념이기도 하다.[121]

정리하면, 유교는 천인론에 근거한 인본주의적 인간관을 가지고 있다. 유교의 인간은 천명을 받은 천성을 가진 자이다. 인간은 천성을 받았기에 선한 존재로 이해된다. 하늘로부터 받은 성품을 지닌 인간은 하늘의 뜻인 덕과 도를 실천하는 자이다. 인간은 천명을 따르는

---

119) 맹자, 『맹자』, 나준식 역 (고양: 새벽이슬, 2010), 300.
120) 사덕사단(四德四端)에서 사덕은 인·의·예·지(仁義禮智)이고 사단은 측은지심, 수오지심, 사양지심 그리고 시비지심을 말한다.
121) 서상권, 『한국신윤리학』 (대구: 보문출판사, 1989), 149. 참조.

순천자(順天者)이어야 한다. 맹자는 『맹자』「이루장구 상」에서 "하늘의 뜻을 따르는 자는 살고, 하늘의 뜻을 거스르는 자는 망한다."[122]고 말했다. 그런 면에서 유교의 인간관은 인간을 하늘과 동떨어진 독립된 존재로 보지 않는다. 하늘에 전적으로 의존해 있다. 유교에서는 도덕적 인간이야말로 이상적 인간이다. 이상적 인간은 성인 혹은 군자(君子)를 말한다. 군자란 하늘의 계승자고 인간의 원형이다. 군자는 도덕적 자질을 갖추었을 뿐 아니라 학문도 뛰어나 발전을 추구하며 인예(仁禮)를 중시하는 사람이라 할 수 있다. 그런 측면에서 유교 윤리의 주체자는 군자로 사서오경에 근거한 공자의 인(仁) 사상, 맹자의 사덕사단 그리고 중국 전한 시대 동중서가 집성한 삼강오륜을 실천한다.

2.3.5 불교의 인간관

불교(佛敎, Buddhism)는 "석가모니의 가르침을 따르고, 불경을 경전으로 삼는 종교"[123]이다. 유대교, 기독교와 이슬람교는 절대적이고 초월적인 유일신을 믿지만, 불교는 유교처럼 종교적 대상인 절대자 신을 섬기지 않는 순수한 인본주의적 종교라 할 수 있다.

---

122) 孟子曰, "天下有道, 小德役大德, 小賢役大賢, 天下無道, 小役大, 弱役强. 斯二者, 天也. 順天者存, 逆天者亡.

123) "불교", 「나무위키」. https://namu.wiki/w/%EB%B6%88%EA%B5%90

불교는 인간을 영혼과 육체로 구성된 존재로 본다. 불교에서 영혼은 한자어로 심(心), 육체는 색(色)으로 표현된다.[124] 심(心)은 수·상·행·식(受·相·行·識)으로 구성되어 있고, 색(色)은 몸으로 불리는데, 지·수·화·풍(地·水·火·風)으로 구성되어 있다.[125] 이렇게 보면 인간은 '나'의 뜻인 '아'(我)로 지칭되고 오온(五蘊)의 집합체다. 오온은 다섯(五) 가지, 즉 색·수·상·행·식(色·受·相·行·識)이 쌓였다는 것(蘊)을 말한다. 오온은 인간의 몸과 마음 전체가 통칭된 것이다. '나'(我)라는 존재는 색(몸)과 함께 수(느낌), 상(기억), 행(행위), 식(생각)이 서로 겹겹이 쌓여 있다.[126]

오온을 설명하면 다음과 같다. 먼저, 색(色)은 물질이며 육체 자체를 일컫는다. 그다음, 수(受)는 감각을 수용하는 것이다. 육근(六根), 즉 眼·耳·鼻·舌·身·意(눈, 귀, 코, 혀, 몸, 뜻)으로 부터 각각 색, 소리, 향, 맛, 촉감, 법(계율)을 느끼고 그것을 수용하는 것이다. 상(相)은 관념이나 사상을 말한다. 육근을 받아 생각하여서 기억해 낸 것이다. 행(行)은 의지작용으로 상(相)을 현실로 만들고 선악 행위의 정신작용을 말한다. 식(識)은 인식판단 작용으로 수·상·행·식(受·相·行·識)을 의식적으로 분석하는 것이다. 오온은 불교 용어로 '아트만'(atman)으로 칭해진다. 결국, 오온의 집합체인 아(我)는 아트만이라 할 수 있다.

불교는 아트만으로서의 인간을 보통 중생(衆生)으로 지칭한다. 중

---

124) 김길환, 『동양윤리사상』 (서울: 일지사, 2000), 229. 참조.
125) 위의 책. 참조.
126) 이용곤, 『동양철학개론』 (서울: 흥학문화사, 1994), 67. 참조.

생은 "六根 즉 眼·耳·鼻·舌·身·意에 의하여 투영되는 일체의 色을 고정불변의 實體라고 믿고, 여기서 끈질기게 집착하는 데에서 十二因緣을 따르게 되고 八苦를 겪는 형극의 삶"[127]을 사는 존재다. 중생은 육체, 즉 색을 따르는 존재다. 십이인연(十二因緣)에 따라서 색을 추구하며 산다. 그러기에 인간 삶 자체는 고통으로 점철되기 마련이다. 불교의 인간관을 이해하려면, 우선 연기설(緣起說)과 팔고(八苦)를 인지해야 한다. 연기설은 "모든 현상은 반드시 그것이 일어나게 될 조건과 원인(....)의 법칙에 따라 일어나는 것"[128]을 말한다. 사람이 색을 따르는 것은 12인연(因緣)에 기인한다. 12가지 인연은 무명(無明), 행(行), 식(識), 명색(名色), 육처(六處) 혹은 육근(六根), 촉(觸), 수(受), 애(愛), 취(取), 유(有), 생(生), 노사(老死)이다.[129] 이런 인연들이 결합해 인간을 고통으로 이끈다. 십이연기설은 "유한한 존재로서의 인간의 죽음과 괴로움은 결국 진리에 대한 무지(無知)로 연기한다는 것"[130]을 가르친다. 반면에 팔고는 사람이 고통받고 미혹되는 가장 기본적인

---

127) 김길환, 『동양윤리사상』, 230.
128) 이용곤, 『동양철학개론』, 60.
129) 무명(無明)은 바른 세계관과 인생관이 없는 것이다. 행은 사고, 말과 동작에 관한 것으로 잘못된 행위이다. 식은 감각판단과 인식판단이다. 명색은 물질과 정신의 대상을 말한다. 육근은 명색의 기관을 지칭한다. 촉은 식과 육근이 접촉함으로 나온 감각작용을 말한다. 수는 고통, 즐거움과 무고무락(無苦無樂)의 3수와 슬픔, 기쁨, 괴로움, 즐거움과 집착 버림(사, 捨)의 5수를 가리킨다. 애는 그릇된 맹목적 사랑을 말하고, 취는 사랑과 미움을 취사선택하는 것이다. 유는 행위 경험의 잠재력을 말한다. 생은 유에 의해 미래에 생겨나는 괴로움을 뜻한다. 노사는 늙음과 죽음에서 일어나는 괴로움이다. 이용곤, 『동양철학개론』, 60-64. 참조.
130) 이용곤, 『동양철학개론』, 65.

고통이다. 그것은 생·노·병·사(生老病死)의 4고(四苦)와 사랑하는 사람
과 헤어지는 애별리고(愛別離苦), 미워하는 사람을 만나는 원증회고(怨
憎會苦), 가지고 싶은 것을 얻지 못하는 구불득고(求不得苦), 심신에서
느껴지는 오온성고(五蘊盛苦)의 4고(四苦)다.

　인간이 죽음과 괴로움을 극복하는 길은 색과 상을 공(空)으로 깨달
을 때이다. 인간에게 색은 본능과 같은 것으로 고정불변의 실체가 아
니다.[131] 색에 대한 모든 집착은 허상(虛像)을 잡으려는 것이다. 그것
은 공(空)이다. 여기서 공(空)의 윤리가 나온다. 중생은 색이 공이라는
것을 깨닫고 색의 집착을 끊을 때야 비로소 고뇌와 불안이 없어지고
열반(涅槃)에 이르게 된다. 열반은 "색의 욕망을 끊어 자유로운 정신
적 경지"에 들어가는 것이다. 상(相)은 인간의 심(心)에서 일어나는 속
성이다. 행여나 마음에 색에 대한 집착이 남아 있을 수 있다. 색상은
다름 아닌 색에 집착하고 있는 마음이다. 색상인 사상(四相)은 인간에
게 있다. 사상(四相)은 아상(我相)·인상(人相)·중생상(衆生相)·수자상(壽者
相)을 가리킨다. 아상은 재산이나 신분으로 인해 타인을 업신여기는
자아이고, 인상은 인의예지신(仁義禮智信)의 도를 행하더라도 교만하
여서 자신을 높이는 것이다. 중생상은 좋은 일은 자신에게 돌리고 나
쁜 일은 타인에게 돌리는 자세이다. 수자상은 객관적 경계를 넘어서
오래 살아야 한다는 욕망의 관념이다. 사상(四相)을 멸하는 방법론은
팔만대장경(八萬大藏經)의 주제문으로 일컬어지는 금강경(金剛經)의 가

---

131) 김길환, 『동양윤리사상』, 230. 참조.

르침에 있다.[132] 사람의 마음에 사상이 일어나지 않는 상태가 바로 "심청정(心淸淨)의 세계요 적멸(寂滅)의 세계이며 불타(佛陀)의 세계"[133]이다.

인간이 색(色)과 상(相)으로부터 초월하게 될 때, 비로소 진아(眞我)를 알고 만물의 실상을 파악하게 된다. 열반은 고집멸도(苦集滅道)의 사제설(四諦說) 중 멸제(滅諦)에 서 있게 된다. 색(色)과 상(相)에 대한 고제와 집제 모두 끊을 때, 사람은 열반에 도달한다. 멸제가 추구하는 목표는 열반이지만 열반에 도달하는 방법은 다름 아닌 도제(道諦)다. 도제가 바로 불교 윤리학의 요체가 된다. 불교 윤리의 핵심은 쾌락을 추구하는 삶이나 고행하는 삶에 있지 않다. 참된 불자는 중도(中道)를 실천한다. 그래야 성불(成佛)한다. 중도는 쾌락도 고행도 아니라(非苦非樂) 팔정도(八正道)[134]의 실천이다. 팔정도는 개인의 올바른 수행법에 관련한다.

대승불교는 개인의 깨달음을 위한 수행에 있지 않고 그것을 넘어서 타인을 적극적으로 이해하고 공감하는 수행을 강조한다. 그것은 자비의 실천이다. 올바른 행동(카르마)은 그것이 쌓여가면서 미래의 '나'를 결정한다. 불교의 윤회는 이런 카르마가 좌우한다. 카르마는

---

132) 위의 책, 232-233. 참조.

133) 위의 책, 233.

134) 팔정도는 불교의 세계관과 인생관을 바로 아는 정견(正見), 올바른 생각과 마음가짐인 정사유(正思惟), 바른 언어 사용인 정어(正語), 바른 행동인 정업(正業), 규칙적이고 바른 생활인 정명(正命), 바른 노력과 용기인 정정진(正精進), 스스로 반성하고 자각하는 정념(正念), 정신을 통일하여 흐트러지지 않는 마음을 유지하는 정정(正定)이다. 이용곤, 『동양철학개론』, 68. 참조.

전생과 내생을 결정한다. 대승 불교에서는 내세에 있는 천국과 지옥
및 그 외의 장소들에 대해 상세하게 설명한다. 대승 불교에는 욕계 6
천, 색계 18천, 무색계 4천까지 수많은 하늘을 구분하고, 지옥을 불
지옥 8종류, 얼음 지옥 8종류를 그리고 있다. 또한, 재판받는 길목마
다 지옥들이 있다. 이렇게 천국과 지옥은 카르마가 결정한다.[135]

  소승불교에서 말하는 이상적 인간상은 부처 혹은 불타(佛陀)다. 부
처는 '석가모니'를 지칭한다. 석가모니는 고타마 싯다르타 왕자가 속
한 '석가 족 성자'란 뜻이다. 석가모니는 불교의 시조로 불교의 진리
를 깨닫고 주체적으로 지혜와 자비를 실현했다. 그러나 대승 불교는
이상적 인간을 부처보다는 석가모니의 가르침을 따라 열반을 깨닫고
중생 교육에 헌신하는 사람인 보살(菩薩)이라 칭한다. 보살은 '인생의
고통과 번뇌로부터 해탈한 존재이고 중생을 구원하기 위해 자신을
버리고 남을 위해 베풀고 봉사하는 자'다. 보살은 진아(眞我)와 사회
인의 완성을 동시에 구현한 불교적 구도자다. 자기만이 아니라 타인
과의 관계에서 조화를 이루고 유지하는 하나의 인격체이다. 그는 현
실생활에서 공(空)을 실천하는 자이다. 그런 실천적 노력이 보살행(菩
薩行)이다.

  불교의 윤리는 보살의 윤리다. 보살행으로서 덕목은 여섯 가지가
있다. 보살은 보살행의 주체자이다. 그가 실천하는 여섯 가지 덕목은
보시(布施), 인욕(忍辱), 지계(持戒), 정진(精進), 선정(禪定), 반야(般若)로

135) "불교",「나무위키」. https://namu.wiki/w/%EB%B6%88%EA%B5%90

서의 지혜(智慧)다.[136) 먼저, 보시는 남을 위해 베푸는 것이다. 보시엔 두 가지가 있다. 재(財)와 법(法)에 관한 보시다. 전자는 물질로 남을 돕는 일이고, 후자는 불법을 신뢰하고 그것을 남에게 알려주는 일이다. 후자가 전자보다 더 중요하다. 인욕은 육체가 마음에 걸치는 옷에 지나지 않는다고 보고 육체가 찢기는 욕을 보아도 원망하지 않고 인내하는 일이다. 인욕에는 무엇보다도 청정한 마음이 중요하다. 다음으로, 지계(持戒)는 불교의 계율을 깨끗이 지키는 것을 말한다. 인간의 욕망을 끊는 것(정계, 淨戒)은 적극적으로 지계에 있다. 지계 다음에 온갖 욕망과 색상이 온전히 제거되고 몸과 마음을 맑게 하려는 노력이 정진(精進)이라 할 수 있다. 마음을 청정하기 위해선 참선하는 일이 바로 선정(禪定)이다. 끝으로, 근원적 예지를 드러내는 반야는 진실하고 올바른 지혜(智慧)의 행위이다.

2.3.6 도교의 인간관

도교(道教, Taoism)는 명실공히 "중국의 민족종교"[137)다. 종교사적인 측면으로 볼 때, 도교는 노자(노자, BC 6세기-BC 4세기 추정)가 창시하지 않았고 중국 샤머니즘의 토양 위에 도가 사상이 덧붙여져 발생되었다. 게다가 유교나 불교의 요소까지 부가되어 종교 형태로 발전

---

136) 김길환, 『동양윤리사상』, 249-262.
137) "도교", 「나무위키」. https://namu.wiki/w/%EB%8F%84%EA%B5%90

했다. 그런 측면에서 도교는 유교보다 종교적인 색채가 더 강하다고 할 수 있다. 중국 본토만이 아니라 한국, 일본, 동남아시아까지 크게 영향을 미쳤다.

도가 사상은 도교의 핵심이다. 도교는 도가(道家) 사상의 여러 핵심 개념이나 세계관을 받아들여 종교 형태로 발전해 갔다. 그 때문에, 도가 사상을 먼저 이해하는 것이 도교를 이해하는 첩경이 된다. 우선, 도가 사상의 핵심 개념은 도(道)다. 도는 도교에서 최고의 가치로 삼고 있다. 도로부터 우주관, 인간관, 가치관, 윤리관이 그대로 드러난다. 그렇다면 도교에서 말하는 도는 무엇인가?

노자는 『도덕경』[138]에서 도(道) 사상의 전반을 상세하게 피력했다. 그는 도(道)를 유가(儒家)와 달리 존재론적으로 설명했다. 그는 『도덕경』 1장에서 도를 형이상학적이고 우주론적으로 펼쳤다. "이름 붙일 수 없는 그 무엇이 하늘과 땅의 시원. 이름 붙일 수 있는 것은 온갖 것의 어머니."[139]라는 식으로 명명했다.

노자가 설명한 도는 우주의 본체이자 생성원리이다. 현상세계의 유한성과 상대성을 초월하는 절대적 진리가 바로 도(道)다. 그는 『도덕경』 25장에서도 도를 존재의 근원으로 규정했다. 도는 존재 이전 혼돈의 상태였고, 천지보다 먼저 있었으며 이름을 알 수 없는 무엇으로 만물의 모체요, 시원이다.[140] 세상에는 큰 것 네 가지가 있다. 그

---

138) 노자의 『도덕경』은 81장으로 구성되어 있다. 상경(上經)은 1-37장으로 자연의 도를 다뤘다. 하경(下經)은 38-81장으로 인간과 관련한 덕을 다뤘다. 인간학, 정치학 그리고 교육학을 설명했다. 이용곤, 『동양철학개론』, 43. 참조.
139) 노자, 『도덕경』, 오강남 역 (서울: 현암사, 2010), 19.

것은 도(道), 천(天), 지(地), 인(人)이다. 존재 자체인 도(道)로부터 만물
이 생겨났다. 천지와 사람은 도에서 생기하였다.

노자는 이렇게 만물의 출발을 도(道)에서 찾았다. 하지만, 공자나
맹자는 천(天)에서부터 도(道)를 찾았다. 천이 도의 시원이다. 그러기
에 맹자는 천성(天性)을 띤 도를 주장하였다. 공자나 맹자의 도는 인
도(人道)요, 인위(人爲)의 도다. 여기서 노자와 공맹의 도(道) 개념은 차
이가 난다. 노자는 "사람은 땅을 본받고, 땅은 하늘을 본받고, 하늘
은 도를 본받고, 도는 '스스로 그러함'을 본받는다."[141]고 말했다. 도
는 만물을 초월하는 절대적인 것으로 자연(自然) 그 자체다. 결국, 도
의 모습은 자연(스스로 그러함)에 있다. 노자는 천(天)보다 도를 더 앞
세웠기에 도로부터 도덕이나 윤리의 가치를 도출했다.

노자는 『도덕경』 21장에서 도에서 덕(德) 개념을 끄집어냈다. "위
대한 덕(德)의 모습은 오로지 도를 따르는 데서 나온다. 도라고 하는
것은 황홀할 뿐이다."[142]라고 덕을 설명했다. 노자는 사람이 도를 체
득하게 되면, 자유의 삶을 사는 덕으로 산다고 했다. 덕은 도에서 나
오는 것이다. 그 역이 아니다. 그래서 노자의 책명은 도덕경이다. 한
마디로, 노자의 윤리는 자연의 윤리다. 더 구체적으로 말하면, '무위
자연'(無爲自然)의 윤리다. '인위적이지 않고 스스로 그러함'에 따라
사는 윤리라 할 수 있다.

---

140) 위의 책, 123. 有物混成, 先天地生. … 可以爲天下母 吾不知其名
141) 위의 책, 124. 人法地, 地法天, 天法道, 道法自然.
142) 위의 책, 106. 孔德之容, 惟道是從. 道之爲物, 惟恍惟惚.

노자는 선(善)이 무엇인가를 『도덕경』 2장에서 논설했다. "착한 것을 착한 것으로 알아보는 자체가 착하지 않음이 있다는 것을 뜻한다."[143]고 했다. 선이니 불선(不善)이니 하는 것은 모두 생성변화의 영원한 도에서 나온 일시적 현상에 불과한 것이다. 상도(常道)로서 선은 아니다. 선과 악은 도(道)에서 결정된다. 그렇다고 도가 악을 낸다는 뜻은 아니다. 도(道) 자체가 선이다. 도를 따르지 않음이 악이 되는 것이다. 결국, 사람은 인위적인 규범을 탈피하고 도의 진상(眞相)에서 적극적으로 도(道)의 선을 실천해야 한다. 그것이 바로 무위(無爲)이다.

노자는 『도덕경』 2장에서 계속 "성인[자유인]은 무위(無爲)로써 일을 처리하고, 말로 하지 않는 가르침을 수행한다."[144]고 설명했다. 여기서 노자는 『도덕경』이 그린 이상적 인간형을 언급했다. 노자의 이상적 인간상은 성인(聖人)이다. 성인은 어원적으로 보면 귀가 밝은 사람이다. 윤리적으로 고차원의 사람이 아니라 윤리적 차원을 뛰어넘어 만물의 그러함을 꿰뚫어 보고 자유롭게 물 흐르듯 살아가는 사람을 지칭한다.

도교에서 말하는 성인은 "무위(無爲)를 실천하는 사람"[145]이다. 무위는 "인위적 행위, 과장된 행위, 계산된 행위, 쓸데없는 행위, 남을 의식하고 남 보라고 하는 행위, 자기중심적 행위, 부산하게 설치는

---

143) 위의 책, 24. 皆知善之爲善, 斯不善已.
144) 위의 책. 是以聖人, 處無爲之事, 行不言之教.
145) 위의 책, 27.

행위, 억지로 하는 행위, 남의 일에 간섭하는 행위, 함부로 하는 행위 등 일체의 부자연스러운 행위를 하지 않는"[146] 것이다. 노자는 『도덕경』 37장에서 무위를 재차 강조했다. "도는 언제든지 [억지로] 일을 하지 않는다. 그러나 안 된 것이 없다."[147]고 했다. 무위하는 성인은 『도덕경』 47장에서 말한 것처럼 우주의 근본 법칙인 도를 꿰뚫어 보는 능력을 갖추고 있어 문밖에 안 나가도 도에 따라 움직이는 세상 이치를 익히 알고 일을 능히 해낼 수 있다.[148] 노자는 『도덕경』 48장에서 학문에 빗대어 성인의 무위를 말했다. 그는 "학문의 길은 하루하루 쌓아 가는 것, 도의 길은 하루하루 없애 가는 것. 없애고 또 없애, 함이 없는 지경(無爲)에 이르시오. 함이 없는 지경에 이르면 되지 않는 일이 없다."[149]는 것을 주장했다. 그는 『도덕경』 49장에서 성인의 무위의 삶, 즉 선·악이나 신·불신을 대립적으로 대하지 않는 삶에 대해 다음과 같이 말했다.

> "성인에겐 고정된 마음이 없다. 백성의 마음을 자기 마음으로 삼는다. 선한 사람에게 나도 선하게 대하지만, 선하지 않은 사람에게도 선으로 대한다. 그리하여 선이 이루어진다. 신의 있는 사람에게 나도 신의로 대하지만, 신의 없는 사람에게도 신의로 대한다. 그리하여 신의가 이루어진다. 성인은 세상에 임할 때 모든 것을 포용하고, 그의

---

146) 위의 책.
147) 위의 책, 174. 道常無爲而無不爲.
148) 위의 책, 218. 不出戶, 知天下, 不窺牖, 見天道.
149) 위의 책, 222. 爲學日益, 爲道日損. 損之又損, 以至於無爲. 無爲而無不爲.

마음에는 일체의 분별심이 없다. (...) 성인은 그들을 모두 아이처럼
되게 한다."[150]

노자는 "주대(周代) 말기의 문화가 허위와 허식에 흘러 인간의 천
진성을 상실하고, 도리어 쟁란(爭亂)의 혼란에 빠진 것을 보고 유가가
설(파)하는 인위적 예교주의(禮敎主義)를 도에서 어긋난 것"[151]으로 보
았다. 주나라 때의 윤리적 타락상을 지적하고 도에 입각한 참된 가치
규범을 재설명하고자 했다. 그것이 노자의 "무위자연"[152] 윤리이다.
노자에게 참다운 인간상은 인위적 허례허식이 아닌 소박한 자연성을
회복하여 사는 인간이다. 성인(聖人)이 바로 그런 인간상에 해당한다.

노자의 학설을 발전시킨 후학자(後學者)는 장자(莊子, BC 369~BC
289)다. 노자가 공자와 동시대의 사람이었다면, 장자는 맹자와 거의
같은 시대 사람이다. 장자는 노자의 도(道)와 무위자연 사상과 본령이
같으면서도 그보다 자유분방하고 문학적인 특이점을 보여준다. 장자
의 저서는 『장자』이다. 원래 『한서(漢書)』 예문지에 52편이 실렸으나
현재는 33편만 남아 있다. 진나라 곽상(郭象)은 『장자』를 내편 7편, 외
편 15편 그리고 잡편 11편으로 분류했다. 내편 7편만이 장자의 저술
이고, 외편과 잡편은 장자 후학자들에 의해 기술된 것이다.[153]

---

150) 위의 책, 226. 聖人無常心, 以百姓心爲心, 善者吾善之. 不善者吾亦善之. 德善. 信
　　　者吾信之, 不信者吾亦信之. 德信. 聖人在天下, 天下渾其心. 聖人皆孩之.
151) 이용곤, 『동양철학개론』, 44.
152) 무위와 자연은 동전의 양면이다. 인간 측면에선 자연은 무위이지만, 도의 측면
　　　에선 무위는 자연이다. 무위자연은 인간 초탈의 방법이며 진리의 요체다. 이용
　　　곤, 『동양철학개론』, 43. 참조.

노장(老莊)사상은 노자와 장자의 사상을 합쳐서 부르는 것이다. 양자 간 동일 사상이 있다 할 수 있지만, 양자 사이엔 차이가 없지 않다. 특히 도(道) 개념에 있어서 그렇다. 노자가 『도덕경』 1장에서 도를 까마득한 이데아와 같은 초월성으로 규정했다면, 장자는 '어떠한 것에나 도가 아닌 것은 없다.'면서 도를 편재성으로 규정했다. 장자는 『장자』 외편 「지북위」에서 도가 세상에 없는 곳이 없다는 것을 동곽자와의 문답 중에 밝혔다.

> "이른바 도라고 하는 것이 어디에 있습니까? 장자가 대답했다. '없는 데가 없다.' (...) 장자가 말했다. (...) '당신은 도가 어디에 한정된 것이라 생각지 마시오. 도와 동떨어져 있는 것은 없다. 지극한 도는 이와 같다. 위대한 말씀도 이와 같다. '두루 있음'(주, 周), '퍼져있음'(편, 遍), '골고루 있음'(함, 咸), 이 셋은 이름은 다르지만 실제로는 같은 것, 모두 하나다."[154]

장자는 도의 편재적 성질을 주(周)·편(遍)·함(咸) 석 자로 표현했다. 도는 편재성과 내재성을 동시에 가지고 있다. 물론, 장자는 『장자』에서도 노자같이 도의 초월성을 언급하기도 했다.[155] 그러나 그는 위의

---

153) 이용곤, 『동양철학개론』, 48. 참조.
154) 장자, 『장자』, 오강남 역 (서울: 현암사, 2022), 398-399. 東郭子問於莊子曰:「所謂道,惡乎在?」莊子曰:「無所不在.」..... 汝唯莫必, 无乎逃物. 至道若是, 大言亦然. 周遍咸三者, 異名同實, 其指一也.
155) 위의 책, 280. 참조. 장자는 도를 실재작용으로 믿을 만한 것이고 무위와 무형의 존재로 여겼다. 도는 스스로 근본이며 스스로 뿌리가 있고, 천지 있기 전에 있었다. 夫道,有情有信,無爲無形. 自本自根,未有天地,自古以固存.

인용문처럼 도의 내재성을 더 많이 강조했다. 그런 기조로 『장자』에서 상당 부분 내재성을 피력했다.

장자는 『장자』 「제물론(齊物論)」에서 도(道)를 '대립의 세계'에서 대립을 초월한 '하나의 세계'(조화와 일치의 세계)로 넘어서는 경지로 이해했다. 그런 측면에서 도는 현실 세계에서 일절 대립이나 경계를 용납하지 않는다.[156] 세상엔 좌우(左右), 논의(倫)와 논증(義), 분석(分)과 변론(辯), 다툼(競)과 맞겨룸(爭)의 8덕(德)과 천지와 동서남북의 6합(合)이 있다.[157] 이것들 자체는 대립과 갈등이다. 왜 그런가? 사람들은 서로 잘 보이려고 편을 가르고 따지며 변론하고 다툰다. 그러나 무소부재의 도는 천지 만물을 대립과 분리가 아닌 일치와 조화를 이루게 한다. 이렇듯 도가 있는 어느 곳에선 경계가 있을 수 없다. 도는 "만물 일체관을 이루게 하고, 모든 현상은 시·공간적으로 상인(相因) 관계에 있으므로 만물의 절대 평등론"[158]으로 간다. 도가 있는 곳에는 물(物)과 도(道)가 분리되거나 대립하지 않는다. 서로 차별하지 않는다.

장자는 도의 편재성을 도의 내재성과 연결한다. 인간은 초월적 도를 간직할 수 있다고 했다. 초월적 도가 내재적으로 바뀐다. 장자는 도의 세계를 그릴 때, 도에 있어서 본체론보다 인간론에 치중했다. 『장자』 내편 1장("소요유"[159], 逍遙遊) 첫머리부터 '물고기가 변하여 새

---

156) 위의 책, 105. 夫道未始有封
157) 위의 책. 참조.
158) 이용곤, 『동양철학개론』, 50.
159) 소요유(逍遙遊)는 도의 세계, 즉 초월적인 자유의 경지에 노니는 세계를 논하는 것이다.

가 되고'(화이위조, 化而爲鳥)로 이야기를 시작했다. 『장자』에는 동물을 소재로 삼은 신화적인 표현이 상당히 많지만, 그가 하고자 했던 이야기의 핵심은 인간이 초자연적이 아닌 자연적이면서 신비로운 그런 변화였다. 『장자』의 핵심적 주제는 인간이 도의 세계에서 "자유로운 존재가 되는 '변화(變化)'의 가능성과 그 실현"[160]이다. 장자가 궁극적 이상으로 삼는 인간상은 무한한 자유의 경지에 들어간 사람이다. 장자는 『장자』 1장(逍遙遊)에서 그런 인간상을 셋으로 나누어 표현했다. 그것은 자기에 연연하지 않는 '지인'(至人), 공로에 집착하지 않는 '신인'(神人) 그리고 명예에 연연하지 않는 '성인'(聖人)이다.[161] 지인과 신인은 유독 장자에게서만 나타난 독특한 인간상이다.

장자는 『장자』 1장(逍遙遊)에서 신인(神人)을 "덕으로 온갖 것과 어울려 하나가 된"[162] 사람으로 풀어 설명했다. 신인은 도인(道人)으로 도를 체득하고 만물과 자연스럽게 어울려 물처럼 흐르듯 사는 그런 자다. 세상의 공로나 공적에 기웃거리거나 집착함에서 벗어난 자유의 사람이다. 완전한 무위의 상태로 유유자적하며 살고 그러면서도 세상을 이롭게 하는 자다.

장자가 『장자』 2장("제물론"[163], 齊物論)에서 거론한 지인(至人)은 이해득실에 무관하고 그것을 초탈한 사람이다. 설결(齧缺)의 질문과 왕

---

160) 장자, 『장자』, 26.
161) 위의 책, 38. 참조. 故曰, 至人无己, 神人无功, 聖人无名.
162) 위의 책, 46. 之德也, 將旁礴萬物以爲一
163) 제물론(齊物論)은 만물을 고르게 하는 논리를 펴는 장이다.

예(王倪)의 대답을 통해 그려진 지인은 삶과 죽음마저 상관하지 않기에 이해타산을 따지지 않는다. 그러기에 지인은 신령한 사람으로 통한다.[164] 절대적 도의 세계와 하나가 되기에 '나'라는 존재가 따로 있지 않다. 지인은 모든 것을 초월하면서 완전히 자유로운 사람이다.[165]

끝으로, 장자는 『장자』 2장(齊物論)에서 도를 내적으로 간직하는 사람을 가리켜 "성인(聖人)"[166]이라 했다. 세속적 인간들은 도가 없다. 도를 생각하거나 관심 두지 않기에 소아(小我), 소지(小知), 소능(小能)에 붙잡혀 자기 이익을 얻으려고 싸움을 일삼고 산다. 하지만, 성인은 주객 이분의 관념을 넘어 절대적인 것과 상대적인 것을 하나로 만든다. 무엇인가가 언뜻 대립이나 모순처럼 보여도 자연의 실상을 꿰뚫어 보고 하나로 포용한다. 그러기에 성인은 세상의 시비(是非), 대소(大小), 선악(善惡), 존귀(尊貴)를 초탈하여 산다. 성인은 "천지와 하나 된 상태, 도란 '전체'의 눈으로 사물을 보기 때문에, 얻음과 잃음이 따로 없는 경지"[167] 속에 살아가는 존재다.

장자는 이상적 인간상으로 삼인(三人), 즉 신인, 지인 그리고 성인을 제시했지만, 그 자신 스스로 그런 삶을 살고자 했다. 그는 도교의 정신을 가장 잘 구현하려 했던 도덕적 사람으로 추앙된다. 장자의 윤

---

164) 장자, 『장자』, 116. 참조.
165) 위의 책, 117. 참조.
166) 위의 책, 105.
167) 위의 책, 278.

리는 "소요(逍遙)의 윤리(로) 절대 자유의 소요 세계"[168]를 사는 윤리라 할 수 있다. 장자는 도(道)를 현실적 삶에서 실천하여 구현하려 했던 사람으로서 "자신의 삶을 다른 어떤 것에도 맡기기를 거부하고 스스로 자유로운 세계를 살고자 (했고), 분수에 따라, 즉 자연의 도리를 따라 자연스럽게 살고자" 했다. 그는 도교 정신의 참된 실천자였다.

2.3.7 한국 전통사상의 인간관

한국사상은 건국신화를 시작으로 해서 여러 종교사상과 융합되어 형성되었다. 여러 종교사상을 배제하고 순수 민족적 사상만으로 고유 사상이라고 고집할 수 없다. 그런 측면에서 한국사상은 단선적으로 파악하기가 힘들고 매우 복합적인 성격을 띠고 있는 게 사실이다.

한국사상은 단군 신화를 기점으로 여러 종교, 특히 유·불·선 종교와 대종교, 실학, 동학, 기독교 등과 융섭했다. 단군신화를 시작으로 해서 한국사상이 어떻게 형성되어 왔는지 그리고 한국사상 속에 들어있는 윤리 사상이 어떠한지를 차례로 살피고자 한다.

2.3.7.1 홍익인간

한국사상의 본류는 우리나라의 건국신화인 단군 신화에서 드러났

---

168) 김길환, 『동양윤리사상』, 191.

다. 단군 신화는 일연(一然)의 『삼국유사』에 기록되어 있다. 한국 개
국신화의 줄거리는 이 자리에서 재론하지 않고 다만 신화의 의미만
을 고찰한다.

개국신화에 나타난 세계의 모습은 천·지·인(天地人) 삼계(三界)로 구
분되었다. 하늘인 천(天)은 신(神)의 영역이고, 지(地)는 동물과 진배없
다. 여기서 인간은 신과 동물, 즉 이상과 현실의 중간자로 규정되는
특색을 가졌다. 국조인 단군(檀君)의 탄생설화는 인간 이해에 큰 도움
을 주는 자료다. 천자(天子) 환웅이 인간세계를 탐했고 곰과 호랑이도
인간이 되길 원했다. 천자와 동물인 곰의 결합으로 태어난 이가 단군
이다. 단군은 조선을 세우고 천오백 년간 다스렸다. 그는 사후에 하
늘로 올라가지 않고 백악산 아사달로 들어가 신선(神仙)이 되었다.

단군의 부친 환웅은 천자로서 천상세계에 만족하지 않고 지상에
서 이상세계를 구현하고자 한반도를 택하고 내려왔다. 한반도는 이
상 실현의 현실 세계로서 평화 낙원의 세계다. 한민족은 하늘에서 온
하느님의 자손들이다. 이로써 한민족의 전통이념은 경천애인(敬天愛
人), 홍익인간(弘益人間) 그리고 재세이화(在世理化)가 아닐 수 없다. 먼
저, 경천애인은 건국이념으로서 제일의 사상이다. 환인은 천상의 존재
로 하느님이다. 환인의 아들 환웅이 지상으로 내려온 것은 인간을 위
해서이다. 한민족의 전통신앙은 하느님 사상이다. 한민족은 전통적으
로 하늘을 섬겨왔다. 한반도는 개국 이후 하느님 사상에 깊게 뿌리박
혀 있고 그 사상이 오랜 기간 배태되어왔다. 한민족에게는 위로는 하
늘을 섬기고 아래로는 사람을 섬기는 경천애인 사상이 있다.

그다음, 홍익인간은 우리나라 건국이념이자 민족정신의 요체인 동시에 이상적 인간관과 고유한 전통윤리 사상이 아닐 수 없다. 천자로서 환웅이 하늘에서 태백산으로 내려와 하늘을 숭상하면서 인간 세상을 다스렸다. 이때, '인간을 널리 이롭게 하려고 펼친 사상'이 글자 그대로 홍익인간 사상이다. 홍익인간 이념에는 두 가지 사상이 압축해 있다. 하나는 인간존중(人間尊重)의 사상이다. 홍익인간엔 세계의 중심을 인간세계로 잡고 인간을 이롭게 하려고 개인의 이익을 좇는 소아(小我)를 버리고 공동체의 이익을 따르는 대아(大我)를 살리는 선공후사(先公後私) 정신이 있다.[169] 결국, 나라를 다스리는 데 있어 지배자가 아니라 백성이 가장 중히 여기는 대상이 된다. 인간존중의 사상은 민본주의(民本主義) 사상이다. 오늘날의 민주주의 사상과 깊이 연결된다. 다른 하나는 만민평등(萬民平等) 사상이다. 홍익인간은 모든 사람을 이롭게 한다는 것을 말한다. 그 전제는 모든 사람이 차별받지 않고 하느님의 자손으로 모두 존중받아야 할 평등한 존재라는 것이다. 모두가 평등하기에 고루 행복해야 한다. 만민 평등주의 역시 오늘날의 민주주의와 그 맥을 같이한다.

그다음은 재세이화이다. 재세이화는 세상을 천리(天理), 즉 하늘의 이치로 다스리는 것이다. 재세이화는 두 가지 개념이 합해졌다. 재세(在世)는 존재하는 세상을 가리킨다. 이화(理化)는 이치대로 바꾸는 것이다. 곧, 현 세상을 이치대로 다스리는 것이다. 여기서 이치(理致)는

169) 문현상, 『인간윤리』 (서울: 동문사, 2005), 126. 참조.

하늘의 도리로 다스려 목적에 이르도록 하는 것이다. 이치의 목적은
이화(理化)다. 하늘의 목적을 세상에 실현하여 평화의 세계가 되게 하
는 것이 바로 재세이화이다. 한국 전통이념 중 재세이화는 하늘의 뜻
이 세상에서 구현되어서 인간 모두가 이롭게 되는 이상세계의 실현
이다. 이 땅 한반도에 하늘의 궁극적인 목적이 이루어지게 하는 것이
재세이화의 정신이다. 우리의 조상들은 이런 사상을 반만년 동안 견
지해 왔고 또한 그것을 잘 알고 있다. 재세이화는 하느님의 뜻이 이
땅 위에서 이루어지도록 하는 신본주의 정신의 일환이다. 한반도에
하느님의 나라인 이상사회를 구현하는 것이다.

2.3.7.2 화랑도

한국의 건국이념인 경천애인(敬天愛人), 홍익인간(弘益人間) 그리고
재세이화(在世理化)는 우리 민족의 전통사상만이 아니라 민족 고유의
실천윤리로서 장구한 세월 동안 면면히 이어져 왔다. 한국의 건국이
념은 그 자체로 독립적으로 발전해 가지 않고 다른 이질적 종교사상
들과 혼합하여 발전해 갔다.

그중 신라 시대에 형성된 화랑도(花郎道) 정신은 우리 고유의 전통
사상인 개국이념이 다른 이념과 섞이고 유·불·선 삼교(三敎)와 적절히
혼용되어 드러난 것이다.[170] 화랑도는 풍류도(風流道)라고도 불린다.
우리 고유한 전통적 도(道)가 풍류도로 모습을 바꿔 전해졌기 때문이

---

170) 위의 책, 127. 참조.

다. 최치원은 『삼국사기』「신라본기」에서 풍류도를 다음과 같이 설명했다.

> "우리나라에는 현묘한 도가 있으니 이를 풍류라고 한다. 이 설교의 근원은 유·불·선 삼교를 포함한 것으로서 모든 생명과 접하여 이를 교화한 것이다. 집안에 들어와서는 효도하고 밖에 나가서는 나라에 충성을 다하니 노나라 공자(孔子)의 뜻이요, 무위의 일에 처하고 말을 하지 않고 행하도록 한 가르침은 주주사(노자, 老子)의 요지요, 모든 악을 짓지 않고 모든 선을 받들어 행하니 축건태자(불타, 佛陀)의 교화니라."[171]

화랑도는 우리 민족 고유의 이념인 홍익인간 사상과 외래사상인 유·불·선 삼교(三敎)가 혼용한 민족 사상이다. "고대의 제천의례에 나타났던 원시적인 영성이 삼교 문화를 매개로 승화된 한국인의 영성"[172]이다. 이러한 영성이 조직화된 것이 화랑도(花郎徒)이다. 화랑도는 우리 전통적 인간관인 홍익인간과 함께 유교의 군자, 불교의 보살 그리고 도교의 신인 혹은 지인이 합쳐진 이상적 인간상을 따르는 무리다. 화랑도는 청소년들로 구성된 수련인 단체로 풍류의 도를 일으키고 수양을 해서 국가에 봉사하고자 하는 조직체다. 화랑도는 홍익인간의 윤리와 삼교의 윤리를 실천한다. 즉, 재세이화의 윤리(단군 이념), 극기복례(克己復禮)의 윤리(유교), 귀일심원(歸一心源)의 윤리(불교)

---

171) 위의 책, 126. 재인용.
172) 유동식, 『소금 유동식 전집 제7권 : 풍류신학 I』(서울: 한들출판사, 2009), 28.

그리고 무위자연의 윤리(도교)를 모두 합쳐져 형성된 복합윤리이다. 화랑도들은 윤리적 계율로서 세속오계(世俗五戒)를 지켰다. 그것은 충(忠)·효(孝)·신(信)·용(勇)·인(仁)이다.[173] 그리고 그들은 세속오계와 함께 화랑도 자체의 삼대 덕목[174]을 지켰다. 곧, '높은 자리에 앉을 사람이 낮은 자리에 앉는' 겸허(謙虛), '부호이면서 옷을 간편하게 입는' 검소(儉素), '권세가 있으면서도 위세를 부리지 않는' 순후(淳厚)를 중요한 실천윤리 덕목으로 지키고자 했다.

화랑도로서 풍류도는 20세기 후반에 들어와 기독교와 만나면서 한국신학으로서 풍류신학으로 발전한 모습을 보였다. 풍류신학은 유동식 교수를 중심으로 정립된 토착화 신학의 일환이다.[175] 기독교가 풍류도의 정신을 수용해 창조적으로 신학화한 것이 풍류신학이다. 풍류신학은 "신인합일에 기초한 '멋의 신학'과 포괄적인 '한의 신학', 그리고 인간화를 향한 '삶의 신학'을 형성"[176]한 신학이라 할 수 있다.

---

173) 세속오계는 원광법사가 보살윤리 십계 중 세속인이 지킬만한 5개를 가르쳐줬다. 세속오계는 충(忠)·효(孝)·신(信)·용(勇)·인(仁)으로 다음과 같이 설명된다. 첫째는 충성으로 임금을 섬기고, 둘째는 효도로써 어버이를 섬기고, 셋째는 신의로 벗을 사귀고, 넷째는 싸움에서 물러서지 않고, 다섯째는 생물을 죽이되, 가려서 죽이는 것이다. 문현상, 『인간윤리』, 128. 참조.
174) 문현상, 『인간윤리』, 130. 참조.
175) 유동식, 『소금 유동식 전집 제7권 : 풍류신학 I』, 35.
176) 위의 책, 44.

2.3.7.3 실학의 현실인

유·불·선 삼교(三敎)는 한국에 전래되었다. 먼저, 유교는 가장 먼저 백제, 고구려, 신라 순으로 차례로 들어왔다. 백제는 사료에 국학을 세운 기록이 없다. 하지만, 405년 이후 왕인(王仁) 박사가 『논어』와 『천자문』을 일본에 전해 주었기에 그 이전에 유학이 전래된 것으로 추정된다. 고구려는 372년(소수림왕 때)에 중국 학제인 국학을 수용한 후 태학(太學)을 세웠다. 신라는 삼국 중 제일 늦게 유교를 수용했다. 유교는 오래전에 전래되었지만, 국학은 훨씬 늦게 682년(신문왕 2년)에야 건립되었다.

불교도 삼국시대에 우리나라로 전파되었다. 고구려는 중국 진나라 순도(順道)가 372년(소수림왕 때) 불상과 불경을 들여오면서 불교를 수용하였다. 백제는 384년(침류왕 때) 인도의 승려 마라난타(摩羅難陀)가 동진(東晉)을 경유, 입국하여서 남한산(南漢山)에 절을 짓고 포교를 시작했다. 신라는 삼국 중에서 불교가 가장 늦게 전파되었다. 527년(법흥왕 때) 이차돈(異次頓)의 순교 후 비로소 불교가 공인되었다.

끝으로, 교단 도교는 고구려 연개소문(603-663)이 보장왕(재위: 642-668)에게 청해 당나라(618-907)의 도사 숙달 등 8명이 고구려로 와 불교 사찰에 머물고 『도덕경』을 강의한 것에서 전래된 흔적을 알 수 있다. 고려의 도교는 예종(재위 1105-1122년) 5년 중국 도사 2명이 고려로 와서 복원궁(福源宮)을 세우고 제자를 선택하여 서도(書道)를 가르쳤다. 민중 도교는 교단 도교의 전래 이전, 고대사회에 일찍 전파되었고 민중 사이에서 유행했다. 예를 들어, 고구려의 강서 고분벽화,

백제의 와전 속의 산경전, 신라의 선도성모(仙桃聖母)나 서왕모 등의 신앙은 교단 도교 이전에 나타났다.

삼국시대로부터 고려말까지 불교가 유교보다 더 융성했다. 민간 도교는 민중 사이에 유행했지만, 국가적 차원에선 미미하게 머물렀다. 유교는 주로 정치, 경제 제도에 한정되고 문학과 사학의 학문 조류로 그쳤다. 불교만큼 국가의 정신적 지표로 발전하지 못했다. 공맹 사상은 정치윤리에 국한되었고, 철학적 깊이는 일천했다. 고려말 중국 원나라로부터 주자학(朱子學)이 새롭게 유입되자 유교는 우주론, 인생론 등 형이상학적 연구에서 이전보다 활발해졌다. 주자학이 들어오면서 불교 교단의 부패가 부각되었으며, 근본주의적 교리를 부정하는 경향이 나타났다. 결국, 불교는 배척받게 되었다. 고려말 주자학의 수용은 유학 내부의 변화만이 아니라 불교에서 유교로의 종교사의 대변혁을 초래했다.

조선 초기 개국공신 정도전은 불교와 도교를 비판하고 성리학을 유교의 본령으로 삼았다. 조정이 숭유억불 정책을 채택함으로써 유학은 전성기를 맞기 시작했다. 유학은 의리지학(義理之學)으로서 인간 내면과 우주의 이법을 철학적으로 다루게 되었고, 문학적 측면 연구인 사장지학(詞章之學)만이 아닌 일상적 인륜 도덕학 그리고 정치·경제·법·군사 등의 정책 및 그 사상·역사·지리 연구인 경세지학(經世之學)에서 조선의 정신적 지표가 되었다. 그러나 한국의 성리학은 조선 후기에 들어서면서 학적 논지가 공허해졌고, 이기이원론 등 지엽말단(枝葉末端) 문제에 구애되어 본래의 학풍을 상실하고 비판받게 되었다.[177]

이때 성리학에 대한 비판과 함께 새롭게 대두된 학풍이 실학(實學)이다. 실학운동은 비판적 성리학자들이 기존 성리학자들이 성리학을 절대시하여 소모적 학술 논쟁에 빠져 명분과 형식을 추구하는 것에 반발해 일어난 운동이다. 게다가 조선 후기는 병자호란과 임진왜란으로 인해 사회 혼란이 가중되고 백성들의 삶은 피폐해졌다. 연암 박지원과 다산 정약용 같은 실학자들은 신유학자들로 유학의 근본정신을 살려서 백성을 근본으로 삼는 민본정치를 실현할 것을 주장했다. 또한, 그들은 실학의 주요사상으로 세 가지를 내세웠다. '학문이 세상을 다스리고 실익을 증진하는' 경세치용(經世致用), '경제적 풍요와 사회복지를 구현하는' 이용후생(利用厚生), '사실에 근거해 진리를 탐구하는' 그리고 '서양과학을 적극적으로 수용하는' 실사구시(實事求是)가 그것이다. 실학운동은 성리학만이 아니라 우리 전통사상의 원류로서 한민족 정신인 홍익인간과 근대의 민본주의가 결합해 나타난 사회운동이라 할 수 있다. 여러 사상이 서로 맥을 잇는 토착적 운동이다.

실학의 인간관은 유학의 성선설을 기반으로 해서 홍익인간 사상과 근대적 인간 이해가 결합해 있다. 인간은 천성이 선한 자이며 하느님 앞에서 존중받는 평등한 존재요, 자율적 인격의 주체다. 인간은 누구나 소중히 여기고 존중받아야 하며 평등하게 자신의 욕구를 충족시켜야 한다. 그러나 유교 전래 이후 조선 사회는 차별적 질서가 수립되었고 반상(班常)의 계층적 차별이 두드러져 인간존중의 전통은

---

177) 서상권, 『한국신윤리학』, 163. 참조.

크게 퇴색되었다. 또한, 인간은 물질적으로 궁핍하지 않고 인간답게 살아가야 할 현실적 존재, 즉 현실인(現實人)이다. 그러나 조선 후기는 전란과 전염병 확산으로 사회 혼란이 가속화되었고 민생안정을 이룰 수 없었다. 실학의 인간관으로 봤을 때, 실학의 윤리는 명백하다. 실학 윤리는 인간중심주의 윤리다. 실학은 개인의 주체성과 함께 인간존중과 평등을 강조한다. 그리고 실학 윤리는 현실주의의 윤리다. 인간의 현실적 삶을 중시하고 물질적 현실을 개선하여 삶의 질을 고양하는 것을 강조한다.

2.3.7.4 동학의 군자

조선왕조 말기는 지배계급의 부패와 함께 타락하고 민중은 도탄에 빠져 사회는 극도의 혼란에 처하게 되었다. 외국의 서세동점은 국가를 무방비의 파국적 위기로 내몰았다. 위정자는 물론 사회의 정신적 지주 역할을 했던 유교, 불교, 천주교조차 제 역할을 다하지 못했다. 혼란기의 민중은 어떤 기대도 희망도 걸 수 없었다. 이때 외세의 침략을 막아야 하며 부패한 정치와 사상을 개혁해야 한다는 요구가 사회 곳곳에서 분출했다. 이에 부응해서 일어난 운동이 바로 동학(東學)이다. 동학은 처음에 종교운동으로 시작해 점차 사회운동으로 확산, 동학농민혁명이 일어났다.

서학(西學)에 대항하는 종교운동으로서 동학은 1860년 최제우(崔濟愚)에 의해 시작되었다. 새로운 종교로서 동학은 복합적 종교사상을 혼합해 주조한 것이다. 동학은 혼합종교다. 최제우는 유·불·선 삼교

(三敎)의 장점을 따고 천주교의 교리까지 가미했다. 거기다 재래의 민간신앙까지 도입, 새로운 민족종교로 탄생시켰다. 동학의 근본 사상은 시천주(侍天主)다. 시천주는 '절대자이며 초월적 존재인 천주를 인간이 내재적으로 모신다'는 뜻으로 단군 사상의 하느님을 천주교의 천주로 여기고 마음에 모시고 사는 것을 말한다. 그다음 동학은 인간이 시천주 하면 '인심이 곧 천심이라는 것을 깨닫게 된다'는 인심즉천심(人心卽天心) 사상 그리고 '인간과 천신은 동일하다'고 하는 인내천(人乃天) 사상을 주장한다. 최제우는 인내천 사상에 나온 만민평등과 천인합일을 동학의 교리로 세웠고 보국안민과 지상천국의 건설을 외쳤다.[178] 그가 포교하자마자 교세는 크게 확장되었고, 교단을 조직하게 되었다. 조정(朝庭)은 최제우가 혹세무민(惑世誣民)한다는 죄목으로 그를 잡아 1864년 처형했다. 제2대 교주는 최시형(崔時亨)이다. 그는 조정의 압력에도 굴복하지 않고 비밀리에 경전 『동경대전』과 가사집 『용담유사』를 간행했고 교리의 체계화와 교세 확장에 힘썼다.

1894년 의병대장 전봉준의 주도하에 동학혁명운동이 일어났다. 전봉준은 3대 교주 손병희와 함께 관군과 일본군의 연합군에 대항해 싸웠지만 패배하였다. 동학혁명운동은 "양반사회와 관료의 부패와 외국의 침략에 대항한 최초의 제폭구민(除暴丘民)의 반봉건운동 (...) 척왜양창의(斥倭洋倡儀)의 반식민지운동 (...) 후천개벽의 농민운동"[179]으로 평가된다. 동학혁명은 사회개혁 운동으로서 군사적 측면에서

---

178) 문현상, 『인간윤리』, 133. 참조.
179) 위의 책, 134.

실패하였지만, 종교운동으로서 동학은 한민족의 고유한 전통사상으로 계승, 발전했다. 그리고 나중에 천도교로 개명해 발전했고, 일제 강점기엔 기미 항일 독립운동을 일으키는 중요한 역할을 담당했다.

동학의 인간관은 인내천(人乃天) 사상에서 여실히 드러났다. 인내천은 "인간을 하늘과 같이 여기고 사람 섬기기를 하늘과 같이 하라(사인여천) 사상"[180]과 다르지 않다. 인내천에 두 가지 내용이 있다. 하나는 "인간지상주의"[181]이다. 천심이 인심이기에 인간은 우주에서 최고 지위를 차지한다. 개인의 완전한 개성 해방을 강조한다. 다른 하나는 "인간평등주의"[182]다. 사회생활의 완전한 해방을 강조한다. 이 토대 위에서 지상천국이 이루어진다. 인내천 사상에 의한 동학 인간관이 추구하는 이상적 인간은 "군자"[183]다. 인간은 하느님과 다름없기에 천덕과 합치되도록 수련하면 군자가 될 수 있다. 인간은 본질상 도덕적 존재다. 동학의 윤리는 인내천의 윤리다. 시천주한 사람이 수양한 인간이며 곧 군자다. 군자는 "후천개벽(後天開闢)의 세계에 다시 나는 이상적 인간"[184]이다.

결론적으로, 한국 전통사상의 인간관은 인본주의적인 특징을 가진다. 그리고 다양한 종교와의 만남에서 인간관은 중첩되어 나타난

---

180) 위의 책, 135.
181) 위의 책.
182) 위의 책, 136.
183) 위의 책, 137.
184) 위의 책, 138.

다. 개국신화에서의 이상적 인간은 홍익인간이다. 유학의 인간관은 군자 혹은 성인, 불교에서의 인간관은 보살, 도교의 이상적 인간은 성인 혹은 신인 혹은 지인이다. 그리고 실학에서의 인간관은 자율적 주체자이자 현실인으로 규정된다. 동학의 이상적 인간관은 군자다. 한국 전통사상으로부터 이어받은 이상적 인간관은 홍익인간, 성인, 보살, 신인, 현실인, 군자가 종합화되었다. 천성을 부여받은 한국인의 인성은 선한 존재다. 한국의 전통윤리는 여러 종교가 융합된 인본주의적 윤리로 자리매김한다.

참고문헌

가드너, E. 클린턴. 『성서적 신앙과 사회윤리』. 이희숙 역. 서울 : 종로서적, 2000.

강재륜. 『사회윤리와 이데올로기』. 서울 : 서광사, 1985.

_____. 『서양윤리사상사』. 서울 : 일신사, 1990.

고범서 외. 『기독교 윤리학 개론』. 서울 : 대한기독교출판사, 2003.

공자. 『대학』. 이동환 역해. 서울 : 현암사, 2015.

공자. 『논어』. 김형찬 역. 서울 : 현암사, 2020.

니체, 프리드리히. 『도덕의 계보학』. 홍성광 역. 고양 : 연암서가, 2017.

시르베크, 군나르·길리에, 닐스. 『서양철학사1』, 윤형식 역. 서울 : 이학사, 2016.

_____. 『서양철학사 2』. 윤형식 역. 서울 : 이학사, 2016.

김길환. 『동양윤리사상』. 서울 : 일지사, 2000.

김두헌. 『현대 인간론』. 서울 : 박영사, 1973.

남기영 외. 『인간이란 무엇인가』. 서울 : 민음사, 1997.

노자. 『도덕경』. 오강남 역. 서울 : 현암사, 2010.

맹자. 『맹자』. 나준식 역. 고양 : 새벽이슬, 2010.

문현상. 『인간윤리』. 서울 : 동문사, 2005.

서상권. 『한국신윤리학』. 대구 : 보문출판사, 1989.

서양근대철학회 엮음. 『서양근대윤리학』. 파주 : 창비, 2010.

쉘러, M. 『윤리학에 있어서 형식주의와 실질적 가치윤리학』. 이을상·금교영 역. 서울
    : 서광사, 1998.

쇼펜하우어, 아르투어. 『쇼펜하우어의 행복론과 인생론』. 홍성광 역. 서울 : 을유문
    화사, 2013.

슈퇴릭히, H.J. 『서양철학사 하권』. 임석진 역. 왜관 : 분도출판사, 1985.

아리스토텔레스. 『니코마코스윤리학』. 최명관 역. 서울 : 서광사, 1991.

_____. 『정치학』. 라종일 역. 서울 : 올재, 2015.

유동식. 『소금 유동식 전집 제7권 : 풍류신학 Ⅰ』. 서울 : 한들출판사, 2009.

이상익. 『본성과 본능』. 서울 : 서강대학교출판부, 2016.

이서행. 『한국윤리문화사』. 성남 : 한국학중앙연구원출판부, 2011.

이용곤. 『동양철학개론』. 서울 : 흥학문화사, 1994.

이희수. 『이희수의 이슬람』. 파주 : 청아출판사, 2021.

엘룰, 자크. 『원함과 행함』. 양명수 역. 서울 : 전망사, 1990.

자사. 『중용』. 이동환 역해. 서울 : 현암사, 2016.

장현근. 『관념의 변천사』. 파주 : 한길사, 2016.

장대년. 『중국윤리사상연구』. 서울 : 소명출판, 2012.

최재희. 『서양윤리사상사』. 서울 : 서울대학교출판부, 1992.

칸트, 임마누엘. 『윤리형이상학 정초』. 백종현 역. 파주 : 아카넷, 2018.

큉, 한스. 『유대교』. 이신건·이응봉·박영식 역. 서울 : 도서출판 시와진실, 2015.

편상범. 『윤리학』. 서울 : 민음인, 2015.

한국칸트학회. 『칸트와 윤리학』. 서울 : 민음사, 1996.

한정석. 『칸트철학의 인간학적 지평』. 서울 : 경문사, 1975.

회페, 오트프리트. 『윤리학 사전』. 임홍빈 외 역. 서울 : 도서출판 예경, 1998.

3부

사회사상과 윤리

사회사상은 사회의 다양한 영역, 구조와 그것의 기능 분화와의 연관에서 나오는 것이다. 그러기에 사회사상을 이해하려면, 우선 사회과학적 이해가 필요하다. 사회과학적 이해는 사회적 현실 전반을 파악하는 일이다. 사회적 현실을 알려면, 사회의 사실에 대한 과학적 판단을 전제한다. 과학적 판단은 사회이론에 관한 것이다. 사회이론에 관해서는 지성적 작업이 수행된다. 그다음에는 사회과학의 실천 학문의 성격을 띠는 사회윤리학이 요구된다. 사회사상은 사회과학과 사회윤리학에서 전모가 드러난다. 그런 측면에서 사회사상은 윤리와도 밀접한 관계가 있다.

3.1 사회사상이란 무엇인가

사회사상(社會思想, social thought)은 "전체 사회 구조로서의 사회 체제 내지 사회제도의 바람직한 모습에 관한 체계적인 사상"[1]으로 정의된다. 이렇게 사전적 의미로 비춰보게 되면, 사회사상이 무엇을 뜻하는지는 명확하지 않지만, 어느 정도 가늠할 수 있다. 인류는 무 생물인 모래 알갱이처럼 그저 낱개로 섞여 있지 않고 다른 사람과 어 울려 관계하는 유기체적 사회를 이루어왔다. 현생인류(homo sapiens) 의 일차적 특징은 다른 고등동물과 달리 같은 종족끼리 무리를 지어 동일한 패턴의 생활 과정과 경험을 가지고 살아온 것이다. 인간의 사 회활동은 자연적이지 않고 다분히 작위적이다. 한마디로 인류는 인 간 사회를 형성하면서 그 안에서 공동생활의 지혜를 터득하고 살았 다. 그 공동생활의 지혜가 일종의 사회사상으로 집약돼 나왔다고 할 수 있다. 사회사상은 인간의 창작물이고 전적으로 인간의 소산이다.

물론, 사회사상은 인간 개인의 산물이다. 그러나 아무리 한 개인 이 하나의 사상을 남겼다 하더라도 그것은 개인의 것이 아니다. 다른 사람들과의 사회적 행위의 축적 경험을 바탕으로 나온 것이기에 개 인의 산물로만 축소해서 사회사상을 이해할 수 없다. 사상(思想)은 사

---

1) "사회사상", 「두산백과」.
https://terms.naver.com/entry.naver?docId=1108211&cid=40942&categoryId=
31614

람이 가지는 일시적 착상이나 생각이 아닌 '논리적 정합성을 가진 통일된 판단체계'나 '종합적 사유체계'이다. 특히 사회사상은 사회에 대한 통일되고 수미일관한 판단체계라 할 수 있다. 사회사상은 인간의 정신에서 나와 생겨난 사유의 결과물이다. 인간, 사회, 세계에 관한 판단을 종합해서 체계적으로 결합해 나온 내용이다. 단적으로 사회사상은 인간 이성 작용의 결과다. 인간 사회의 바람직한 모습을 기대하고 세운 체계적인 생각이다.

인류사 이래로 인간은 집단을 이루고 사회생활을 해왔다. 사회생활은 인간에게 불가피한 것이다. 인간이 사회생활을 하며 살다 보면, 인간 간 조화와 화합으로 항상 순조롭고 행복한 상태로 가지만은 않는다. 공공선이 이루어지지 않을 때도 있다. 사회에 대립과 갈등이 존재하기 때문이다. 공공선이 이뤄지지 않을 때, 인류는 어떻게 하면 더 좋은 사회에서 살 수 있을까 고민했을 것이다. 어느 사상가가 그런 이상적이고 바람직한 사회상을 고안해 낸 것이 사회사상이라 할 수 있다. 사회사상은 역사 속에서 사회가 유지되고 발전하면서 나온 아이디어다. 또 그것으로 사회체제가 만들어지고 그에 따라 사회제도와 정책이 마련되는 것이다. 그것이 실제로 사회 속에서 구현되기도 했다. 사회사상은 과거는 물론 오늘날에도 인간의 사고와 삶에 지대한 영향을 미치고 있다. 인간은 또 그런 사회사상으로 영향을 받고 새로운 사회사상의 형성에 영향을 주곤 한다. 새로운 사회사상으로 인해 사회는 새롭게 변화할 수 있다.

사회사상은 한마디로 말해 '바람직한 사회 모습을 그리고 그것의 구현방법 및 운영 방식에 대한 체계적이고 합리적인 생각의 틀'로 정의된다. 그런 사회사상으로 일정한 사회체계는 수립되고, 사회집단이나 사회조직 그리고 사회제도가 갖추어지는 것이다. 이렇게 확정적으로 개념 정의가 이뤄지지 않았을지라도 사회사상은 일반적으로 다음과 같은 5가지 특징을 가지게 마련이다.[2]

첫째, 사회사상은 사회적이다. 사회사상은 사회에 지속적으로 영향을 미치는 일관적 사고의 틀이다. 사람들의 사회적 관계나 행동에 막대한 영향을 미친다. 개개의 사회현상 모두를 반영한다. 사회사상으로 살아가는 사회인들은 그런 사상의 틀을 공유하고 사고하면서 사회적 행위를 한다. 사회사상은 사람들의 사회심리를 일정하게 움직이게 하고 사회의식을 지배하며 집단적 사회 행동을 유발하게 한다.

둘째, 사회사상은 정신적이다. 사회사상은 인간 정신의 총체적 산물이다. 구성된 사회사상 안에는 인간관, 사회관, 세계관, 가치관, 윤리관 등이 종합해서 모두 들어 있다. 사회사상에는 사회에 던져 주는 사유체계만이 아니라 사람들의 감정선과 함께 사회 행동의 지침까지 함축해 아우르고 있다. 사회사상을 알게 되면 그것으로 사회에 대한 종합 판단이 가능해진다.

셋째, 사회사상은 역사적이다. 그것은 역사로 계승되고 발전하게 된다. 사회사상은 한 번 생겨났으면 한 시대에 마감하는 게 아니다. 역사가 흘러가면서 계속 지속되는 특징을 가진다. 물론 사회사상은

---

2) 김대환, 『사회사상사』 (서울: 법문사, 1993), 16. 참조.

생성과 소멸을 반복하지만, 다른 형태로 변형되거나 변주하게 된다. 사회사상의 역사는 오래가며 그 확대 범위도 실로 작지 않다.

넷째, 사회사상은 변혁적이다. 사회사상은 사회에 대한 이론적 구성이다. 그렇다고 어떤 사회가 바람직하고 적절한지 설명하는 것으로 그치지 않고 사회를 새로운 방향으로 변화시킨다. 사회사상은 이론의 틀만 제시하지 않고 사람들에게 실천하게 만든다. 사회사상은 사회구성원에게 실천적 도구로 쓰게 한다.

다섯째, 사회사상은 선택적이다. 동일한 사회현상이 있을지라도 그것에 대해 다양한 사회사상이 제시될 수 있다. 사람은 제시되는 수많은 사회사상을 모두 취할 수 없다. 그중 한두 개를 선택하여 그런 사회사상에 따라서 사회적 행동을 한다.

이런 특징과 관련하여 사람이 사회사상을 이해하게 되면, 사회사상은 인간에게 무슨 태도와 역할을 하는지를 알게 한다. 사회사상의 역할은 실로 단편적이지 않고 상당히 포괄적인 편이다. 세 가지 측면에서 사회사상의 역할이 있다.

첫째, 사회사상은 사회를 총체적으로 이해하게 하는 틀이다. 사회에서 살아가는 사람들의 사회적 삶을 전반적으로 인식하고 비판적으로 이해할 수 있게 한다. 사회사상은 한편으로 인간이 살아가는 현재의 삶을 긍정적이든 부정적이든 규제하여 행동하게 한다. 다른 한편으로 사회사상은 미래의 삶의 좌표까지 제시하는 예시적 기능을 한다. 미래 사회의 모습까지 예측하게 한다. 그리고 사회사상은 앞으로 나갈 사회의 목표나 방향, 그것에 합당한 행위가 무엇인지 미리 알려

준다.

둘째, 사회사상은 사회구조나 집단의 역학관계 등을 설명해준다. 사회구성원의 삶이 왜 일정하게 유지되고 특정한 방식으로 구성되고 있는지, 사회의 다양한 구성요소들이 어떻게 연관되어 결합해 있는지를 설명해준다. 사회사상은 사람들의 사회적 행위 방식이나 태도를 가늠하여 이해하게 만든다. 그런 것들이 논리적이고도 합리적으로 설명이 된다.

셋째, 사회사상은 현실사회를 정당화하거나 비판적으로 보게 하는 규범적 기준을 제공한다. 사회사상을 통해 사회 현실의 모습이 해명되기도 하고 사회의 문제점이 부각되기도 한다. 사회 현실을 비판적으로 볼 뿐만 아니라 분쟁 발생 시에는 그것의 해결을 위해 도덕적 가치나 그 기준이 제시되기도 한다. 사회사상은 이렇게 당면한 사회 문제를 극복하기 위한 해결책을 제공할 뿐 아니라 더 나아가 이상사회를 실현하기 위한 미래상을 제시한다.

지금까지 사회사상의 특징과 그 역할에 대해 살펴보았다. 사회가 정상적으로 작동이 되고 바람직한 사회, 사람이 살만한 사회가 되려면 사회사상을 제대로 알아야 한다. 물론 사회사상을 알지 못해도 사람이 살아가는 데 큰 지장은 없다. 그러나 알고 사는 것과 모르고 사는 것은 큰 차이가 있다. 특히 사회 지도자급에 서 있는 사람들은 특히 더 그렇다. 현재 자신이 살아가는 사회체제가 무엇인지 모른다면, 그 체제를 형성하도록 만든 사회사상을 모른다면 자신만이 아니라 다른 사람을 불행한 삶으로 이끌고 갈 수 있다.

사람은 그릇된 사회사상에 의해 희생될 수 있다. 그런 사상으로는 사회를 더 좋은 사회로 만들어 갈 수 없다. 그런 측면에서 자기들의 사회체제 속에서 운용되는 사회사상만큼은 확실하게 숙지할 필요가 있다. 악화가 양화를 구축하지 못하도록 막을 수 있다. 독일의 사회학자 게오르그 짐멜(Georg Simmel, 1858-1918)은 사회사상의 숙지가 인간에게 얼마나 중요한지 이렇게 말했다.

> "몇몇 위대한 사상만은 정말로 자기 것으로 만들어 두어야 한다. 밝아지리라고 생각하지도 못했던 먼 곳까지 그것이 빛을 던져 주기 때문이다."[3]

3.1.1 사회사상과 인간

모든 사상은 그것을 구상하는 인간에 의해 만들어진 것이다. 사회사상은 사회와 인간의 동적 관계로부터 획득된다. 그런 동적 관계에서 나온 사회사상은 인간에게 영향을 미치고 사회사상에 걸맞은 사회를 구성하게 한다. 사회와 사회사상을 구성하는 주체는 인간이다. 사회사상의 핵심은 인간이다. 사회사상과 인간의 관계는 따로 분리해 볼 수 없다. 양자 간엔 상호 밀접한 관계에 있다.

---

3) 서울대학교 사범대학 국정도서편찬위원회, 『고등학교 윤리와 사상』 (서울: 교육인적자원부, 2005), 150.

　사회를 형성하고 그 사회를 인식하는 것은 인간이다. 인간은 구성된 사회 안에서 사회생활을 하면서 좋은 사회를 만들어 살기 원한다. 바람직한 사회라고 생각하는 나름의 사회사상을 가지고 진보하는 사회를 구성하는 일은 인간에게 주어진 과제다. 사회사상과 관련해서 인간 존재는 어떻게 이해되어야 할지 다시금 검토할 필요가 있다.

　인간은 사회적 존재다. 사회생활을 하는 인간은 사회적 이성으로써 살아간다. 사회적 이성이란 개별적 이성과 다르다. 사회 이성은 사회와 관련한 지성, 감정과 의지를 말한다. 인간은 사회 지성으로써 사회현상이나 사회집단과 조직에 대한 지식을 획득한다. 사회 지성은 사회에 관한 모든 지식과 이론에 관여한다. 객관적 사회 현실이나 사실을 알아야만 사회적 판단을 옳게 할 수 있다. 사회 감정으로 자연과 사회·문화 전반에 걸쳐 집단적 감흥이나 의식을 느끼게 된다. 사회적 의지로써는 집단과 조직의 실천적 행동을 한다. 집단과 단체 행동, 사회운동을 수행한다. 이렇게 사회적 이성, 즉 지성과 감정과 의지가 조화된 사람을 가리켜 '사회적 인격자'라고 칭할 수 있다. 사회적 인격자는 사회생활을 하면서 타인, 집단, 문화와 좋은 관계를 만들고 살아가게 된다.

　그러면 사회적 이성의 인간이 사회사상을 어떻게 구성하는지 이에 대해 살펴볼 필요가 있다. 사회사상은 두 가지 측면에서 구성되고 있다. 그것은 사실과 규범이다. 전자는 사회적 사실과 관련한 객관적 측면이고, 후자는 사회적 감정이나 의지와 관련한 주관적 측면이다. 전자는 사회과학적 인식이고 후자는 사회윤리적 인식이다. 이렇게 사실과 규범이 결합하여서 사회사상이 표출된다.

　사회에 대한 과학적 인식은 인간의 지성을 통해 이루어진다. 사회적 사실이나 현상은 지성을 통해 파악하고 이해된다. 지성을 통한 과학적 인식은 좀 더 구체적으로 말하면 사회과학적 인식이다. 이러한 인식은 매우 객관적이고 보편적이고 일반적인 성격을 띤다. 집단, 계층, 계급에 관한 인식이 그런 측면을 보여준다. 주관을 배제하면서 조사, 분석, 실험, 관찰 등 실증적 방법으로 사회적 대상을 이해한다. 매우 가치 중립적 측면이 엿보인다.

　반면에 사회에 대한 감성적, 사회윤리적 인식은 과학적 인식과 다르다. 정신에 관한 인식으로서 가치 지향적이다. 매우 주관적이고 인격적 측면을 고려한다. 예를 들어, 자본주의라는 사회사상을 가지고 생각해 보자. 자본주의는 순수 경제학적 측면에서 고찰하면, 자본가는 자본을 가지고 경제적 행위를 한다. 그는 경제적 이윤을 극대화하는 것이 목적이고 그것을 이루기 위해 경제행위를 합리화하려고 노력한다. 이렇게 바라보고 이해하려는 것이 과학적 인식이다. 그러나 그것만으로 경제행위의 인식을 다 설명했다 할 수 없다. 사회 윤리적 측면에서 바라본 자본주의의 정신도 있다. 칼빈 교도들은 자본주의 경제활동을 순수하게 이윤 극대화만을 위해서 하지 않았다. 그들은 경제행위를 통하여 자신들의 불확실한 구원을 확증하고 하나님께 영광을 돌리고자 했다. 기독교 윤리적 가치를 사회 속에서 실현하고자 하는 거룩한 의지를 표명했다.[4]

　사회사상은 우선 사회적 사실로서 사회현상, 사회집단과 사회조직에 관련한 것이 들어 있다. 하나의 사회사상이 정립되면, 사상과 관련한 새로운 체제, 집단, 조직이 마련된다. 이런 체제, 집단, 조직에 관한 사실적 내용은 객관적 사회현상이다. 다른 한편으로 사회사상은 사회적 규범과 관련한다. 그것은 다시 외적 규범과 내적 규범으로 나뉜다. 외적 규범에는 행정력이나 공권력 같은 물리적 규범과 사법적 권한 같은 법적 규범이 있고, 내적 규범에는 정신적, 심미적, 윤리적 구속력 같은 규범이 있다.[5]

이처럼 사회사상은 인간을 주체로 한 그의 이성적 작용에서 나온 생산 활동의 결과다. 그렇다고 사회사상이 오로지 인간 정신으로부터만 나온 것이라고 하기엔 무리가 있다. 사회사상은 사회의 소산물이기도 하다. 그러나 사회사상은 인간, 어느 특출한 사상가가 나와 사상을 창조적으로 생산해 내었다. 분명한 것은 어떤 사회사상도 형성과정과 실현과정에서 인간을 떼어 놓을 수 없고 또 배제할 수도 없다. 사회사상을 생산한 사상가는 인간이다. 인간은 사회사상과 떨어질 수 없고 사회사상에 구속되고 그 영향을 받으며 살고 있다.

---

4) 막스 베버, 『프로테스탄티즘의 윤리와 자본주의 정신』, 박성수 역 (서울: 문예출판사, 1988). 참조.
5) 김대환, 『사회사상사』, 35. 참조.

3.1.2 사회사상과 사회

사회사상은 인간의 산물인 동시에 사회에서 나온 산물이기도 하다. 양면성의 성격을 띠는 것이다. 특히 사회사상은 사회에서 나온다는 점을 여기서 살펴볼 것이다. 그러한 측면에서 사상이 사회와 깊은 관련을 맺는다는 것을 익히 알 수 있다. 사회사상은 사회 속, 즉 역사적이고 사회적 조건에서 생활하는 사람들의 생활과 그 과정에서 공통으로 보고, 듣고, 느낀 것을 집약해 나온 것이다. 사회사상과 사회는 역사 속에서 끊임없이 양자 간에 상호작용을 일으키는 동적 관계에서 발전하는 것이다. 인류 역사를 보더라도, 다양한 사회사상이 끊임없이 속출했다. 사회가 사상을 만들기도 하고 사회를 변혁하기도 했다.

사회사상은 본래 독일 관념론자 헤겔의 철학에 의하면 인간 정신의 산물이었다. 헤겔은 그의 『정신현상학』에서 절대자 이성의 존재 형식을 셋으로 분류했다. 그것을 변증법적 발전 법칙으로 이해하였다. 그에게 이성이란 이념, 자연, 정신이다. 이념은 논리학의 최종 단계에서 주어진 것이다. 그 이념이 밖으로 나오면 자연이 된다. 이념과 자연이 종합하면 정신이 된다. 헤겔은 정신을 다시 세 형태로 나눴다. 그것은 주관적 정신, 객관적 정신, 절대적 정신이다. 주관적 정신은 개인의 정신으로 육체적 본능으로부터 자유한 정신이다. 객관적 정신은 일종의 사회적 정신을 말한다. 이 정신은 법에서 출발하여 도덕과 인륜으로 나가고, 최종 단계엔 국가에 이르게 된다.[6] 이렇게 보면, 헤겔이 생각하는 사회사상은 말할 것도 없이 정신의 산물에 불과했다. 그의 사회사상은 인간만 관계하였지 사회의 사실적 현실에서 나오지 않았다.

마르크스는 헤겔의 생각을 180도 뒤집어서 다르게 생각했다.[7] 그는 인간의 의식이나 사상이 정신이 아닌 물질적 생산 과정, 즉 실제적 사회 상황에서 규정되는 것으로 이해했다. 그는 정치적, 법률적, 정신적인 것을 가리켜 상부구조라 했다. 상부구조를 그 자체에서 나오는 것이 아닌 경제적 생산력과 생산 관계의 모순인 하부구조에 의해 규정되는 것으로 이해했다. 상부구조는 하부구조에 의해 규정되는 것에 불과했다. 즉, 정신은 물질에 의해서 규정되는 것이다. 바꿔 말하면, 사회사상은 인간 정신으로부터 나오는 것이 아니라 사회적 조건에서 결정되는 것이다. 사회가 사회사상을 낳는 것이 되었고 실제로 사회사상을 바꿨다. 마르크스의 사상은 순전히 물질적 조건과 기초와 결부한 사회구조에서 나왔다. 사회가 인간의 의식이나 사상을 규정하는 것이지 의식이나 사상이 사회를 규정하지 않는다는 것이다.

마르크스가 주장한 '상부구조와 하부구조' 사회 법칙을 기본적으로 인정하면서도 그것을 비판적으로 수용하였던 독일 사회학자가 막스 베버(Max Weber)다. 그는 상·하부 구조론이 불변하는 사회 법칙이 될 수 없고, 문화 현상의 생성, 발전의 부분적인 측면만 설명하고 있다는 점을 확실히 했다. 즉, 사회 경제적 토대가 사회사상을 형성

---

6) 문현상, 『인간윤리』 (서울: 동문사, 2005), 84. 참조.
7) 김대환, 『사회사상사』, 26. 참조.

하는 전부가 될 수 없다는 점을 명백하게 짚어낸 것이다. 정신적 토대 역시 사회사상 형성에 중요하게 기여한다는 것이다. 일례로 하나의 사회계층으로서 종교집단은 그들의 공통된 생활양식과 밀접하게 연결된 나름의 윤리적 정신을 갖고 있다. 이 정신이 사상의 바탕이 되는 것이다. 정신과 사회는 배타적 관계가 아니라 상호관계 속에서 작동하는 것이다. 베버는 그의 책 『프로테스탄티즘의 윤리와 자본주의 정신』(1904-5)에서 종교사상이 사회에 영향을 미치고, 마찬가지로 사회 역시 종교에 강력하게 영향을 미치는 점을 규명하고자 했다. 사회사상과 사회는 일면적이거나 일방적인 관계에 있지 않고 상호관계적이다.

칼 만하임은 지식사회학을 통해 인간의 사상이 그가 속해 있는 사회집단에 의해 전적으로 구속받는 것을 밝혔고, 그 때문에 사상적 편파성을 띠기 쉽다는 것을 간파했다. 사상이 사회로부터 사상의 성격을 규정받는 것이다. 지식사회학적 관점에서 사회사상과 사회의 관계는 새로운 이해 차원으로 발전하게 된다. 그래서 만하임은 "사고의 존재 구속성"[8]이란 개념을 사용했다. 모든 사상은 사회적 존재, 즉 계급에 속한 자에게 좌우되는 성격을 띠게 된다. 자본가는 자본가로서의 존재 의식을 갖기 마련이다. 마찬가지로 노동자는 노동자로서의 존재 의식을 갖는다. 그러기 때문에 자본가와 노동자는 서로 다른 이해관계에 있다. 각기 상대 계급을 향해 적대적 태도나 자세를

---

8) 위의 책, 27.

취하게 된다. 사회사상은 사회적 존재가 처한 조건과 상황에 따라 자기 입장에 서서 다른 사회적 존재를 달리 이해하게 하는 특징을 갖고 있다. 사회사상은 사회로부터 규정되기에 사회사상과 사회의 관계는 불가분의 관계에 있다.

3.1.3 사회사상과 윤리

사회사상은 사회의 다양한 영역, 구조와 그것의 기능 분화와의 연관에서 나오는 것이다. 그러기에 사회사상을 이해하려면, 우선 사회과학적 이해가 필요하다. 사회과학적 이해는 사회적 현실 전반을 파악하는 일이다. 사회적 현실을 알려면, 사회의 사실에 대한 과학적 판단을 전제한다. 과학적 판단은 사회이론에 관한 것이다. 사회이론에 관해서는 지성적 작업이 수행된다. 그다음에는 사회과학의 실천 학문의 성격을 띠는 사회윤리학이 요구된다. 사회사상은 사회과학과 사회윤리학에서 전모가 드러난다. 그런 측면에서 사회사상은 윤리와도 밀접한 관계가 있다.

사회에는 다양한 영역이 있다. 예컨대, 정치, 경제, 법, 교육, 도덕, 예술, 종교 등이다. 이들 영역 각각은 사회과학적 이해를 요청한다. 이들 영역은 각기 고유한 집단과 조직을 가진다. 그래서 광의의 사회학 범주에는 정치사회학, 경제사회학, 법사회학, 교육사회학, 도덕사회학, 예술사회학, 종교사회학 등 사회과학의 제 분과학문이 있다.

사회사상은 성격상 학제적 연구(interdisciplinary approach)가 필요하다. 사회사상은 순수 이론적 연구만 있어서는 안 된다. 시대 속에서 분출하는 사회문제 연구도 요청된다. 어느 시대건 특유의 시대 문제인 사회문제가 있다. 사회문제는 종교상의 갈등, 정치상의 갈등, 경제적인 위기, 계층이나 계급 갈등, 사회적 혼란 등에서 파생된다. 이러한 사회문제를 사이에 두고 이를 극복하기 위하여 시대 특유의 사회사상은 잉태된다. 사회문제를 해결하려는 노력이 사회사상에 들어 있다. 사회사상을 바로 이해하려면, 그런 사회문제를 간과하지 말아야 한다.

시대 속 고유한 집단과 조직의 구조적 문제는 무엇인가, 당면한 사회문제에 들어 있는 심각한 모순과 폐단을 어떻게 제거할 수 있을 것인가, 그런 사회문제가 제거된 이상적 사회는 어떻게 도래할 것인가, 이를 위해 있을 구체적 실천 행동은 무엇인가 등을 모색하는 가운데 사회사상 역시 나오는 것이다. 사회사상에는 실천적 행동 방안이 들어 있다. 그 실천적 행동 양상은 투쟁, 운동 등의 방법으로 나타난다. 이런 방식이 사회윤리적 행동이다. 그러므로 사회사상은 이런 행동 양식에 따라 다양한 형태로 분화된다. 개량이냐 혁명이냐, 보수냐 진보냐로 결정된다.

사회사상과 관련한 윤리의 성격은 당연히 사회 윤리적이다. 사회윤리의 주체는 사회적 존재다. 사회적 인간의 행동은 사회 윤리적 실천(social-ethical praxis)이다. 사회사상은 드러나건 안 드러나건 실천과 직접적, 간접적 연관성을 맺고 있다. 사회적 실천을 하기 위해서는 여러 측면의 합리성(合理性, rationality)이 고려되어야 한다. 그것은 목적 합리성, 가치 합리성 그리고 책임 합리성이다. 사람이 어떤 목적에서 목적 성취의 관심을 가지고 그에 따라 합리적으로 행동하는 것이 목적 합리성이다. 반면에 결과를 고려하지 않고 순전히 철학적, 종교적 가치에 관심을 두고 합리적으로 행동하려는 것이 가치 합리성이다. 책임 합리성은 시대 적합성과 경험 적합성이란 두 측면에서 정치와 같은 공적 영역에서 책임을 갖고 합리적으로 행동하려는 것을 말한다. 책임 합리성은 특히 사회적 책임을 강조한다.

이러한 여러 합리성에 따라 다양한 윤리가 산출되기도 한다. 예컨대, 목적 합리성의 방향으로 선 사회윤리는 공리주의나 실용주의 같은 윤리다. 기술적이고 과학화된 사회가 대체로 이런 목적 합리성을 추구하면서 실천한다. 가치 합리성의 방향을 추구하는 사회윤리는 칸트의 평화윤리나 한스 큉의 세계윤리 같은 것이고, 책임 합리성의 방향에서 추구하는 사회윤리는 막스 베버나 한스 요나스의 책임 윤리 같은 것들을 들 수 있다.

사회사상은 사회윤리와 깊은 관련이 있다. 우리가 사회사상을 공부하는 이유는 궁극적으로는 사회 윤리적 실천을 하는 데 있다. 이론적 지식의 충족에 있지 않고 사회적 실천 노력을 하는 데 있다. 사회 윤리적 실천은 개인적 측면에서 하는 것도 있지만, 집단적 측면에서 이루어지는 여러 가지 사회운동까지 포함한다.

3.1.4 사회사상과 사회운동

    사회운동(社會運動, social movement)은 "기존의 사회구조를 변혁시키고 제도를 변화시키기 위해 시민 또는 대중이 자발적으로 참여하는 다양한 행동들"[9]로 정의된다. 사회운동의 논리적 기반은 사회사상이다. 사회사상으로부터 다양한 사회운동이 산출된다. 사회운동은 일정한 사회사상 아래 사회변화를 꾀하려는 집단적 행동과 다르지 않다. 사회운동은 사회사상과 같이 인간의 산물이다. 인간 의지에 종속되는 것이다. 곧, 사회운동은 집단의 자발적 행동이고 집단의지의 표명이다.

    사회운동은 다음과 같은 특징이 있다. 첫째, 이념적 목표가 분명하다. 사회운동엔 사회적 보편적 가치가 있다. 자유, 사랑, 평등, 정의, 평화, 생태계 보호 등 이념으로써 사회운동은 결집되고 확산하여 소기의 목적을 달성한다. 이런 이념이 없이 대중의 지지를 얻는 사회운동이 가능하지 않다. 둘째, 조직적 활동을 지속한다. 사회운동은 조직 없이 불가능하다. 조직적 활동이 있기에 운동을 위해 지지자를 모으고 지속적 활동을 계속할 수 있다. 조직 활동으로서 사회운동은 참여자의 실익을 실현하는 것에 목적이 있다. 셋째, 제도권 내 사회제도를 변화시킨다. 사회운동을 통하여 사회제도가 바뀌는 경우가 많다. 사회제도의 변화는 사회변동을 일으키거나 그것을 저지하기도

---

9) "사회운동", 「나무위키」.
https://namu.wiki/w/%EC%82%AC%ED%9A%8C%20%EC%9A%B4%EB%8F%99

한다.

사회운동은 사회에 여러 형태의 운동으로 나타났다. 크게는 정치운동, 경제운동, 사상운동, 문화운동 등 다수의 운동이 있다. 좁게는 선거운동, 민주화운동, 반전운동, 이념운동, 협동조합운동, 소비운동, 여성운동, 학생운동, 종교운동, 환경운동 등 여러 형태의 운동이 일어났다. 오늘날과 같은 글로벌 사회에 와서는 사회운동이 국가나 민족의 테두리를 넘어서 전 세계로 확산하는 경향이 상당히 농후해졌다. 사회운동이 국제적 운동의 양상으로 번졌다. 예컨대 자유주의 운동, 사회주의 운동, 민족주의 운동, 여성 해방운동 등이 그렇다.

사회운동이 사상적으로 본격화된 시기는 근대에 들어서면서부터다. 근대 이전에 사회문제 해결을 위해서 펼친 것은 국제 전쟁뿐이었다. 그러나 국가 간의 전쟁은 사회운동의 범주에 들지 않는 범죄행위다. 그러기 때문에 침략전쟁은 이유 여하를 막론하고 거부되거나 부정되어야 한다. 근대 이후 사회는 전통사회에서 현대사회로 변화되었고 그에 따른 사회변동이 격화되었다. 사회변동에는 각종 사회운동이 뒷받침되었다. 서구사회가 근대화를 이루고, 범세계적으로 근대화는 확산했다. 근대화는 사회사상이 폭발적으로 증가하도록 한 계기를 만들었다. 서구사회에는 17세기 이후부터 근대 사회사상이 폭발했다. 전근대사회에서도 사회사상의 싹을 찾을 수 있지만, 일정한 이념체계를 갖추고 항구적인 조직 운동으로 전개하기 시작한 것은 민주사회 혹은 산업사회로 진입하면서부터다.

우리나라의 경우는 해방정국 시기 이후에 전통사회가 해체되고 자본주의 사회로 발전하는 과정에서 대내적 모순과 외세침략이 빚어낸 사회문제를 해결하기 위해 많은 사회운동이 일어났고 사회발전을 거듭했다.

3.2 이데올로기란 무엇인가?

3.2.1 이데올로기의 개념

이데올로기(ideology, Ideologie)란 말은 인간·자연·사회에 대해 가지는 현실적이며 이념적인 의식의 제 형태를 뜻한다. 데스뛰 드 트라시(Destutt de Tracy, 1754-1836)가 이 용어를 1796년 처음 사용했다.[10] 이데올로기는 이념(idea)과 과학(logik)의 합성어다. '이념'은 사회현상에 대한 관념적 인식과 그 이상(ideal)을 의미한다. 반면에 '과학'은 현상에 대한 사실적이고 경험적인 인식, 즉 과학적 인식과 관련된다. 이데올로기는 '이념과학'이라 할 수 있다.

데스뛰 드 트라시는 이 용어를 그 시대에 불신을 받는 형이상학과 구별하기 위한 대체용어로 썼다. 그는 사회이념 같은 추상 관념을 형이상학이 아닌 과학적 인식 방법으로 다룬다는 것을 강하게 표현했다. 이것이 이데올로기에서 첫 번째 사용된 의미다.

두 번째 의미는 모오리스 바레(Maurice Barres)가 사용한 것으로 이데올로기는 "이념을 다루고 평가하는 기술"[11]이었다. 이데올로기를 기술적으로 사용한다는 것을 말한다.

---

10) M. 크랜스톤 외, 『이데올로기의 이해』, 이재석 역 (서울: 민족문화사, 1985), 7. 참조.
11) 위의 책, 12.

세 번째 의미는 이데올로기가 정치적으로 사용된다는 점이다. 루이 알튀쎄(Louis Althusser)는 정치적 의미가 다분히 든 이데올로기를 파악했다. 그에게 "이데올로기는 주어진 한 사회에 둘러싸여 역사적 존재와 역할이 부여된 상징(이미지, 신화, 관념 또는 경우에 따라서는 개념)의 체계"[12]였다. 그는 이데올로기를 사회적 존재가 행동하는 기제로서의 개념 체계로 보았다. 그에게 이데올로기는 사회적 행동의 기능이다.

루이 알튀쎄가 정의했던 '상징체계로서 이데올로기'는 이데올로기의 특징이 무엇인지 분명하게 알려준다. 첫째, 이데올로기는 일차적으로 중립적 의미로 쓰인다. 이데올로기 개념 자체가 이미 왜곡되었다거나 임의로 선택된 주관적 관점이라는 평가는 매우 일방적이고 편파적이다. 이데올로기는 세계관(Weltanschauung)과 같이 중립적 의미를 준다.[13] 사람들은 무차별적으로 이데올로기에다 유사, 허위, 기만이란 부정적 수식어를 가져다 붙이는 경향을 보인다. 이런 식으로 이데올로기를 사용하는 것은 매우 부적절한 처사다. 그렇게 이데올로기를 이해하면, 그것의 본래적 의미를 제대로 보지 못한다. 둘째, 이데올로기는 사회적 행동과 긴밀하게 연결해 준다. 줄리앙 프렁(Julien Freund)도 이데올로기를 인식의 사고가 아닌 행동의 사고라고까지 表現했다.[14] 그 역시 이데올로기가 이론적 기능보다는 실천

---

12) 위의 책, 13.
13) 위의 책, 14. 참조.
14) 위의 책, 15. 참조.

적 기능이 더 앞선다는 것을 강조했다. 이데올로기는 정치적이거나 사회적인 행동을 결정한다. 줄리앙 프렁은 이데올로기가 대체로 '참된 의견'으로서 긍정적 역할을 한다는 것을 덧붙였다.[15]

이데올로기라는 용어는 중립적 의미를 지닌 것으로 출발했을지라도 역사적으로 본의 아니게 다른 의미로 다양하게 전이되어 사용되곤 했다. 이런 측면을 세 가지로 나누어서 고찰할 수 있다. 나폴레옹과 이데올로기, 마르크스의 이데올로기, 지식사회학의 이데올로기가 그것이다.

첫째, 나폴레옹과 이데올로기의 관계다. 트라시의 이데올로기 개념은 사상적으로 1789년에 일어난 프랑스 혁명에 지대한 영향을 주었다. 그는 이데올로기를 통한 혁명적 변화를 지지하는 공화제의 원리를 제공했으며 정치 규범의 목표를 제시했다. 1799년 쿠데타에 성공한 나폴레옹은 자신의 전제정(專制政) 야망에 긍정적이었던 트라시의 아이디어가 걸림돌이 되자마자 곧바로 트라시와 그의 동료를 불신하기 시작했다. 나폴레옹은 이데올로기가 허구이고 정치적 실체와 유리된 사변적 교의일 뿐이라고 매도하기 시작했다. 또 그들을 싸잡아 형이상학의 도당으로 몰고서 조롱하며 비난했다.[16] 러시아 원정에서 패하자 그는 국가와 법질서를 침해한 책임을 그들에게 전가했다. 이렇게 이데올로기는 나폴레옹이 반대자를 무력화하고 정치적 야망을 유지하는 정치적 무기로 둔갑했다.[17] 그때부터 이데올로기는

---

15) 위의 책, 16. 참조.
16) 노병철·변종헌·임상수, 『현대사회와 이데올로기』(고양: 인간사랑, 2000), 17. 참조.

이념의 과학이 아닌 추상적이고 가공적 이념 그 자체가 되었고 조소
와 경멸의 대상으로 변질됐다.

둘째, 마르크스(K. Marx)의 이데올로기론이다. 이데올로기 개념
역사에서 마르크스는 그 중심적 위치를 점한다. 루섹(Roucek)은 이
데올로기에 부여한 나폴레옹의 경멸적 의미가 마르크스에 의하여 더
강화되었다고 평가했다.[18] 마르크스와 프리드리히 엥겔스의 초기 공
동저작인 『독일 이데올로기』(1845-1846)에서 마르크스는 포이에르
바하(L. Feuerbach)·바우어(B. Bauer)·슈티르너(M. Stirner) 같은 청년
헤겔학파(Junghegelianer)의 견해를 비판했다. 마르크스는 19세기 초
독일의 정치 상황을 반영한 그들의 사상을 트라시의 교의와 유사한
것으로 간주하면서 '독일 이데올로기'로 규정했다. 그들은 사고, 이
념 등 의식의 모든 산물이 사회생활과 변동의 다른 요소들과 독립적
으로 형성된다고 믿었고, 실체 자체를 변화시킬 수 있다는 환상도 가
졌다. 그런 측면에서 보면, 그들이 가진 사고 자체는 이데올로기적인
것이다. 그들의 이데올로기 구성은 "관념의 발전이 다른 요소들, 특히
사회생활을 결정해 주는 경제적 또는 물질적 요인에 무관하게 실현
된다는 신념이나 환상"[19]이다. 이때 마르크스는 정신이 역사에서 최
고의 권능이라 믿는 것을 가리켜 '이데올로기'라 했다. 그 때문에 이
데올로기는 역사를 왜곡하고, 헤겔 철학의 유산을 받아 허위적인 것

---

17) 위의 책. 참조.
18) M. 크랜스톤 외, 『이데올로기의 이해』, 18. 참조.
19) 위의 책, 21.

이 되고 만 것이다.

엥겔스도 메링(Franz Mehring)에게 쓴 편지에서 이데올로기를 다음과 같이 정의하였다. "이데올로기는 자칭 사상가가 의식으로, 그러나 허위의식으로(mit einem falschen Bewusstsein) 실행하는 과정이다."[20] 마르크스와 엥겔스는 이데올로기가 역사에서 왜곡된 해석을 하게 했다고 평가했다. 그 때문에 이데올로기 개념은 '왜곡', '환상', '허위의식'과 분리될 수가 없다.

이렇게 마르크스와 엥겔스는 『독일 이데올로기』에서 이데올로기의 허위와 환상을 폭로하였고, 그때 도입한 방법이 독일 이상주의에 대립하는 사적 유물론 개념이었다. 그러나 마르크스와 엥겔스는 사적 유물론을 도입하면서 그들 자신이 부정적인 의미로 비판했던 이데올로기 개념을 긍정적으로 사용하였다. 그들은 모두 이데올로기가 인간의 삶과 사회변동에서 필수불가결한 기능을 수행한다는 것을 의식적으로 공감했다.[21] 엥겔스와 편지를 주고받았던 메링은 그가 쓴 글에서 "마르크스와 엥겔스가 그들이 사적 유물론의 개념으로 명약관화한 숙명론을 격찬하였고, 인류의 역사발전에서 모든 이상적 요소를 추구하였다는 것은 확실하다.[22]"는 말을 남겼다. 마르크스 자신도 포이에르바하의 테제에서 이상주의의 활발한 측면을 내놓기를 꺼리지 않았다. 또한, 그는 자신의 책 어느 곳에서도 이데올로기를 비

---

20) 위의 책. 부분 재인용
21) 위의 책, 18. 참조.
22) 위의 책, 25. 부분 재인용.

난한다거나 반박하지 않았다. 마르크스의 사상적 핵심인 '사적 유물론'은 그 자체가 이데올로기다. 이론적 지식인 동시에 실천적 무기로 쓰였다. 그의 이데올로기는 부르주아 사회를 전복하고 계급 없는 사회에서 사회적 인간으로 변화시키는 혁명의 도구였다.[23] 이처럼 이데올로기는 사회적 행동을 위한 강력한 도구다.

셋째, 지식사회학의 관점에서의 이데올로기론이다. 지식사회학의 창시자 칼 만하임은 이데올로기 개념에다 지식사회학이란 학문을 결합해 이데올로기 문제를 새로운 이해 차원으로 이끌고 연구했다. 이데올로기 이론이 지식사회학이란 학문적 연구방법론으로 바뀌었다. 만하임은 지식사회학의 관점에서 이데올로기론을 분석하고 그것이 가진 의미를 추출했다. 지식사회학(Wissenssoziologie)은 "인식 주체인 인간을 사회적인 생활 조건에 의해서 구속되는 사회적 존재로 파악하는 인식론적 입장"[24]을 가진다. 지식사회학의 기본 명제는 "사유의 존재 구속성"[25]이다. 그 명제의 뜻은 인간의 사유가 그가 속한 사회적인 존재 양식에 의해 제약되는 것을 말한다. 마르크스는 프롤레타리아의 계급의식을 말했다. 그러한 계급의식은 프롤레타리아의 존재 양식에 의해 제약된 것에 불과하다. 만일 마르크스가 이데올로기를 허위의식으로 규정하고 부르주아 계급의식을 그렇게 규정했다면, 프롤레타리아의 계급의식 역시 이데올로기로서 그것도 허위의식으

---

23) 위의 책.
24) 노병철·변종헌·임상수, 『현대사회와 이데올로기』, 32.
25) 위의 책.

로 규정되고 만다.

만하임은 이데올로기를 두 개념으로 나눈다. 부분적 이데올로기와 전체적 이데올로기다. 전자는 "상대방이 지니고 있는 일정한 이념이나 관념을 믿지 않으려는 경우에 사용하는 개념"[26]이다. 이런 경우의 이데올로기는 대체로 의식적인 속임이나 거짓말로 간주된다. 반면에 전체적 이데올로기는 한 사회집단이나 한 시대의 의식구조의 특성과 구성에 관해 사용하는 개념이다.[27] 이 개념은 사회학적 관점에서 치밀하게 분석되고 날카로운 비판의 메스를 가한다.

이렇게 분류하고 마르크스의 이데올로기론을 분석하면, 마르크스의 이데올로기는 전체적 이데올로기 개념을 특수하게 정식화한 것에 불과한 것이 된다. 곧, 상대방의 이념 분석에만 관심을 가졌을 뿐 자신의 이념 분석에는 관심을 가지지 않았다는 것을 의미한다. 마르크스가 부르주아 계급의식이 허위의식이라는 것에 관심을 가졌다면, 그는 똑같이 프롤레타리아의 계급의식 역시 허위의식이 있다는 것을 간파했어야만 했다. 그는 이데올로기 개념을 부르주아 계급에 적용하고 프롤레타리아 계급에는 적용하지 않았다.

만하임의 지식사회학은 이데올로기 연구에서 큰 획을 그었고 업적을 남겼다. 그의 연구 결과는 모든 사회집단의 의식은 사회구조의 영향을 받는다는 것이고 그 때문에 이데올로기적인 성격을 띠지 않을 수 없다는 점에서 핵심을 이룬다. 모든 사회이론과 사회사상은 언

---

26) 위의 책.
27) 위의 책, 33.

제나 한 사회집단의 특수한 관점의 표현일 뿐이다. 그러기에 상대적
지식에 불과하며 불완전한 지식에 불과한 것이다. 사회적인 인식은
성격상 왜곡과 과오의 연속이 아닐 수 없다. 마르크스주의 역시 하나
의 사회사상으로서 그것 역시 이데올로기적인 성격에서 결코 예외가
될 수 없다.[28]

3.2.2 이데올로기와 유토피아

만하임은 그의 책 『이데올로기와 유토피아』(1929)에서 이데올로
기와 유토피아의 개념을 지식사회학의 방법으로 다뤘다. 그는 인간
이 무엇인가 고찰했다. 인간을 "원초적으로 역사와 사회 속에서 생
활하는 존재"[29]라고 정의했다. 그가 인간을 존재라고 했을 때, 그 존
재는 존재 일반이 아닌 구체적인 현존이다. 그러니까 인간은 구체적
인 역사 속에서 살아가는 사회적 존재라는 것을 말한다. 더 자세히
말하면, 인간은 "존재 초월적인, 따라서 비현실적이라고 부를 수 있
는 표상으로 감싸여 있어서 구체적으로 스스로 힘을 펴나가는 생활
질서"[30]의 존재다.

인간은 존재 초월적이거나 비현실적 관념형태로서 두 가지, 즉 이

---

28) 위의 책, 34-35. 참조.
29) 칼 만하임, 『이데올로기와 유토피아』, 임석진 역 (서울: 지학사, 1979), 258.
30) 위의 책, 259.

데올로기와 유토피아에 상응하고 일치시키고 사는 존재라 할 수 있다. 이데올로기는 현실의 질서를 은폐하는 역할을 하고, 유토피아는 현실을 자기의 관념에 맞춰서 변형하는 역할을 한다. 사회적 삶을 사는 인간은 사유체계로서 이데올로기 혹은 유토피아로 살아가는 존재다. 이데올로기적이거나 유토피아적인 사유나 의식은 그것에 그치지 않고 행동으로 옮긴다.

사람은 이데올로기적으로 행동한다. 이데올로기적 행동은 일련의 다양한 이데올로기적 의식에 기초한다. 그 의식형태는 세 가지로 나뉜다.[31] 첫 번째 의식은 관념과 현실 사이의 불일치성을 발견하지 못한 경우이다. 이는 사람이 그 불일치성을 간파할 수 없는 무지의 상황에 놓여 있기 때문이다. 둘째는 이념과 행동이 괴리현상을 빚을 수밖에 없는 사실을 스스로 은폐하는 경우다. 이것은 자기 기만적 의식이다. 셋째는 자기기만과 다른 타인에 대해 고의로 기만행위를 하는 경우다. 이것은 의식적인 기만을 바탕으로 한 이데올로기적 의식이다.

이데올로기적 행동과는 달리 유토피아적 행동은 유토피아적 의식에 기초한 것이다. 이 의식은 현실적 존재에 포함되지 않은 행동을 하고 있다는 점에서 이데올로기처럼 존재 초월적이지만, 그렇다고 이데올로기는 아니다. 오히려 현실 초월적인 방향을 설정한다.[32] 유토피아적 의식은 사실상 존재하는 현실 단계에서 현실 불가능한 것이다. 사회적 존재와 일치하지 않는 상태의 의식이다. 하지만 자기

---

31) 위의 책, 260.
32) 위의 책, 257. 참조.

사유에 역작용하여 현실성에 변화를 가져오게 하는 능력이 있다.[33] 예를 들어 기독교 사랑의 정신은 노예제도 아래서 언제나 존재 초월적이고 현실 불가능한 것이지만, 현실을 기만하는 것이 아니다. 노예제도의 현실을 바꾸게 하기도 한다.[34]

만하임은 여러 사회계층이 여러 유토피아와 결합하지 않고는 역사를 변형시킬 수가 없었다고 술회하면서 근대사에 나타난 유토피아의 의식형태 4가지를 지식 사회학적으로 분석하였다. 근대사 속 유토피아적 의식의 제1형태는 기독교 열광주의자의 천년왕국설이다.[35] 이 이론은 이 지상에 천년왕국이 실현된다는 유토피아로 체코 후스(Hus)파 교도들, 루터 시기 토마스 뮌쩌(Thomas Muenzer)를 거쳐 재세례파(Anabaptist)에 이르는 열광주의자들이 가진 유토피아적 의식이다. 이 천년왕국설에 반기를 든 최초의 반대자는 제2형태인 '자유주의적 내지 인도주의적 이념'이다. 이는 실질적 근대 사회사상이다. 여기서 말하는 정신은 인간의 자유 의식으로 흡수되어 스스로 열광케 하는 이상인 바, "제2의 왕국"[36]이다. 인도주의적 사상은 문화영역 내 모든 존재까지 침투되어 관념 철학을 통해 궁극적 자아 인식에 도달하게 했다. 이 자유주의적 의식은 "기존세력에의 반항을 뜻하는 것이며 그릇된 현실에 대해 하나의 정당한 합리적 모형을 제시"[37]한

---

33) 위의 책, 262. 참조.
34) 위의 책, 260. 참조.
35) 위의 책, 277. 참조.
36) 위의 책, 286.
37) 위의 책, 285.

것이다.

　그다음 상기한 자유주의적 입장과 정면으로 대조를 이루는 제3형 태가 나타났다. 그것은 보수주의의 이념이다.[38] 보수주의 정신의 특징은 인간의 자유의지를 바탕으로 한 절대성 체험을 오히려 둔감하게 하고 그것을 제약하는 의식이다.[39] 보수주의는 지배하는 현실과의 일치를 이상으로 삼고 존재 내재적인 것에만 관심을 둔다. 보수주의자는 현존 세계질서를 절대적으로 긍정하기에 어떤 유토피아도 가질 필요가 없다. 헤겔은 현존하는 존재 및 체험 양식을 이념적 차원까지 고양시켰다.[40]

　이와 달리 보수주의 이념과 대립하여 반동적으로 나타난 것이 유토피아적 의식의 제4형태로서 "사회주의적 내지 공산주의적 유토피아"[41]다. 사회주의의 유토피아 이념은 자유주의적 유토피아 이념과 공동보조를 취하긴 한다.[42] 사회주의적 유토피아는 자유주의처럼 역시 '자유와 평등의 왕국'이다. 그러나 이 미래의 왕국은 자본주의가 몰락하는 시점에 가서야 나타난다. 그런 왕국이 가진 사회추동적 활력소는 정신적 요소가 아닌 물질적 토대다.[43]

　지금까지 이데올로기와 유토피아의 관계를 만하임의 지식사회학

---

38) 위의 책, 296. 참조.
39) 위의 책. 참조.
40) 위의 책, 299. 참조.
41) 위의 책, 307.
42) 위의 책, 308.
43) 위의 책, 310. 참조.

관점에서 고찰했다. 양자의 관계는 분리될 성질의 것이 아니라 상호 밀접한 관계에 있다. 어느 한 이데올로기가 있을지라도 그 이데올로기는 현실사회의 문제점과 함께 개선을 제시하면서 유토피아를 그리며 그에 필요한 방향을 구체적으로 제시한다. 종교 역시 이데올로기 성격을 갖고 있다. 그런 측면에서 이상사회로서 유토피아를 그린다. 기독교는 이상사회를 제시하고 있다. 그것은 천국(the Kingdom of heaven) 혹은 하나님 나라(the Kingdom of God)이다.

이데올로기와 이상사회(유토피아)는 서로 유사점도 많다, 하지만 차이점도 없지 않다. 양자 간 관계를 비교할 수 있다. 다음과 같은 도표에서 양자 간의 차이점을 알 수 있다.

구분	이데올로기	유토피아
사상의 토대	진보적 신념, 인간 중심적	신화, 설화, 종교
현실비판 태도	직접적, 구체적	간접적, 우회적, 풍자적
목표달성 방법	구체적 수단, 방법 제시	수단, 방법을 제시하지 않음
추구사회	역사적, 실현 가능성	초역사적, 실현 불가능성
실례	자유주의, 사회주의	토마스 모아의 유토피아, 천국, 열반

3.2.3 이데올로기의 현재적 의미

오늘날 이데올로기 개념은 과거에 허위관념으로 치부되어 부정적인 태도를 보였던 것과는 달리 긍정적 의미가 있는 것으로 이해하고 적극적으로 사용되는 추세를 보인다. 그런 측면에서 이데올로기론은 사회과학계에서조차 수용하고 인정되는 추세로 가고 있다. ○○ 주의나 ○○ 이론은 그 자체가 이데올로기이다. 다만 이데올로기란 용어 자체는 극히 자제해서 최소한으로 사용하고 있다.

미국 사회학자 파슨스(T. Parsons)는 이데올로기를 극복되어야 할 학적 대상이나 주제가 아니라 인간의 사회생활에 불가피한 '사회사상' 개념인 것으로 파악했다. 그는 이데올로기를 어떤 집단 구성원들이 공유하는 일정한 이념 체계로 이해했다.[44] 이데올로기는 집단의 공동목표를 향하여 이르게 하고 집단의 발전을 도모케 한다. 공동체의 결합을 강화하고 공동체의 가치체계를 정당화한다. 파슨스에 따르면, 이데올로기는 "사회의 현상 유지, 구성원의 결속, 그리고 개혁을 위한 사회적 기능을 발휘"[45]하게 하는 것이다.

독일의 사회학자 렘베르크(Eugen Lemberg) 역시 이데올로기를 인간의 사회적 삶에 필요불가결한 이념 체계로 간주했다.[46] 인간의 본능적 한계를 넘어서는 문화 내용의 요소를 이데올로기에 포함시켰다. 렘베르크는 이데올로기를 두 가지 유형으로 나눴다.[47] 그것은 상위의 이데올로기와 하위의 이데올로기다. 전자는 광의적 의미로 자유주의, 민족주의, 사회주의, 공산주의 등 다양한 정치 이데올로기들

---

44) 노병철·변종헌·임상수, 『현대사회와 이데올로기』, 37.
45) 위의 책, 38.
46) 위의 책. 참조.
47) 위의 책. 참조.

이 대부분이고 종교까지를 포함한다. 후자는 협의적 의미로 허위의
식을 포함하여 현실과 유리된 사유 같은 것들을 말한다. 오늘날 사람
들이 수용해 사용하는 이데올로기는 전자에 해당하는 것이다.

오늘날의 이데올로기는 인간의 사회생활, 특히 사회 전반에 걸친
삶의 영역(정치, 경제, 법, 교육, 문화, 종교 등)의 방향을 제시하고 사회적
행동을 하도록 하는 이념 체계라 할 수 있다. 이렇게 이데올로기를
긍정적 의미로 받아들인다면, 이데올로기는 인간의 사회생활에서 불
가피한 것이다. 이러한 측면에서 렘베르크는 이데올로기의 사회적
기능을 매우 중요한 것으로 간주했다. 그것은 세 가지, 즉 통합, 단
결, 정체성 확인이란 기능이다.[48] 이데올로기는 사회구성원을 효과
적으로 통합하고, 하나의 목표를 지향하도록 하고 단결하여 집단화
한다. 사회나 국가 속 정체성을 확립하는 데 기여 한다.

왓킨스(F. Watkins)는 『이데올로기의 시대』에서 이데올로기가 특
히 정치에서 커다란 역할이 있음을 강조했다.[49] 그는 근대 이데올로
기가 대부분 정치적 사건에서 생겨났으며 정치적 측면에서 이데올로
기 특징이 가장 두드러지게 나타난다고 설명했다. 그는 근대 이데올
로기의 전형적인 특징을 다음과 같이 열거했다.[50]

첫째는 전투적 혁명성이다. 이데올로기는 기존 정치 질서에 대하
여 혁명적 공격을 가하였다. 근대 초기에 이데올로기로 인해 프랑스

---

48) 위의 책, 39. 참조.
49) 위의 책, 40. 참조.
50) 위의 책, 41-42. 참조.

혁명과 산업혁명이 일어났고 그로 인해 사회질서가 급격하게 변화했다. 둘째, 민주적 성격이다. 대부분의 이데올로기적 운동은 혁명성을 띠지만 특정 집단이 아닌 국민의 이름으로 전개되었다. 셋째, 유토피아적이다. 정치 엘리트들은 비현실적이고 과장된 언어 수사를 사용해서 그들의 언어를 공표했다. 마르크스주의가 꿈꾼 이상은 계급 없는 사회의 건설이었다. 넷째, 이분법적 사고에 기초해 있다. 이데올로기는 정치적 입장의 차이를 적과 동지로 나누도록 하고, 독선적 입장을 택하고 다양한 의견을 몇 가지로 단순화시킨다. 다섯째, 행동지향적이다. 이데올로기는 사람을 행동적이게 만든다. 그것으로 집단행동의 노력을 꾀한다. 적극적 집단행동으로 사회적 삶을 개선하려고 한다.

정치 이데올로기는 인간의 사회생활에 필수불가결한 이념적 도구이므로 다음과 같은 기능을 한다.[51] 첫째, 설명의 기능이 있다. 이데올로기는 복잡한 정치, 사회적 현상을 간결하게 설명해준다. 둘째, 평가의 기능이 있다. 정치, 사회적 현상에 대한 구체적 행동과 실천, 정책을 시행하는 데 그것을 평가한다. 셋째, 정치적 정향을 확고히 해준다. 이데올로기는 정치적 지지자들에게 정체성과 목적의식을 명확히 심어준다. 넷째, 실용적이고 실제적 기능을 한다. 이데올로기는 정치적 행동을 위한 구체적이고 실현 가능한 프로그램을 제시한다.

51) 위의 책, 44. 참조.

3.3 이데올로기와 윤리

서양은 17세기를 기점으로 근대가 시작되었다. 근대는 이성의 시대로 계몽주의를 필두로 이데올로기의 홍수 사태가 일어났다. 근대는 이데올로기를 통하여 근대사회를 형성케 하는 계기를 주었다. 근대사회는 여러 이데올로기와 이모저모로 연관되었다. 각종 이데올로기는 사회를 계속 변화시켰고 그와 관련한 여러 사회제도나 사회조직을 만들었다.

고대로부터 생겨났던 이데올로기는 하나의 이념 체계 형태로 단순하게 흘러갔지만, 근대에 와선 이데올로기가 폭발적으로 증가했고 과거의 이데올로기도 새로운 내용으로 덧입혀져 발전을 거듭했다. 이데올로기들은 각각 독자적으로 발전하지 않고 서로 결합하여서 다양한 형태로 변모했다.

여기서 소개할 이데올로기들은 오늘날 현대사회에서 반드시 숙지하고 이해해야 할 것들이다. 근대에 모습을 드러낸 이데올로기들은 우리의 삶에 영향을 미치는 주요 사회사상들로서 이론적 의미만 있지 않다. 그에 덧붙여 실천적, 즉 윤리적 의미도 함축하고 있다.

3.3.1 자유주의

3.3.1.1 왜 자유주의인가?

자유는 현대생활에서 인간이 가장 존중받고 보호, 유지해야 할 기본적인 이상이자 가치다. 그러나 고대로부터 중세에 이르기까지 사회적 전통과 습관, 정치적, 종교적 권위에 눌려 인간의 고유한 자유가 구속되거나 침해되었다. 자유(自由, Liberty, Freiheit) 개념은 라틴어 liber에서 유래했다. 역사적 측면에서 두 가지 의미로 이해되고 있다. 자유는 소극적 의미로 인간의 사고와 행동에 외적인 구속이나 장애가 없는 상태로 이해될 수 있다. 반면에 인간은 적극적인 의미로 내적 필연성과 자발성에 의해 결정되어야 하는 의지의 자율성으로서의 자유가 있어야 한다. 즉 개인이 한 자율적 판단과 행동의 가치가 적극적으로 고양되어야 한다. 이러한 전제가 무시될 때, 인간은 부자유하고 행동의 구속이나 장애를 느끼게 된다.

그러나 인간은 아무리 자유를 가지려 해도 무한정 자유를 누리는 그런 존재가 아니다. 역사, 자연, 환경에 제약을 받는다. 그러기에 외적 구속이 전혀 없을 수 없다. 고대로부터 일체의 외적 구속을 받지 않는 자유한 존재는 오직 신뿐이다. 인간은 자유하려고 하지만 부자유한 역설적 유한(有限)의 존재다. 유한한 인간은 외부의 조건, 자연적, 사회적 조건을 떠나서 살 수 없다. 인간의 본성은 본래로 정신적, 물질적 외적 구속을 전제로 존재한다. 그러므로 인간은 본질상 자신과 자연, 자신과 타자 그리고 사회와의 관계에서 자유를 설정하는 숙명적 존재다. 그런 측면에서 인류의 과정은 고대로부터 중세, 중세로 부터 근대에 이르기까지 외적 구속에서 벗어나려는 자유의 몸부림이 었다 해도 과언이 아니다. 인류사는 자유의 자기 확장 과정이었다. 특히 근대 직전의 문예부흥과 종교개혁은 예술과 종교의 자유에 대 한 요구에서 일어난 역사적 사건이었다. 전자는 억압적 인문과 예술 활동에서 벗어나 자유로운 예술과 학문을 위한 문화운동이었고, 후 자는 교권화된 가톨릭주의에서 개인적 신앙의 자유에 대한 요구로 나타난 종교운동이었다. 전근대적 자유의 요구가 근대의 자유주의 이념과 연결되고 더 많은 사회 영역으로 자유의 요구가 확대되었다.

이러한 역사 흐름 속에서 근대적 의미의 자유에 관한 사회사상으로 나타난 것이 '자유주의'다. 자유주의(自由主義, Liberalism, Liberalismus) 는 "사회적 전통, 습관, 종교상의 독단 등의 구속이나 침해로부터 개 인의 자유로운 사상과 언동을 보호하고 그것을 신장하려는 의향과 운동"[52]으로 설명할 수 있다. 자유주의는 전근대적 사회를 근대사회 로 바꿨다. 정치적으로는 영국과 프랑스에 시민혁명을 촉발했고 전 제정이 붕괴하고 공화정이 수립되게 했다. 사회적으로는 봉건주의· 귀족주의적 신분제도를 철폐하고 새로운 계급을 탄생케 했다. 여러 새로운 계급으로 구성된 시민사회를 형성하게 했다. 경제적으로는 중상주의에서 새로운 경제체제인 자본주의로 전환하게 했다.[53]

자유주의의 특징은 하나의 이데올로기로 멈추지 않는다. 자유주

---

52) 김대환, 『사회사상사』, 243.
53) 위의 책. 244. 참조.

의는 그 이념으로부터 다른 다양한 이데올로기를 낳게 했다. 각종 이데올로기의 저수지다. 근대적 정치, 경제, 사회의 기본원리가 되었다. 자유주의는 정치적 측면에서의 제일의 원리인 민주주의를 낳았다. 경제적 측면에서 제일 원리는 자본주의다. 자본주의의 비판 이론으로 등장한 사회주의는 자유주의를 비판하는 중심 논거로 삼았다. 더 나아가 사회적 측면에서 제일 원리는 시민사회론이다.

왜 근대 사회사상에서 가장 먼저 논거로 삼아야 할 이데올로기가 유독 자유주의인가? 각종 이데올로기의 저수지가 자유주의이기 때문이다. 물론 자유주의가 모든 이데올로기 발생의 근거가 되는 것은 아니다. 자유주의는 상당 부분 근대 이데올로기의 출발점이 되기에 충분하다. 그만큼 자유주의 이해는 중요하고 타 이데올로기의 전(前) 이해에 필수적이다. 그러기에 이데올로기 기술의 첫 번째는 당연히 자유주의이다. 민주주의의 맹아는 자유주의고, 자본주의의 맹아 역시 자유주의다. 사회주의의 자본주의 비판은 자본주의 사상의 원천인 자유주의다.

3.3.1.2 근대적 자유주의의 의미와 특징

자유주의는 개인의 자유를 위협하고 개인의 잠재적 능력 실현을 방해하는 어떤 체계, 즉 국가, 사회 그리고 권력으로부터의 제한, 강제, 압박, 구속 등을 반대하는 사회사상이다. 개인에게 가능한 한 더 많은 자유를 주려고 그에 대한 방법과 정책을 마련하고 그것을 구현하려는 사회적 행동 체계다. 이런 자유가 근대사회의 자유요, 시민적 자유이다.

자유의 관념이 원리적으로 인간 세계에 등장하고 현실적으로 뿌리를 내리게 된 계기는 프랑스 혁명 때부터다. 만인을 위한 자유는 프랑스의 시민혁명에서 구현되었다. 역사학자 카(E.H. Carr, 1892-1983)는 프랑스 혁명이 가진 근대적 의미를 다음과 같이 술회했다.

> "원시 그리스도교나 영국의 시민혁명 속에서도 자유의 전조가 있긴 했지만 인간의 노력의 목적으로서의 보편적 자유라는 관념은 그것을 프랑스 혁명의 공적으로 생각해야 한다. 그 이전의 자유란 다만 어떤 사람이 어떤 일을 하는 자유를 뜻했었다."[54]

프랑스 혁명은 사람들이 스스로 구하는 것이 자유임을 깨닫게 한 역사적 사건이 아닐 수 없다. 프랑스 혁명은 자유주의 이념이 그 자체로 무엇을 의미하는지를 보여준 정치적 사건이다. 자유주의는 자유 일반에 대한 이념이다. 일부 사람들을 위한 특수한 자유가 아니라 만인을 위한 자유를 말한다. 자유는 일부 사람들의 권리가 아니라 만인이 누릴 권리다.

자유주의는 근대 개인주의적 인간관에서 나온 자유의 이데올로기다. 개인의 자유가 보편적 가치로서 존엄한 것으로 인정한 이념이다. 근대인은 자유의 신념을 가진다. 자유주의 이념으로부터 나온 정치적 태도는 개인 인격의 자유로운 표현을 중시한다. 사회를 위하여 그

---

54) 위의 책. 256.

같은 인격을 보일 능력이 있다는 것을 굳게 확신한다. 그러기에 자유주의자는 자유를 선호하고 그것을 강력하게 국가나 사회에게 요구하는 것이다. 근대 시민이 가질 자유의 선호와 요구는 자유주의의 기본 원칙이다.

근대에 자유주의란 용어가 처음 정치적인 의미를 띠고 나온 것은 1791년 스페인 '리베랄로스' 정당이란 용어에서부터다. 정당 이름으로 쓰였던 자유주의가 일관된 정치사상으로 실천적 목표를 갖고 발전한 것은 17-18세기 영국에서였다. 영국으로부터 유럽으로 확산, 발전하게 된 자유주의는 나름 독특한 사회, 정치적 경향을 띠게 되었다. 이런 측면에서 자유주의 이념도 역사적, 사회적 조건 아래서 다양한 형태로 발전했다. 영국과 프랑스의 자유주의는 다르다. 자유주의도 나라마다 역사적, 지형적 상황에서 고유한 특징을 갖게 된다. 자유주의는 개별적 의미가 있는 개념이다.

3.3.1.2.1 영국의 자유주의

영국에서 경제적 부를 획득한 신흥 부르주아 계층이 봉건적 질곡에서 벗어나기 위해 경제적 자유를 요구하기에 이르렀다. 이런 자유는 그 계층에 한하는 집단적 이해관계를 반영한 것이다. 물론, 자유의 요구는 차츰 확대되어 프롤레타리아와 농민까지 확산하기는 했다. 이런 측면에서 주도적으로 부르주아지의 정치, 경제적 자유를 옹호하는 자유의 이념은 고전적 자유주의로 통칭된다. 고전적 자유주의는 영국 자유주의의 출발점이다.

고전적 자유주의

고전적 자유주의는 영국의 지형에서 독특하게 형성되고 발전한 이념이라 할 수 있다. 고전적 자유주의로부터 파생된 여러 이념이 있다. 그것은 입헌주의, 경제적 자유주의, 사회윤리 이념인 공리주의다. 이런 이념들에 대해 간략하게 정리해보기로 한다.

먼저, 입헌주의다. 자유주의는 개인의 자유를 위협하는 국가 권력의 제한, 강제의 조치를 반대하는 이념이다. 그런 측면에서 정치적 자유주의는 1688년 명예혁명에서 실현되었다. 명예혁명은 입헌주의적 성과를 냈다. 영국 국왕 제임스 2세가 전제정치를 강화하고 가톨릭교회를 부활, 국교화하려 했을 때, 휘그당(왕 즉위를 인정하지 않는 자들) 의회 지도자들은 이것을 반대하고 국왕을 추방하고 네덜란드 총독 윌리엄을 새 왕으로 추대했다. 명예혁명은 의회 중심의 입헌 군주정 수립을 제도적으로 마련했다.

입헌 군주정 초기는 "종교적 자유와 관용, 법치의 보장, 개인의 권리 등 제한된 요구에서"[55] 시작되었다. 점차 관용법과 언론자유법 등 시민의 자유가 확대되는 쪽으로 나아갔다. 휘그주의자들은 왕정 전제정치를 청산하고 입헌주의적 전통과 시민의 권리를 보호하기 위한 노력에 힘썼고, 국왕에 대한 의회의 우위를 확보하였다. 그들은 "법에 의한 지배·반대파의 권리보장·권력의 분립·토지 재산권의 보호 등을 정치적 이상"[56]으로 삼고 그것을 강력하게 주장했다.

---

55) 노병철·변종헌·임상수, 『현대사회와 이데올로기』, 62.

그다음 경제적 자유주의다. 경제 이념으로서 자유주의는 본질상 자유방임주의에 입각해 있다. 경제적 자유주의는 고전 경제학자들에 의하여 크게 강화되는 전기가 마련되었다. 고전 경제학을 대표하는 학자는 애덤 스미스(Adam Smith, 1723-1790)였다. 그는 자유 방임의 경제에 기초하고 국제적 자유무역을 역설하는 『국부론』(1776)을 저술했다. 이 책의 저술 목적은 "경제적 복지가 중상주의 정책이나 국제무역의 규제가 아닌 제한이나 통제를 제거함으로 달성된다는 것"[57]을 증명하는 것이었다.

스미스가 국부론에서 주장하는 경제적 자유의 원리는 세 가지다. 첫 번째 경제적 자유의 기본원리는 자유방임주의(自由放任主義, laissez-faire)다. laissez-faire는 "국가는 경제 자유에 간섭해서는 안 된다"[58]는 프랑스어 표현이다. 국가는 개인의 경제행위에 최대한 자유를 보장하고 간섭하지 않아야 한다. 다만 국가는 질서 유지와 국방 등 최소한의 영역에서만 역할을 해야 한다. 이것이 자유방임주의의 의미다. 자유방임주의의 다음 단계로 나오는 경제적 자유의 두 번째 원리는 자유 교역(free trade)이다. 국제적 자유 교역에는 두 가지 의미가 있다. 첫째, 교역은 자유로워야 하며 또 누구든지 원하는 대로 교역을 선택할 수도 있어야 한다. 자유 교역은 중세 경제체제(직업선택의 부자유, 직인조합하의 상거래)에서의 해방을 뜻한다. 둘째, 누군가

56) 위의 책.
57) 위의 책, 63.
58) 에밀 브루너, 『정의와 자유』, 전택부 역 (서울: 대한기독교서회, 2007), 62. 재인용.

자유 교역을 할 경우, 국가는 교역을 방해해서는 안 된다.[59] 경제적 자유의 세 번째 원리는 사유재산의 강조다. 개인의 경제적 이익 추구가 사회발전을 도모한다. 이익 추구는 사유재산 제도가 뒷받침돼야 가능하다. 사유재산 축적은 또한 자유경쟁을 전제해야 한다. 자유경쟁이 있으면 자유기업이 생기게 된다. 경제적 자유주의는 전 국민의 복리를 도모하기 위해서 자유경쟁을 최선의 것으로 삼았다.

결국 스미스의 『국부론』은 "모든 국민이 자유경쟁과 자유기업을 택하게 되면 전반적인 복리를 얻을 수 있을 것이라는 이론"[60]인 것이다. 그러나 그의 책에 기술된 "개인적 이익의 합리적 계산에 따라서 움직이는 완전 자유경쟁 시장이란 분명 실제와는 거리가 먼 유토피아적인 단순화"[61]가 아닐 수 없다. 이런 유토피아적 희망은 근대 이데올로기의 선구적 모형으로 각인된다.[62] 스미스 이후 경제적 자유주의 사상은 비교우위론(Comparative advantage), 노동가치설(Labor theory of value), 차액지대론(Differential rent theory)을 주장한 리카르도(David Richardo, 1772-1823)와 '식량은 산술급수적으로 늘어나는 데에 비해 인구는 기하급수적으로 늘어나기 때문에 인류는 멸망할 것'이란 인구론을 주장한 맬더스(Thomas Malthus, 1766-1834)에 의해 계승되었다.

---

59) 위의 책, 61-62. 참조.
60) 위의 책, 63.
61) 노병철·변종헌·임상수, 『현대사회와 이데올로기』, 64.
62) 위의 책, 65. 참조.

그 다음은 공리주의다. 고전적 자유주의를 사상체계로 최종적으로 완성한 이념은 공리주의(功利主義, utilitarianism)다. 공리주의 대표적 사상가는 벤담(Jeremy Bentham, 1748~1832)이다. 그는 1789년 발표된 『도덕 및 입법 원리의 서론(*Introduction to the principle of morals and legislation*)』에서 공리주의 사상의 핵심 원리들을 체계적으로 마련하여 소개했다. 공리주의는 자유하고 합리적인 행위자로서의 개인에게 쾌락을 통해 결과적으로 얻는 공리(功利, 유용성과 동의어)에 따라 그것이 좋고 나쁜지를 판단하고 결정하는 윤리적 원칙이다. 공리는 경제적 이익을 결과로써 고려한 윤리적 가치이다. 그래서 공리주의는 결과주의적 윤리학이 된다.[63] 이 공리주의는 "어느 누구도 (개인으로서) 다른 사람보다 상위의 어떠한 특별한 위상도 갖지 않는다 …… 평등의 철학, 즉 평등주의"[64]에 기초한다. 공리주의적 판단과 결정, 행동을 통하여 시민은 최대다수의 최대행복(공리)을 누릴 수 있다. 결국, 많은 사람이 공리를 얻고 쾌락의 극대화가 이뤄지면, 모든 개인도 쾌락을 누릴 수 있다. 그러나 벤담은 다수와 소수의 행복이 자동으로 조화된다고 생각하지 않았기에 공리 원칙에 입각한 적극적 입법을 추진하려고 노력했다. 이런 의도적 변화를 위한 입법적 사회개혁은 소수 개인에게 행복을 가져다주기도 하고 정치적 권위를 인정해주는 일도 된다.[65]

---

63) 군나르 시르베크·닐스 길리에, 『서양철학사 2』 (서울: 이학사, 2019), 579.
64) 위의 책, 540. 참조.
65) 위의 책, 578.

종합하면, 영국의 공리주의는 경제적 자유주의를 근간으로 하고 입헌주의 입장에서 사상적 기초를 획득한 경험주의적 사회철학의 체계라 할 수 있다. 그러므로 법과 정치, 경제는 모든 사람에게, 가능한 많은 사람에게 최대한 자유로운 선택과 실제적인 자유를 제공하는 보편적 사회 법칙인 공리주의를 따르기 마련이다. 자유경쟁 원리에 따라 법, 정치가 조직되면, 즉 구체적으로 교육과 언론의 자유, 국민 대표제와 선거권의 확대, 피치자에 의한 통치자의 정기적인 교체가 있게 되면, 헌법이 안정되고 좋은 정부가 가능할 것이 분명하다.[66] 그러나 자유경쟁에 의한 공리주의가 시행되다 보면, 실제의 삶에선 정의의 개념과 충돌할 경우가 발생한다. 예를 들어 무고한 사람들이 어떤 상황에서 처형되는 것이 최대의 공리를 낳는다고 볼 때, 그것은 공리주의 원칙에 따라 윤리적으로 옳은 일이 된다. 하지만 이런 예는 정의의 감정에 어긋나는 일이 되기도 한다.[67]

사회적 자유주의

애덤 스미스부터 제레미 벤담에 이르는 고전적 자유주의는 19세기 후반부터 존 스튜어트 밀과 토머스 힐 그린의 사회적 자유주의(social liberalism)로 수정되면서 변화해 갔다. 고전적 자유주의의 핵심 원리는 자유방임주의다. 그 원리를 따르게 되면, 국가는 개인의

---

66) 노병철·변종헌·임상수, 『현대사회와 이데올로기』, 66. 참조.
67) 군나르 시르베크·닐스 길리에, 『서양철학사 2』, 580. 참조.

경제행위에 최대한 자유를 보장하고 간섭하지 않게 된다. 그러나 시간이 지나면서 자유시장은 제대로 작동되지 않았고 결국 실패로 돌아갔다. 개인이 국가로부터의 자유가 아닌 개인의 자유를 위해서 국가가 요청되는 그런 사회적 상황으로 돌입했다.

경제적 자유주의의 영국 사회는 산업이 성장하고 기업 규모가 커졌다. 하지만 점차 자본 집중이 가속화되고 공정한 자유시장 질서를 해치는 기업활동이 늘어났다. 공정한 시장질서를 보호하기 위해 국가의 개입이 요청되는 사태로 접어들었다. 더 나아가 자유주의 운동이 확산되면서 귀족과 부르주아 계급은 정치 경제적 혜택을 누리고 권력과 부를 향유했지만, 노동자 계급은 도리어 극도의 빈곤 상태에 빠지게 되었다. 사회에 만연한 빈곤과 실업 등 사회문제와 질병과 열악한 환경문제 등은 자유방임적 국가정책으로는 감당하기 어려운 숙제가 되었다. 게다가 19세기 중반 이후 유럽을 휩쓴 제국주의나 사회주의 운동이 대중의 사회의식을 강하게 촉발했다. 이로써 자유주의는 수정과 변화를 해야만 했다.[68]

영국의 자유주의는 점차 국가의 책무를 받아들이면서 국민의 지지를 얻게 된 사회적 자유주의로 변화했다. 자유주의의 기본 특징인 개인주의가 사회 개념과 사회과학적 사유를 통해 수정되어야 했다. 존 스튜어트 밀(John Stuart Mil, 1806-1873)은 사회과학의 힘을 빌려 고전적 자유주의를 수정하려 했다. 그는 정치이론인 자유방임주의를

---

68) 노병철·변종헌·임상수, 『현대사회와 이데올로기』, 68-70. 참조.

비판했고, 부정의하고 비인간적 사회구조에 대하여 사회개혁을 위해 적극적 입법을 할 것을 강조했다.[69] 그는 시장과 자유경쟁이 자연법칙으로 삼았던 고전적 자유주의자들의 주장을 수용하지 않았고 국가에 바람직하지 않은 사회경제적 상황이 오면 국가가 적극적인 개입을 해야 한다고 생각했다.

그는 경험론자로서 공리주의의 지지자였다. 하지만, 쾌락과 고통의 형태를 양적으로만 비교했던 벤담을 비판하고 공리 개념을 질적으로 상이한 쾌락과 고통의 형태를 허용하는 식으로 재해석했다.[70] 그는 개인의 자유의 가치에다 사회복지의 가치를 결합했다. 발언의 자유와 언론의 자유를 옹호했다.[71] 특히 그는 여론이 소수집단의 견해에 강압적일 수 있고, 자유토론을 통해서 형성될 수 있다는 측면에서 여론이 가진 양면성을 충분히 인지했다.[72]

토머스 힐 그린(Thomas Hill Green, 1836-1882)은 영국에서 특이한 관념론자로서 영국의 경험론과 공리주의의 윤리학을 비판하고 '인격주의적 윤리학'을 주장했다. 개인이 사회 공동체와 필연적으로 연관됐다고 보는 아리스토텔레스적 공동체주의를 주장했다.[73] 그러나 그린은 공동체를 기독교적 공동체로 상정했고 그런 공동체를 이루기 위한 정치를 도덕적 삶을 가능하게 해 주는 수단으로 간주했다.

---

69) 군나르 시르베크·닐스 길리에, 『서양철학사 2』, 585. 참조.
70) 위의 책, 586. 참조.
71) 위의 책. 참조.
72) 위의 책, 587. 참조.
73) 위의 책, 592. 참조.

3.3 이데올로기와 윤리 223

정치는 개혁 입법, 사회정책이나 교육정책 등과 같은 노력의 일환이다.

그린은 영국의 전통적인 자유 개념을 수정하고자 했다. 강제로부터 자유만이 아닌 윤리적 공동체 안에서 자기실현의 가능성으로서 자유를 주장했다. 그린에게 자유주의적 개인주의 인간관은 도덕적으로 평등한 존재로서 인간관과 다르지 않다.[74] 그린은 1884년 페이비언협회(The Fabian Society)를 설립하고 계급투쟁 이론이 없는 개혁 사회주의를 주창했다.[75] 영국 노동당은 이런 개혁 사회주의의 전통을 받아 형성되었다.

3.3.1.2.2 프랑스의 자유주의

프랑스 혁명 이후 과도하게 요구된 개인의 자유는 오히려 정치적 혼란을 자초했다. 그런 역사적 교훈으로 개인의 자유 옹호를 위해 국가 주권으로의 제어가 필요하다는 것을 주장하는 사상가들이 등장하기 시작했다. 이들은 19세기 프랑스 정치사상가들로 스탈(Anne Louise Germaine de Staël), 콩스탕(Benjamin Constant de Rebecque), 기조(François Pierre Guillaume Guizot), 토크빌(Alexis Charles Henri Maurice Clérel de Tocqueville, 1805-1859) 등이다. 이들의 면면을 간략하게 고찰하면서 프랑스의 자유주의 운동을 살피고자 한다.

자유와 평등의 기치로 들고 일어난 프랑스 혁명이 그 진행 과정에

---

74) 위의 책. 참조.
75) 위의 책, 593. 참조.

서 불안, 위기와 공포를 낳았다. 혁명에 대한 꿈과 기대가 깨졌고 큰 실망과 회의를 자아냈다. 혁명에 뒤이어 나폴레옹의 침입과 압박에 사람들은 더 큰 충격을 받게 되었다. 스탈 부인은 소설가로서 나폴레옹의 전제정에 대항하여 문화적 저항운동을 펼치면서 자유 의식을 고취하고자 노력했다. 반면에 정치가이자 소설가인 콩스탕은 나폴레옹 재위 시 그에게 협력하여 호민관에 임명되기도 했으며, 자유주의적 입헌주의자로서 정치적 생명을 이어갔다. 나폴레옹이 자유사상을 탄압할 때 잠시 독일로 망명하기도 했으나 다시 돌아와 나폴레옹에게 협조했다.

기조는 정치가로서 활동했는데, 프랑스 혁명 이후 공포정치 때 숙청당하는 수모를 겪었다. 그는 복고 왕정기에 공화주의자 의원으로 국왕 정치를 반대하였고 7월 혁명을 주도하기도 했다. 그는 왕권신수설이나 국민 주권의 국가가 아닌 이성에 의해 제어되는, "이성 주권(Souveraineté de la raison)의 나라"를 모토로 삼자고 주장했다. 정치가이자 역사학자로서 토크빌은 프랑스의 대표적 자유주의 사상가였다. 1831년 정부의 명을 따라 미국을 시찰하고 나서 미국의 국정을 분석하여 보고한 방대한 책 『미국의 민주 정치(De la Democratie en Amerique)』 5권(1835~40)을 남기기도 했다. 1852년 나폴레옹 3세의 쿠데타를 반대하고 체포되었다. 풀려나자마자 공직에서 은퇴하고 역사 연구에 진력했다.

3.3.2 민주주의

3.3.2.1 민주주의의 개념과 정의

민주주의(民主主義, democracy)라는 말은 '인민(人民) 혹은 국민(國民)'이란 뜻의 데모스(demos)와 '권력 혹은 지배'라는 뜻의 크라토스(kratos)가 결합해서 나왔다. 민주주의는 글자 그대로 '국민의 권력'을 말한다. 민주주의는 국민이 권력을 갖고 국민이 권력을 행사하는 것을 말하는 정치사상이라고 할 수 있다. 민주주의가 가진 어원상의 의미는 정치형태가 무엇인가 하는 것을 지시하고 있다. 민주주의는 국민이 주체가 된다. 국민이 주체이고 국민에게서 나온 권력이 지배하는 그런 정치체제가 민주정체(民主政體)이다. 그러나 민주주의는 하루아침에 생겨나지 않았다. 근대적 민주정체로 정립되기까지 많은 시간이 필요했다.

민주주의 정체는 고대로부터 근대 이전까지 거의 찾아보기 어려울 정도로 드문 케이스다. 기원전 고대 이집트, 바빌로니아, 페르시아 등 대부분 국가는 군주정체였다. 군왕만이 전권을 가졌고 국민을 지배하였다. 다만 유일한 예외는 아테네 도시국가였다. 기원전 450년부터 기원전 390년까지 60년간 아테네 민주정체가 있었다. 그러나 아테네 시민이 직접민주주의를 펼쳤기 때문에, 즉 의회 제도가 없었기에 민주주의 체제는 단명하는 요인으로 작용하였다. 중세기에 들어와서도 민주주의는 좀처럼 발견하기 어렵다. 다만 예외적으로 두 나라가 중세 후기에 등장하였다. 하나는 영국이다. 1215년 성문

화된 권리장전으로 영국 왕의 권력은 의회 권력에 의하여 법적으로
제약되었다. 다른 하나는 스위스다. 스위스는 1291년 유일하게 민
주주의 제도를 독자적으로 채택하였고 확립시켜 나갔다.[76] 스위스를
제외한 다른 중세 나라들 모두는 전제군주 제도를 가졌고 군왕의 권
력만 있었다.(영국은 예외) 군왕이 피지배 계급을 강력하게 지배했다.
중세기 군왕들은 일반적으로 자기 위에 신법이 있다는 것을 믿었고
신의 뜻대로 통치하려고 했다. 그러나 대다수 군왕들은 신법을 무시
하고 무제한의 권력을 가지고 무한정한 강제력을 행사하곤 했다. 그
런 측면에서 국민의 권력이란 눈을 아무리 씻고 봐도 찾을 수 없었
다. 그들은 군왕의 백성, 즉 신민이 되어서 오직 군왕의 통치에 복종
해야 했다.[77]

　근대에 들어와 영국은 1688년 명예혁명을 통해 의회 중심의 입헌
군주정을 수립하였고, 일반 국민의 의지를 반영하여 더 넓은 계층으
로 확대된 의회를 운영했다. 이에 반해 스위스는 400년 동안 유지한
민주주의의 전통을 근대에도 그대로 이어갔다.

　근대 유럽 민주주의는 1789년 프랑스 혁명 이후부터 시작되었
다.[78] 프랑스 혁명 이전 스위스와 영국을 제외한 다른 유럽국가에선
민주주의를 찾을 수 없었다. 프랑스 혁명은 전제군주의 절대적 권한
을 꺾었고, 그로 인해 군주의 권한이 폐립되었든지 아니면 의회의 제

---

76) 에밀 브루너, 『정의와 자유』, 165. 참조.
77) 위의 책, 165-166. 참조.
78) 위의 책, 167. 참조.

약을 받게 되었다. 국왕 없는 나라에선 민주주의의 중요 기구인 의회 제도가 마련되었고, 의회를 통한 국민의 권력은 강력해졌다. 의회제 도는 국민을 신민에서 시민으로 나아가게 만들었다.[79] 역사적으로 살펴볼 때, 의회는 민주주의가 확립되고 발전하는 제1의 도구였다는 것을 알 수 있다.

그다음, 민주주의 발전의 중요한 제2의 도구는 헌법이다. 의회에 서 제일 먼저 만든 것이 헌법이다. 헌법은 국가의 기본법으로 국민도 이것에 제약받는다. 입헌군주정일 경우, 군주도 헌법의 제약을 받는 다. 민주주의의 헌법은 대통령제라든지 의원내각제를 규정한다. 국 가의 수반인 대통령도, 내각의 총리도 헌법의 제약을 받는다. 의회의 권력까지도 헌법으로 제약된다. 헌법은 의회가 그 틀 안에서만 일하 게 한다. 헌법은 삼권분립, 즉 입법, 행정, 사법의 권력 한계와 책임 을 명확하게 규정하고 서로 간섭하지 않도록 한다.[80]

이렇게 민주주의 개념이 오늘날의 정치형태로까지 왔다면, 이런 측면에서 민주주의에 대해 정의 내릴 수 있다. 브라이스(James Bryce)는 다음과 같이 민주주의를 정의하였다. "민주주의란 말은 헤 로도투스(Herodotus) 시대 이래 국가의 지배 권력이 어떤 특정한 계 급에 있지 않고, 사회 전체의 구성원에게 합법적으로 부여되어 있는 정치형태들을 가리키는"[81] 것이다. 이런 정의 하에서 민주주의가 어

---

79) 위의 책, 168. 참조.
80) 위의 책. 참조.
81) 서상권, 『한국신윤리학』 (대구: 보문출판사, 1989), 198. 재인용.

떻게 근대적 의미의 제도로 역사 속에서 자리 잡았는지를 파악할 수 있다.

그러나 20세기에 들어서면서 브라이스가 내렸던 민주주의의 정의는 일면적 측면에서만 고려되었다는 것이 드러났다. 20세기는 세계의 구조변화와 함께 1, 2차 세계 대전 등 정치적 혼란이 가중됐다. 민주주의의 형식은 갖추어졌어도 민주주의의 내용은 질적으로 채워지지 않았다. 이에 따라 민주주의가 재정의될 필요가 생겨났다. 미국 정치평론가 월터 리프먼(Walter Lipmann, 1889-1974)은 민주주의를 정치형태뿐 아니라 사회형태라고 규정했다.[82] 영국 정치이론가 라스키(Harold Joseph Laski, 1893-1950)는 민주주의를 하나의 통치형태이지만 사회생활의 한 방식으로 이해했다. 결국 민주주의는 통합적 측면에서 '하나의 정치 형식만이 아니라 인간의 사회생활 전반에 걸쳐 인격을 존중하고 행복을 추구하는 생활원리'라고 정의된다.[83]

3.3.2.2 민주주의의 이념

1948년 유엔 총회에서 채택한 세계인권선언(世界人權宣言, Universal Declaration of Human Right)은 전문에서 "모든 인류 구성원의 천부의 존엄성과 동등하고 양도할 수 없는 권리를 인정하는 것이 세계의 자유, 정의 및 평화의 기초"[84]라고 천명하고 있다. 선언문 제1조는

---

82) 위의 책, 200. 참조.
83) 위의 책, 201. 참조.
84) "세계인권선언", 「나무위키」.

"모든 인간은 태어날 때부터 자유로우며 그 존엄과 권리에 있어 동등하다. 인간은 천부적으로 이성과 양심을 부여받았으며 서로 형제애의 정신으로 행동하여야 한다."[85]고 명시되어 있다. 민주주의 이념은 기본인권 사상이 담고 있는 가치라 해도 지나치지 않다. 세계인권선언의 전문과 1조에 표현되고 나타난 이념은 존엄성, 평등, 자유, 정의이다. 이런 이념들은 민주주의 정체에서 명목상으로만 존재하지 않고 실질적으로 구현되고 구현되어야만 하는 것이다. 이런 이념들이 각각 무엇을 의미하는지 하나씩 살펴보기로 한다.

첫째, 인간 존엄성(人間 尊嚴性, human dignity)이다. 민주주의 정체에서 있을 첫 번째 기본이념은 인간의 존엄성이다.

인간은 태어날 때부터 이미 존엄한 존재다. 인간은 왜 그렇게 존엄할까? 태어났기 때문에 존엄한 것이 아니라 인간 자체가 존엄하기 때문이다. 인간을 존엄하게 여기는 것은 신의 피조물이기 때문이다. 기독교는 인간이 하나님의 형상대로 창조되었다는 신학적 인간론을 견지한다. 사람이 우연히 생겨난 그런 존재라면 존엄히 여길 필요가 없다. 하나님의 형상대로 창조되었다는 것은 인간이 인격적 존재라는 것의 반증이다. 인간이 인격적이라는 것은 인간에게는 이성과 양심이 있다는 것을 의미한다. 인간은 이성과 양심이 있기에 하나님과 다른 사람에게 책임적 존재가 된다.[86] 인간은 사회생활을 하면서 타

https://namu.wiki/w/%EC%84%B8%EA%B3%84%20%EC%9D%B8%EA%B6%8C%20%EC%84%A0%EC%96%B8

85) 위의 글.

자와의 관계를 무시하거나 경시할 수 없다. 타자 역시 나처럼 하나님의 피조물이기에 타자에게 책임적이어야 한다.

　민주주의는 기독교의 인간관을 전제하는 정체이다. 인간이 존엄하다는 권리를 인정받게 하는 정체는 오직 민주주의뿐이다. 민주주의의 정신은 독일 종교개혁자 루터에게서 나오지 않았다. 그 정신은 개혁교회 운동의 창시자 스위스 츠빙글리와 칼빈으로부터 나왔다.[87] 특히 칼빈의 개혁교회 세력은 서유럽에 엄청난 영향을 미쳤다. 민주주의 제도는 이론적인 발전을 거듭하면서 스위스, 네덜란드, 영국 그리고 아메리카로 퍼졌다. 민주주의 이론은 아메리카에서 가장 먼저 실천되었다. 미국 최초의 헌법 첫 번째는 뉴잉글랜드주들 중 로드아일랜드주에서, 두 번째는 버지니아주에서 작성되었다. 1776년 버지니아주에서 최초의 민권 개념이 도출되었다. 미합중국 헌법은 이 버지니아의 민권을 본떠서 만들었다. "모든 사람은 평등하게, 자유하게 창조되었다"로 시작하는 미국 헌법은 역사상 최초의 현대 민주주의 헌법이라고 할 수 있다.

　이러한 민주주의 정신은 유럽에 되돌아가서 프랑스 혁명을 일으킨 요소 중 하나가 되었다. 프랑스 국회가 최초의 헌법을 1789년 제정했다. 프랑스 헌법도 모든 유럽국가의 민주주의 헌법의 표본이 되었다. 그 헌법 안에는 평등과 자유라는 낱말이 들어 있다. 다만 '창조되었다'란 말이 빠져 있다. 프랑스 혁명은 재차 1848년에 일어난 민

---

86) 에밀 브루너, 『정의와 자유』, 182. 참조.
87) 위의 책, 184. 참조.

주주의 혁명과 헌법의 표본이 되었다.

민주주의의 정신은 인간 존엄성이란 기독교 사상에 기초해 있다. 인간의 존엄성은 민주주의 이념의 첫 번째다. 이 전제가 없이는 민주주의 제도에 합당한 인간관이나 인권을 이해하는 것은 거의 불가능한 일이 된다.

둘째, 평등이다. 민주주의의 두 번째 기본이념은 평등(平等, equality)이다. 평등 이념은 인간의 존엄성 개념과 깊이 연결되어 있다. 인간은 하나님에 의해 창조되었기에 모두 존귀한 존재이다. 그러기에 모든 인간은 똑같은 존재다. 인간은 하나님 앞에서 다 같은 존재다. 인간은 그 누구든 특별한 존재로 태어나지 않는다. 물론 인간은 사실상 다 똑같지는 않다. 권력, 지식, 능력 등에서 차이가 나고 천차만별이다. 그런데도 민주주의 제도에선 만인이 똑같다고 말한다. 이것은 다시 말해 사람이 똑같은 대접을 받아야 한다는 것을 뜻한다. 이런 사상은 일반사회에서는 도저히 나올 수 없다. "비성문적 신적 법"[88]이라는 종교적 사상이 크게 작용하고 있다. 인간이 누구이든 상관없이 똑같이 대접받아야 한다는 것은 인간의 의지 표현이 아닌 신적 의지의 표현이다.

민주주의 정체에서 작동하는 평등 이념은 모든 인간이 동등한 가치를 가지고 있기에 인종이나 성별 혹은 사회적 신분에 의해 차별대우를 받을 수 없다. 그리고 인간은 그 누구에게도 예속되는 존재가

---

88) 위의 책, 177.

아니다. 인간은 다른 누구 위에 군림하거나 지배하는 존재가 아니다.

민주주의가 요청하는 평등은 몇 종류로 나누어 생각할 수 있다.[89] ① 사람이 존엄하다는 의미로서 평등이다. 남녀노소 구별할 것 없이 다 존엄하다. ② 법 앞에서의 평등이다. 법은 모든 국민을 위해 제정된 것이다. 만인이 법 앞에서 동등한 대우를 받아야 한다. ③ 정치적 평등을 요구한다. 모든 사람이 정치에 평등하게 참여할 기회가 있다. ④ 경제적 평등이다. 노동의 균등한 기회가 주어지고 동일 노동에 동일 보수를 받고 직업선택의 기회는 균등한 것이다. ⑤ 사회적 평등이다. 사회적으로 차별받지 아니하는 평등이 주어진다. 자아실현의 기회는 누구에게든 똑같이 주어진다.

셋째, 자유이다. 민주주의 이념 중 하나로서 자유(自由, liberty)는 민주주의 사상으로서 가장 근원적인 것이라 할 수 있다. 인간이 모두 존엄하고 동등한 가치가 있음이 존중되려면, 인간에게 자유가 보장되어야 한다. 자유가 보장되지 않으면, 인간은 존엄하지 않으며 인간으로서의 가치도 못 느낀다.

자유는 인간의 본성에 해당한다. 인간의 자유는 선천적인 것이다. 반면에 인간의 본능은 자유의 관념에 기반하지 않는다. 인간의 본능은 동물적 본능과 같이 맹목적이다. 인간이 본질로서 자유하다는 것은 인간다운 인간이 되기 위해서 자유해야 한다는 운명을 느낀다.[90] 인간은 이성이 있어서 의지가 있다. 인간의 의지는 자유하다. 인간만

---

89) 서상권, 『한국신윤리학』, 222-223. 참조.
90) 에밀 브루너, 『정의와 자유』, 178. 참조.

이 자유의지의 존재다. 인간의 의지적 행동은 자유에서 나온 것이기에 인간은 행위 결과에 대해서 책임을 진다. 인간은 자유할 때만 책임적이다. 인간이 자유하지 못하면 책임을 못 느낀다.[91] 소는 자유가 없기에 자기 행동에 책임이 없다. 모든 인간은 책임적 인격이다.

미국 독립선언서에는 '인간이 그의 생명과 자유, 그리고 행복을 추구하는 권리는 창조주가 인간에게 부여한 권리'라고 명시하고 있다. 모든 민주주의의 헌법에는 '인간이 자유하다'고 적시하고 있다. 인간의 자유는 그처럼 고귀한 것이다. 민주주의 국가는 헌법상의 인권선언을 하고 있고 항상 자유를 보장해야 한다고 하고 있다. "민권"[92]은 국민의 권리로 각 개인의 자유를 보장하기 위해 사용되는 개념이다. 모든 국민이 누릴 권리에는 자유가 들어 있다. "즉 사상, 신앙, 언론, 출판, 집회 및 결사의 자유이며, 장소와 종별의 제한 없이 노동할 수 있는 자유"[93]를 말한다.

민주주의 정체에서 사용되는 자유 개념은 두 가지 측면을 고려하고 있다. 소극적 측면과 적극적 측면이다. 소극적 측면에서의 자유를 여러 가지 강제로부터의 자유, 위협으로부터의 자유, 육체적·정신적 불안으로부터의 자유, 공포로부터의 자유라고 한다면, 적극적 측면에서의 자유는 소유, 완전한 기회, 행동의 권리 등을 요구하는 자유인 것이다.[94] 여기서 생각해야 할 민주주의의 자유는 엄격히 말해 개

---

91) 위의 책, 181. 참조.
92) 위의 책, 179.
93) 위의 책.

인의 자유가 아니라 "시민적 자유"[95]이다. 이런 자유는 "인간의 자격
으로서 누리는 자유로서, 자기 스스로가 결정하는 자유, 외래의 구속
억제에 영향을 받지 않고 자기 이성적 판단에 의해 자기의 행동을 결
정하는 자유"[96]다. 이런 자유는 고전적 자유주의에서 말하는 무절제
하고 무책임한 방임의 자유가 아니다.[97] 이 자유는 민주사회의 시민
이 갖출 중요한 덕목으로서 책임적 자유이다.

넷째, 정의이다. 평등과 자유와 함께 민주주의의 제3지주(支柱)는
정의(正義, justice)이다. 한 사회에 아무리 자유가 인정되고 평등이 있다
할지라도 정의가 결핍되어 있다면, 그것은 진정한 민주주의 사회가
아니다. 사회 정의의 유무(有無)가 민주주의의 성패를 크게 좌우한다.

정의(正義) 개념은 처음으로 아리스토텔레스에 의해 '동등성'이란
의미로 정의(定義)되었다. 동등성에는 두 가지 의미가 있다. 하나는
제1 정의인 동가(同價)의 동등성이다. 사람이 물건을 살 때, 그 물건
에 적절한 값을 치르면 정당한 것이 된다. 다른 하나는 제2 정의인
비례의 동등성이다.[98] 이 정의는 '―에 비례하는' 것으로서의 동등성
이다. 무엇에 비례한다고 할 때, 그 무엇엔 수많은 변수가 들어 있다.
예컨대 나이, 능력, 교육, 소득 등을 고려하며 비례적 정의를 논하게
되면, 제2 정의는 정당한 것이라 말하기가 매우 곤란해진다. 두 번째

94) 서상권, 『한국신윤리학』, 219. 참조.
95) 위의 책, 221.
96) 위의 책.
97) 위의 책, 225. 참조.
98) 에밀 브루너, 『정의와 자유』, 178. 참조.

기준으로 정의를 판단할 때, 그것이 과연 정당한 것인가 감히 말할 수가 없다. 그런 의미에서 아리스토텔레스도 정의를 판단할 때, 판단의 오류를 범했다. 그는 정의 개념을 논하면서 부당하게 판단했다. 그는 인간이 동등하지 않다는 전제에서 정의를 논한 것이다. 당시의 아테네 사람들, 즉 시민, 야만인, 노예 그리고 여성은 모두 인간이지만 동등한 존재가 아니었다.[99] 동등할 수 없었다. 특히 여성은 남성보다 이성을 적게 가진 존재였다.[100] 아리스토텔레스는 실제로 그렇게 생각했다. 사회 정의는 모든 사람이 동등한 자격 조건으로 사회생활을 함께 영위할 때, 비로소 이루어진다.

민주주의 사회에서 쓰이는 정의(正義)는 주로 법과 관련한 개념이다. 법에 적합하면, 그것이 대체로 정당한 것으로 정의가 되고, 법에 적합하지 않다면 부당한 것으로 부정의가 된다. 그러나 법률 자체만을 가지고 무엇을 판단한다면 그것은 정당할 수도 있고 부당할 수도 있다. 양면이 다 있다. 그러니까 세속법과 그것의 법적 이성의 판단으로는 정당성 여부를 판단하기 매우 어렵게 된다.

그럴 경우, 무엇을 가지고 정당함과 부당함을 판단할 수 있는가? 어떤 기준과 척도를 가지고 모든 법률을 평가하는가? 한 사회 내 특정 법률이나 질서에 대해 부당하다고 할 때, 그 판단 기준은 무엇인가? 법적 판단 기준을 처음으로 언급한 사람은 고대 "사회정치 개혁가 솔론(Solon, 기원전 7-6세기)"[101]이다. 그는 그 기준이 "인간이 만든

---

99) 위의 책, 33. 참조.
100) 위의 책. 참조.

모든 법률을 초월한 신적 법(神的 法)"[102]이라고 말했다. 그는 인간이 만든 법과 인간이 만들지 않은 법을 구별했다. 전자가 실정법이고, 후자가 자연법이다. 고대 그리스인이나 로마인들은 후자를 실제로 자연법(Jus naturale)이라 불렀다.[103] 자연법은 신적인 법과 같은 뜻이다. 그런데 기독교가 생긴 이후로 자연법은 "하나님의 '창조의 법'"[104]으로 바뀌었다. 신법인 자연법이 기독교 하나님의 법이 되었다. 이 자연법 개념이 1500년 동안 서구철학자들의 지배적인 법 개념으로 자리 잡았다. 정의의 척도는 자연법에 있다.

17세기 이후부터 신적 법인 자연법이 '이성'으로 변했고, 18, 19세기에 와선 이성의 신적 성격이 사라졌다.[105] 이로써 정의도 신적 의미가 완전히 상실된 개념이 되었다. 정의는 인간의 것으로 전락했다. 19세기 말에 등장한 무신론적 실증주의 철학이 법철학에 영향을 미쳤다. 실증주의 법철학은 본래적 의미인 정의가 없다. 곧 국가가 선언하는 정의 외에는 정의가 없게 되었다. 나치 히틀러가 지배하는 국가의 주장이 그대로 정의가 되었다.[106] 무신론적 전체주의에선 국가의 정의만 있지 실질적 정의 개념을 찾을 수 없다.

종합하면, 인간이 동등하다는 주장은 두 가지 원천에서 나왔다.[107]

---

101) 위의 책, 28.
102) 위의 책.
103) 위의 책, 29.
104) 위의 책.
105) 위의 책, 31. 참조.
106) 위의 책, 32. 참조.
107) 위의 책, 34. 참조.

하나는 스토아 철학이고, 다른 하나는 기독교다. 스토아 자연법사상[108]은 이후 발전하면서 유럽을 변화시키지 못했다. 19세기 말 실증주의 철학은 법철학 측면에서 자연법사상을 무시하였고 인간 위의 정의를 아예 부정하였다. 결국, 민주주의 제도하에서 전체주의 국가가 나오게 됐다. 그러나 기독교 사상은 유럽 사회를 반전체주의로 변화시켰다. 민주주의의 제도적 발전을 도왔다. 기독교가 있는 한, 모든 인간이 동등하다는 것을 인식하도록 가르치고 민주주의의 정의 이념을 보다 의미 있게 만든다. 인간의 동등성은 철학적으로 증명되어 규정되는 것이 아니고 오직 종교적 교의로 이해되고 확인되는 것이다. 인간의 동등성은 정의에 관한 문제다. 기독교 신앙이 왜곡되거나 사라지면 진정한 정의의 이념이 있을 수 없다.

3.3.2.3 민주주의의 원리

근대 민주주의를 성립시키는 근본 원리가 있다. 근대 민주주의의 원리는 여섯 가지로 꼽을 수 있다. 그것은 국민주권, 권력분립, 법치주의, 대의제, 다수결과 선거제도이다. 이런 기본적 원리들은 근대 이후 민주주의 제도를 채택하고 운영하는 세계 각국에서 작동되는

---

108) 기원전 100년에서 출현하고 약 100여 년 동안 존속했던 제3기의 '로마 스토아 철학'을 말한다. 로마황제 네로의 스승이었던 세네카, 노예였던 에픽테토스, 로마 황제 마르쿠스 아우렐리우스가 주요 인물들이다. 키케로가 이 사상을 근거로 로마법을 제정했다. 스토아 철학 제1기는 기원전 3세기로 스토아 철학의 창시자인 제논(B.C. 336~264), 그의 제자 클레안테스, 크리시포스가 활동한 시기이다. 제2기는 기원전 2세기경으로 파나이티우스, 포시도니오스가 주로 활동했다.

것이다.

첫째, 국민주권이다. 국민주권(國民主權, sovereignty of the people)
은 근대 민주정체의 제일 기본원리다. 국민주권은 국가의 주권이 군
주나 일부 지배자에게 있지 않고 전체 국민에게 있는 것을 의미한
다.[109] 국가의 주권자는 국민이다. 국가통치권의 근원도 국민이다.
대통령제를 채택한 국가의 권력은 대통령이 아니라 국민이다. 대통
령의 권력은 국민으로부터 위임받은 것이다.

근대 민주주의에서 국민주권의 이론적 근거를 세운 사람들은 홉스,
루소, 로크이고 국민주권론은 모두 사회계약설에서 근거한 것이다.
이들 중 스위스 출신의 프랑스 철학자 루소(J.J. Rousseau, 1712-1778)
는 국민주권설을 제기했다. 이 이론은 근대 민주주의의 국가 권력의
기초가 된다. 왕정이 아닌 민주정의 권력에 관한 것이다. 루소는 그
가 주장한 사회계약설에서 개인 의지가 아닌 일반의지를 거론했다.
일반의지(一般意志, general will, volonté générale)는 모든 사람이 추구
하는 공동선에 대한 합의점에 이른 것이다. 일반의지에서 기초해 나
온 포괄적 강제력을 가리켜 '주권'(sovereignty)이라 부르는 것이다.
주권은 양도할 수 없고 불가분이며 절대 불가침의 성질을 갖는다.[110]
일반의지의 결정권은 국민 개개인에게 있는 것이지 통치자에게 있지
않다. 이 권한은 양도할 수 없다. 누군가 침범할 수 없다. 이런 계약
체결 때문에 국민은 국가 권력에 복종하고 권력의 지배를 존중해야

---

109) 서상권, 『한국신윤리학』, 226. 참조.
110) 위의 책, 227. 참조.

한다.

둘째, 권력분립이다. 권력분립(權力分立, separation of powers)은 국민으로부터 부여받은 권력이 한 곳으로 집중하지 않고 분산되는 것을 의미한다. 이것의 목적은 "국가의 권력을 입법·행정·사법의 3권으로 나누어 각각 독립된 기관으로 하여금 운용시킴으로써 권력의 남용을 방지하려는"[111] 것이다. 세 개의 권력기관은 서로 분리되지만 견제하고 균형 상태를 유지한다. 예를 들어, 대통령제에서는 의회가 대통령이나 장관에 대해 탄핵소추할 수 있고, 정부는 의회에서 통과한 법률안에 대해 거부권을 행사하는 것 등이다.

권력분립 제도의 이론적 기초는 17세기 말 영국의 정치사상가 로크에 의해 처음 세워졌다. 그는 국가권력을 2권, 즉 입법권과 집행권으로 구분했다. 권력분립은 18-19세기 미국과 프랑스에서 삼권분립으로 발전, 확립되었다. 프랑스의 몽테스키외는 『법의 정신』(1748)에서 국가권력을 입법권, 만민법 사항의 집행권 그리고 시민법 사항의 집행권으로서 사법권으로 분류하고[112] '개인의 자유는 국가권력이 사법·입법·행정의 3권으로 나뉘어 서로 규제·견제함으로써 비로소 확보된다.'는 삼권분립론을 주장했다. 1787년 미국 헌법과 1791년 프랑스 헌법 모두 삼권분립을 채택하였다. 현재까지 모든 민주주의 국가는 헌법에 삼권분립론을 기본원리로 삼아 운영하고 있다.

셋째, 법치주의이다. 법치주의(法治主義, rule of law, nomocracy)는

---

111) 위의 책.
112) 위의 책, 228. 참조.

"사람이나 폭력이 아닌 법이 지배하는 국가원리, 헌법 원리이다. 공
포되고 명확하게 규정된 법에 의해 국가권력을 제한·통제함으로써
자의적인 지배를 배격하는 것"[113]이다. 법치주의는 본래 전제정치 하
'사람에 의한 지배'에 반하는 '법의 지배'를 의미해서 나온 것이다.
법치주의는 위정자의 독재로 인해 국민의 권리와 자유가 침해되지
않도록 법에 따라 정치하자는 근본적 취지가 있다. 그러므로 "법은
주권자 즉, 군주나 국가의 명령이니, 가령 그것이 악법일지라도 복종
해야 한다."[114]라는 법률만능주의(法律萬能主義)와 다른 것이다. 민주
주의 원리로서 법치주의는 국민의 자유와 권리를 보호하기 위해서
존재한다.

　민주주의는 최우선으로 헌법(憲法, constitution)에 기초한 정치제
도다. 법치주의가 제대로 확립, 실현되기 위해서는 지배자나 피지배
자 모두 의회에서 제정된 헌법을 준수해야 한다. 재차 말하지만, 국
가 권력으로서 사법·입법·행정의 3권은 헌법에 명시된 법치주의에
입각하고 그것을 준수해야 한다. 사법부는 법에 의한 재판을 "죄형
법정주의(罪刑法定主義)"[115]에 따라 행해져야 하고, 입법부는 법률 제
정이나 개정을 헌법이 정한 권한 아래서 행해져야 한다. 행정부는 법
의 상위에서 권력을 행사하거나 군림할 수 없다.

---

113) "법치주의", 「위키백과」.
https://ko.wikipedia.org/wiki/%EB%B2%95%EC%B9%98%EC%A3%BC%EC%9D
　　%98
114) 서상권, 『한국신윤리학』, 229.
115) 위의 책, 230.

넷째, 대의제이다. 민주주의는 대부분 대의제(代議制, representative system)에 의해 운영된다. 대의제는 국민이 뽑은 대표자에 의해 정치가 이뤄지는 시스템이다. 대의민주제는 직접민주제에 대한 반대 개념이다. 민주주의 이상은 국민이 직접 국가의 의사결정과 집행에 참여하는 것이다. 그러나 오늘날엔 이데올로기 대립이나 교육, 문화 수준의 불균형으로 인해 직접민주제 실시가 사실상 어렵게 되었다. 민주주의가 보급, 확대되고 대다수 민주주의 국가는 현재 대의제를 채택한다. 대의제에 따라 국민이 정기적으로 선출하는 대표는 국회에 모여 국가의 최고 의사를 결정한다. 국회에서 주로 대의정치가 이뤄지므로, 대의정치는 의회정치(議會政治)와 다르지 않다.

국회를 구성하는 대표자는 의회정치가 필수적이다. 국민에 의해 선출된 이상 국민의 의사를 존중하고 그것을 최대한 정치에 반영하여 국민 삶의 질을 향상하도록 노력해야 한다. 대표자들은 당연히 자기가 속한 정당의 이념과 합치하는 의견을 내고 상대편 대표자들과 엇갈린 의견을 서로 주고받는다. 상대방 의견을 존중하여 상호간 설득과 토론으로 조율하고, 합치된 의견을 도출하여 최종적으로 법안을 상정, 결정하는 방식을 가져야 한다.

다섯째, 다수결이다. 민주주의 사회에서 의사결정 방식은 중요한 과제로 부각된다. 국민이 뽑은 대표자로 구성된 의회는 국민의 여러 의사를 수렴해 단일한 의사를 결정해야 한다. 이에 대한 민주주의의 의사결정의 원리로서 최선의 것이 다수결의 원리(principle of majority)이다. 다수결(多數決) 원리는 '단체를 구성하는 사람의 다수

242 3부 사회사상과 윤리

의 의사를 가지고 단체 성원의 전부를 구성하는 의사, 즉 단체의 의
사로써 인정한다는 하나의 단체의사를 결정하는 방법'이다.

다수결은 이상적인 해결방식은 아니다. 만장일치 제도가 가장 이
상적일 수 있다. 하지만, 강압적이거나 강제적 방법을 쓸 수 없는 이
상, 그 제도는 민주주의 사회에선 거의 불가능한 방법이다. 민주정치
내 다수결 방식은 최선은 아니지만, 차선의 방법으로 채택된다. 물
론, 다수결 원리가 채택되기 위해선 그에 합당한 몇 가지 조건이 채
워져야 한다.[116] ① 언론의 자유가 보장되어야 하며 자유의사가 표현
되어야 한다. ② 3인 이상으로 구성된 집단에서만 성립된다. ③ 의사
내용은 동일한 것이어야 한다. 동일사항에 동일 결정이다. ④ 개인의
존엄성을 침범하는 경우엔 다수결 결정은 허용되지 않아야 한다.

여섯째, 선거제도이다. 대의제 민주정치 하에서 선거(選擧)는 국민
이 정책 결정에 참여하는 가장 기본적 행위라 할 수 있다. 그리고 민
주주의의 선거제도는 보통, 평등, 직접, 비밀선거를 기본원칙으로 치
러진다.[117] 이런 선거제는 민주주의 체제하의 모든 집단에 해당하고
그것이 가장 합리적인 방식이 아니라 할 수 없다.

선거의 정치적 기능은 국가권력의 정당성을 부여하는 것이고 대
표자를 뽑아 어떠한 정치를 할 것인가 결정하는 작용을 한다. 그런
측면에서 선거는 사람을 뽑는 것에 일차 목표가 되지만, 그와 동시에
정책의 선택도 병행되어야 한다.

---

116) 위의 책, 232-233. 참조.
117) 위의 책, 233. 참조.

3.3.2.4 전자민주주의의 의의

현대사회의 민주주의 국가는 대부분 대의제를 바탕으로 한 간접민주주의를 채택하고 있다. 곧, 대의민주주의 정체다. 대의민주주의는 현대 산업사회에서 정치적 기본이념으로 큰 역할을 해왔다. 그러나 대의민주주의의 한계가 노출되면서 민주주의가 위기를 맞고 있는 형국이다. 유권자들이 정기적으로 선거를 통해 대표자를 뽑고 나서 대표자들의 정치활동에 맡기고 정치에 관해 무관심한 태도를 보였다. 그뿐 아니라 선출된 대표자들이 국민 삶의 질을 향상하기보다 정당정치에 주로 치중하다 보니 국민 불만은 심화되었고, 정치 냉소주의가 만연하는 방향으로 흘러갔다. 고답적 사회는 잘 바뀌지 않고, 정치발전은 언감생심이다 보니 유권자들의 정치적 무력감이 확대되었다. 그 결과, 선거철을 맞이하면 투표율 하락세가 가속화되고 그것이 고착화하는 현상을 보였다.

고비용·저효율의 정치과정과 유권자들의 효능감 저하로 인한 정치의 무관심은 직접민주주의에 대한 강력한 요구로 이어졌다. 직접민주주의의 요구는 정보화 시대를 맞아 정보통신기술 발달에 힘입어 다른 유형의 민주주의, 즉 전자민주주의를 등장하게 하는 계기를 만들었다.

전자민주주의(electronic democracy, 電子民主主義)는 간단하게 "인터넷을 통해 시민이 직접 정치과정에 참여함으로써 이루어지는 민주주의"[118]로 정의된다. 뉴미디어와 정보통신기술(ICT)이 빠르게 발전하면서 대의민주주의를 보완하고자 나온 새로운 형태의 정치체제다.

전자민주주의 개념과 유사한 개념들, 예컨대 "텔레민주주의(tele-emocracy)"[119], "모뎀 민주주의(modem democracy)"[120], 인터넷 민주주의 등이 등장한다. 이 개념들은 전자민주주의와 크게 다르지 않다. 전자민주주의에 대한 깊은 관심과 시각은 가상공간이 갖는 정치적 중요성을 강조하는 것이다. 두 가지 점에서 그렇다. 하나는 가상공간에서 이루어지는 정치 운동은 현실 세계의 것과 다르지 않다는 것이다. 다른 하나는 가상공간에서도 가상공동체(virtual community)를 형성하고 그것을 통해 대의민주주의가 더 활성화될 수 있다는 것이다.[121]

전자민주주의에서의 정치활동은 다양한 형태로 이뤄진다. 인터넷을 통하여 여론을 수렴하고, 선거 캠페인 및 홍보를 활성화하며, 필요에 따라 온라인 투표를 시행한다. 더 나아가 사이버 국회, 전자공청회, 정책 결정에 따른 시민의 참여 및 토론을 유도한다. 지지 후보나 그의 정책을 홍보하는 것도 포함한다. 이 모두가 온라인(online)상에서 이루어지는 정치활동을 말한다. 전자민주주의의 제반 정치활동은 대의민주주의의 한계를 극복하려는 노력의 일환이라고 할 수 있다.

---

118) "전자민주주의", 「두산백과」.
https://terms.naver.com/entry.naver?docId=1221899&cid=40942&categoryId=31645
119) 노병철·변종헌·임상수, 『현대사회와 이데올로기』, 164. 이 개념 역시 커뮤니케이션 미디어의 사용을 통한 직접민주주의의 실현을 목표로 하는 것이다.
120) 위의 책, 165. 컴퓨터를 통한 정보통신이 저렴한 모뎀 장비를 통해 양방향 통신을 가능하게 해 정치 활성화를 꾀한다는 의미가 있다.
121) 위의 책, 166-167. 참조.

정보화 시대나 인공지능 시대를 맞이하여 전자민주주의가 더욱 활용될 필요가 있다. 대의민주주의의 실효성을 거두고 민주주의를 보다 발전시키기 위한 필수적 선결과제가 시급히 요청된다. 특히 가상공간에서는 수많은 정보가 유통되고 있고 정보의 바다를 형성하고 있다. 거기선 바람직한 정치활동을 활성화하기 위한 유익한 정보도 있고 무익한 정보도 없지 않다.

그러므로 전자민주주의의 시행에서 중요하게 부각되는, 정보 활용을 위한 선결과제가 있다. 첫째, 정보의 원활한 유통을 위해 국가 정보 인프라 구축 측면에서 공공 네트워크 용량을 확보해야 한다. 둘째, 거대 데이터베이스와 프라이버시 간 조화를 위해 정보보호기술이 개발되어야 한다. 셋째, 정보의 공공성을 최대한 높이고 상업화된 정보 유통을 최소화해야 한다. 넷째, 상품으로서 정보의 생산, 유통, 폐기와 관련한 법규가 시급히 정립되어야 한다. 이를 위해 정보에 대한 정치경제학이 정립되어야 하고 그에 따른 후속 연구가 뒤따라야 한다. 다섯째, 음란물, 불건전한 정보, 해킹, 지적 소유권의 보호 문제 등에 선제적으로 대처하기 위한 컴퓨터 윤리나 사이버 윤리의 학문적 연구도 시급한 형편이다.[122]

---

122) 위의 책, 194-195. 참조.

3.3.3 자본주의

자본주의의 역사는 크게 세 시기로 구분된다. 16세기부터 18세기 중반까지 상업자본주의가 주를 이루었고, 18세기 중·후반부터 19세기 전반은 산업자본주의가 대세를 이루었다. 20세기 초반(30년대) 세계공황 이후 자본주의는 수정자본주의로 탈바꿈했다. 오늘날 흔히 자본주의라고 말하면, 산업자본주의 시대의 자본주의를 일컫는다. 영국의 산업혁명은 상업자본주의를 결정적으로 19세기 경제 이념인 산업자본주의로 전환, 발전하게 했다.

자본주의를 이렇게 시기별로 구분했음에도 불구하고 자본주의라는 개념을 정의하기는 매우 어렵다. 왜냐면, 자본주의의 이론적 기초를 제공한 애덤 스미스조차 그런 용어를 사용하지 않았기 때문이다. 그는 자유주의 철학으로 자본주의의 한 특질인 시장의 자율성을 부여하는 논리만 제공했다. 그는 자유방임주의 혹은 무간섭주의를 창안했다. 국가가 기업이나 공장에 간섭하지 않아야 할 것을 역설했다. 자유주의 철학의 결과는 명백하게 드러났다. 자본가나 공장 소유자는 마음대로 자기 소유물을 좌지우지했다. 그들이 공장에 기계를 들여오자 임금노동자들의 삶은 오히려 비참해졌다. 자본주의의 문제점이 수면 위에 올랐고, 자본주의는 비판의 대상이 되었다.

자본주의(資本主義, capitalism)라는 용어는 칼 마르크스(Karl Marx, 1818-1883)가 명명했고, 그가 최초로 그 용어를 비판적 의미로 사용했다.[123] 마르크스는 자본주의라는 용어를 '강력하게 자본이 지배하는 경제체제'로 썼다. 이런 측면에서 보면, 유럽인은 자본주의란 말을 마르크스주의적인 의미로 이해하고 쓴다. 반면에 미국인을 포함한 비유럽권 사람들은 자본주의를 탈마르크스주의적인 의미, 즉 순수 경제적 측면인 '자유 시장경제'란 의미로 사용한다.[124]

3.3.3.1 고전적 자본주의

마르크스가 분석한 자본주의의 근본 형태는 19세기 중엽에 나타난 '고전적 자본주의'이다. 그가 『자본론 (*Das Kapital*)』의 제1권(1867)을 저술할 때 크게 의존한 경제학 이론은 자유주의 경제의 대표자 리카르도(Richardo)의 것이었다.[125] 『자본론』 제1권은 마르크스가 직접 쓴 책이다. 제2권(1885)과 제3권(1894)은 마르크스의 사후에 엥겔스가 마르크스의 글들을 모아 출판한 것이다. 제2권은 '자본의 유통과정'을, 제3권은 '자본주의 생산의 총과정'을 담고 있다.

제1권은 책 제목 그대로 '자본의 생산과정'을 분석한다. 마르크스가 자본주의의 속성을 분석하기 위해 심혈을 기울이고 저술했던 정치경제학의 내용을 담고 있다. 이 책은 구체적으로 생산과정에 투입된 자본이 어떻게 잉여가치를 생산하는지, 자본축적이 어떻게 이뤄지는지 그리고 자본주의적 생산 관계가 어떻게 형성, 유지되는지를 면밀하게 분석하고 있다.

---

123) 에밀 브루너, 『정의와 자유』, 39. 참조.
124) 위의 책, 40. 참조.
125) 위의 책, 42. 참조.

마르크스의 1권 분석은 먼저 '상품 분석'(1편)으로부터 시작하고 있다. 자본주의 사회는 상품 생산이 지배하고 있고, 이를 통하여 자본의 축적이 가능하다. 유용성의 측면에서 바라본 상품은 사용가치가 있어서 사람들은 상품을 생산한다. 그리고 한 상품은 다른 상품과 교환되는 교환가치 또한 있다. 각종 상품의 생산자들은 다양한 생산물을 만들고(사회적 분업에 따라), 각종 생산물은 서로 교환된다. 모든 상품 속에는 공통점이 있다. 각 상품은 사용가치의 생산을 위해 인간의 노동이 들어가고 노동의 양은 노동시간에 의해 결정된다. 그다음, 다른 모든 상품에 의해 등가물이라는 역할이 한 상품으로 고정된다. 이것이 화폐. 화폐는 상품 교환의 일정한 수준을 전제한다. 처음에는 소금이나 금이었다가 나중에는 동전이나 종이 형태가 되었다.[126]

상품 생산의 일정 발전 단계에서 화폐는 자본으로 전환한다.(2편) 자본의 공식은 G(화폐) – W(상품) – G(화폐)다.(G는 Geld, W는 Waren의 약자다) 즉 상품은 팔기 위해서(이윤을 붙여) 만든다.[127] 유통에 투입된 화폐의 최초 가치에 대한 증가분이 생기게 된다. 이것이 잉여가치(Mehrwert)다. 잉여가치를 획득하기 위해 그런 상품을 찾아내야 한다. 그런 상품은 다시 인간의 노동력이 투여된다. 잉여가치는 생산에 필요한 노동자의 노동시간에 의해 결정된다. 잉여가치가 있는 상품의 생산은 다시 화폐가 된다. 이것이 자본(Kapital)이다. 자본은 두 부분으로 나뉜다. 불변자본과 가변자본이다. 불변자본은 생산수단

---

126) 레닌, 『칼 맑스』, 나상민 편역 (서울: 도서출판 새날, 1993), 36-37. 참조.
127) 위의 책, 38. 참조.

(기계, 노동용구, 원료 등)에 지출되는 것이고 가변자본은 노동력에 지출되는 것이다.[128]

여기서 마르크스는 잉여가치율의 증가를 불변자본을 무시하고 가변자본의 가치에서만 본다. 불변자본은 처음과 끝까지 가치의 총체적 크기가 변하지 않는다. 그는 노동과정만이 잉여가치를 만들어낸다고 보았다. 노동력을 파는 자유로운 노동자만 잉여가치를 내는 것이다. 그러기 때문에 노동자가 이 잉여가치를 전부 가져가는 것이 타당하다. 그러나 노동자는 이 잉여가치 전부를 갖지 못하고 극소 부분만 임금 형식으로 가져간다. 자본가는 이런 식으로 노동자를 착취한다. 그런데 자본가는 잉여가치의 증대를 위해 노동일을 연장한다. 이것이 "절대적 잉여가치의 생산"[129]이다.(3편) 노동자는 적은 임금에 대항하기 위해 노동일을 단축한다. "상대적 잉여가치의 생산"[130]이다.(4편) 여기서 노동자의 저항과 공장법으로 잉여가치가 형성된다.

마르크스는 이어서 자본의 축적에 관해서 분석한다. 잉여가치의 일부가 자본으로 전환된다. 자본가가 가져간 잉여가치를 개인적인 필요를 위해 충족시키지 않고 새로운 생산양식에 사용한다. 불변자본 부분이 가변자본보다 급속하게 증대하는 사태가 발생한다. 이런 방향으로 자본주의는 발전과정을 거친다. 이런 식으로 가면, 자본가는 점차 부유해지고 자본은 축적된다. 이익을 가지고 공장을 신설하

---

128) 위의 책, 40. 참조.
129) 위의 책.
130) 위의 책.

고 기계시설을 확장한다. 공장에 기계가 들어온다. 노동자들은 공장에서 점차 쫓겨나고, 남아 있는 노동자의 임금은 더욱 착취된다. 자본가는 노동자들을 더욱 빈곤하게 만든다. 곧 노동예비군을 초래하게 한다. 노동자들은 상대적으로 자본주의적 과잉인구에 포함된다.[131]

더 나아가 노동자로부터 자본가의 착취는 자본의 집중화로 이어진다. 더 큰 자본가들은 소수 자본가를 무너뜨리고 흡수한다. "소수 자본가에 의한 다수 자본가의 착취와 더불어 노동과정이 끊임없이 확대되어가는 규모에서의 협업적 형태, 과학의 의식적인 기술적 응용, 토지의 계획적 이용, 공동적 노동수단으로서의 노동수단의 전화, 생산수단의 절약, 세계 시장망으로 모든 민족들의 인입이, 그와 함께 또한 자본주의 제도의 국제적 성격이 발전해 간다."[132] 이런 전화 과정에서 다수 자본가의 수는 줄어들고 동시에 노동자의 빈곤, 그에 대한 압박, 예속, 타락, 착취는 늘어간다. 동시에 노동계급의 반항도 증대한다. "생산수단의 집중과 노동의 사회화는 마침내 그것 자신의 자본주의적 외피와 더 이상 양립할 수 없는 정점에 도달한다. 이 외피는 폭발한다. 자본주의적 사적 소유의 조종이 울린다. 수탈자는 수탈당한다."[133] 생산수단의 집중은 자본의 집중을 가져오고, 노동의 사회화는 생산수단에서 소외된 노동자를 공장에서 쫓아낸다. 이것이

---

131) 위의 책, 42. 참조.
132) 위의 책, 43-44.
133) 위의 책, 44.

노동자의 "점진적 무산화(zunehmende Verproletarisierung)"[134]이다.

마르크스는 경제상태는 악화하고 무산 상태에 빠진 노동자를 일컬어 무산계급, 곧 프롤레타리아라 했다. 자본가 권력이 소수자 독점의 방향으로 진전되는 반면에 무산계급은 자꾸 늘어가고 그들의 참상은 악화로 치닫게 된다. 노동자는 자본가에 징수당하다가 나중에 가서는 무산계급이 자본가를 징수한다. 이때 새로운 사회가 수립하게 된다. 이런 사회가 공산주의 사회다. 마침내 생산 임금이 전체 노동자에게 돌아가게 된다.[135]

이런 내용이 마르크스가 그의 『자본론』 제1권에서 분석한 자본주의의 전체상이다. 그는 자본주의가 그것이 가진 구조상 필연적으로 붕괴할 수밖에 없다고 보았다. 마르크스에 의하면, 자본주의 제도는 자멸하고 공산주의 제도는 반드시 도래한다. 그것도 자본주의가 최고로 발달하고 공업화된 서구 자본주의 사회에서 공산주의 사회가 도래한다는 것을 마르크스는 예언했다. 서구 자본주의 사회는 결국 공산주의 사회로 전화되는 역사의 발전을 걸을 것이다. 그러나 고도로 공업화된 서유럽에는 공산주의가 오지 않았다. 공산주의 사회는 오히려 극히 저조하게 공업화된 러시아에서 처음 나타났다.

3.3.3.2 수정자본주의

마르크스의 예언대로 서구 자본주의 사회는 붕괴하지 않았다. 미

---

134) 에밀 브루너, 『정의와 자유』, 47.
135) 위의 책, 49.

처 공업화되지 못한 후진적 제정러시아가 볼셰비키 혁명을 통해 공
산주의 사회로 전격 전화되었다. 마르크스 시대 이후 서구 자본주의
는 붕괴가 아니라 수정되었다. 자본주의는 새로운 발전의 길을 걸어
갔다. 이때 나타난 새로운 형태의 자본주의가 수정자본주의다.

　수정자본주의(修正資本主義, modified capitalism)는 "자본주의의 여
러 모순을 국가의 개입 등에 의하여 완화함으로써 자본주의 사회의
발전과 영속을 도모하려는 주장 또는 정책"[136]으로 정의된다. 서유럽
국가들과 미국의 자본주의는 수정된 자본주의로 옷을 바꿔 입었다.
마르크스가 자본주의를 분석할 때는 작용하지 않았던 요소들이 자본
주의 시스템에 새롭게 들어왔다. 이런 요소들 때문에 서구 자본주의
는 붕괴하지 않고 새로운 형태로 발전했다. 발전하게 된 요소는 네
가지로 압축된다.

　첫째, 노동조합이다. 노동조합(勞動組合, labor union)은 노동자들의
집합체이다. "노동자가 주체가 되어 자주적으로 단결하여 근로조건
의 유지, 개선 기타 노동자의 경제적, 사회적 지위의 향상을 도모함
을 목적으로 조직하는 단체 또는 그 연합단체"[137]로 정의된다. 마르
크스 시대의 노동자들은 힘이 약한 개별적 존재에 불과했다. 수정자
본주의 시대의 노동자들은 다른 노동자들과 단합함으로써 강력한 집

---

136) "수정자본주의", 「두산백과」.
　　https://terms.naver.com/entry.naver?docId=1115774&cid=40942&categoryId=
　　31818
137) "노동조합", 「두산백과」.
　　https://terms.naver.com/entry.naver?docId=1076676&cid=40942&categoryId=
　　31848

합체로서의 힘을 갖게 되었다. 이런 노동조합을 일으킨 운동이 노동운동이다. 노동운동은 원래 사회주의 운동과 결부되지 않았다.[138] 오히려 자본주의의 붕괴를 막기 위한 자구책의 일환으로 노동자의 세력을 자유주의 진영 안으로 흡수했다. 노동조합은 자본가들에게 두려움의 대상이 되었고 가장 큰 권력이 되었다.

강력한 노동조합을 제일 먼저 발전시킨 나라는 영국이다. 영국의 노동조합 운동이 사회주의와 결부한 것은 20세기에 들어와서다. 그러나 미국의 노동조합은 사회주의적 노동조합으로 볼 수 없다. 그런 측면에서 노조운동은 사회주의 운동과는 별개의 것으로 생각해야 한다.[139] 한국의 노동조합 운동 역시 사회주의와는 전혀 무관한 노동운동이다. 대한민국 헌법상에도 노조운동은 합법적 국민의 권리 중 하나다. 노동자의 단결권·단체교섭권·단체행동권 등 노동 삼권은 헌법으로 보장된 명백한 국민의 권리다. 노동이라는 생산요소의 주체로서 조합원들은 그들의 의견을 집단으로 수용하여 사용자와 교섭하며, 단체행동을 통하여 노동자들의 의견을 관철하고자 단체 행동을 취할 수 있다.

둘째, 국가 법령이다. 국가 법령(國家 法令, state statute)은 자본주의가 수정된 자본주의로 변화하게 작용한 제2요소다. 순수한 자본주의는 국가의 간섭을 거부했다. 그러나 19세기 중엽부터 정부는 노동자 생활 조건의 향상에 관심을 가지고 법령을 마련해 노동자의 생활

---

138) 에밀 브루너, 『정의와 자유』, 43. 참조.
139) 위의 책. 참조.

을 개선하도록 조치했다. 마르크스와 엥겔스가 『공산당 선언』(1847)을 저술할 때 노동자들이 처한 처참한 상황은 서방 제 국가의 법령으로 금지되었다.[140]

서방 국가의 정부는 "노동자를 위한 보호법(Arbeiterschutzgesetz-gebung)"[141]을 제정했다. 그뿐만 아니라 법령을 통해 노동운동을 법적으로 규정했고 아동노동을 폐지했으며 부녀자의 노동을 제한했다. 또한, 보험법령을 만들어 노동자들의 복지제도를 확충했다. 정부가 이런 일련의 법령을 제정하여서 노동자들의 열악한 노동조건을 개선했다. 영국, 프랑스, 스위스 같은 서유럽 국가의 시장에 대한 간섭은 상당할 정도로 자본주의의 성격을 바꾸었다.

셋째, 부르주아 계급의 사회의식 각성이다. 이것이 수정자본주의의 제3요소다. 서유럽 자본가들의 노동자들에 대한 태도가 마르크스 당시에 비해 크게 달라졌다. 그들에 대하여 적대적이지 않고 우호적인 태도를 견지했다. 큰 회사들이 솔선수범하여 노동자를 착취하지 않았다. 자본가와 기업가들은 사회적 책임이나 의무를 충실하게 인지하였다.[142] 예컨대, 노동자들의 사회복지에 대한 책임감을 느꼈다.[143]

넷째, 기술상의 변화이다. 생산공업 그 자체에서 일어난 변화 때문에 수정자본주의가 가능했다. 마르크스 시대의 공업에서 에너지원

---

140) 위의 책. 참조.
141) 위의 책, 51.
142) 위의 책, 52. 참조.
143) 위의 책, 44. 참조.

은 석탄이었다. 19세기 말부터 다른 에너지원으로 바뀌었다. 그것은 전기였다. 석탄을 이용한 증기력은 대규모 공장 설비를 하도록 했다. 반면에 전기력은 소규모 공업도 가능하게 했다.[144]

마르크스는 증기력을 통해 거대 기계공업이 발달하고 소규모 공업이 사라질 것이고 소수 거대 자본이 집중하여 다수의 소자본가를 잠식할 것으로 예측했다. 그의 예측은 부분적으로는 타당했지만, 전체적으로는 맞지 않았다.[145]공업의 전력화는 소규모 공업을 확산시켰다. 초기 자본주의 시대와는 달리 다수의 독립 산업체들이 생겨났다. 권력과 자본이 소수의 수중에 들어가지 않았다.

고전적 자본주의가 수정자본주의로 전화하는 가운데 자본주의는 발전을 거듭했다. 1930년대 초 미국에 뉴딜정책이 실시되었고, 자본주의의 주요 특징 중 하나인 개인의 사유재산권이 제한받게 되었다. 뉴딜 경제정책은 미국 자본주의를 크게 변화시켰다. 물론 정책 시행 초기엔 자본가 계급의 저항이 있었지만, 그들은 세계 경제공황에 대처하기 위해 불가피한 정부의 간섭과 통제라고 생각했기에 정부의 조치를 수용했다. 이러한 수정자본주의는 나중에 "국민자본주의(people's capitalism)"[146]로 일컬어졌다. 이에 반해 마르크스주의자들은 수정자본주의를 반대하고 오히려 그것을 마르크스가 언급한 자본주의 마지막 단계로서의 독점자본주의(monopoly capitalism)라고

---

144) 위의 책. 참조.
145) 위의 책, 53. 참조.
146) 노병철·변종헌·임상수, 『현대사회와 이데올로기』, 207. 각주 5) 참조.

비판했다.[147]

3.3.3.3 신자유주의와 세계화

신자유주의(新自由主義, Neoliberalism)는 1970년대부터 부각되기 시작한 초기 자유주의의 재현이다. 경제학자 케인스는 제1차 세계대전 이후 세계적인 공황을 겪은 많은 나라들의 경제정책에 이론적 기초를 제공하였다. 애덤 스미스로부터 자본주의 시대가 열렸듯이, 케인스로부터 수정자본주의의 시대가 열렸다. 그 이후 자본주의는 쇠락하지 않고 오히려 황금기를 구가했다. 1917년 러시아에 공산혁명이 일어나고 공산주의 사회가 탄생했다. 자본주의 사회가 종말을 고하고 사회주의 국가 건설이 도미노처럼 일어나리라는 마르크시즘의 기대와는 달리 자본주의는 새로운 형태로 발전을 거듭했다.

1970년대 이후 전 세계에 다시 불황이 닥쳐왔다. 경제 불황에 대한 반론이 제기되었다. 장기적인 스태그플레이션으로 인한 세계 경제의 침체는 케인스 이론에 기반한 경제정책이 실패한 결과라고 진단하면서 이구동성으로 수정자본주의에 책임을 돌렸다. 이에 새롭게 대두된 이념이 신자유주의 이론이다. 미국 시카고 학파를 중심으로 한 신자유주의자들의 주장은 닉슨 행정부의 경제정책에 고스란히 반영되었고, 그 후 레이거노믹스의 근간이 되었다.

신자유주의에서는 다음과 같은 내용을 주장한다. 경제적 자유주의 시대처럼 자유경쟁의 실현, 극대화를 위한 효율성 증대, 자본 이

---

147) 위의 책. 각주 5) 참조.

윤의 극대화다. 더 나아가 정부의 역할을 최소화하는 것과 함께 기업을 구조 조정하겠다는 것이 골자다. 시장은 원리를 준수하고, 시장 기능의 최대화에 역점을 둔다. 시장을 개방하고 자유무역을 실시해야 한다. 그러기 위해서 규제 완화 내지 철폐를 주장한다. 공공재 개념을 철폐하고 복지제도를 축소하겠다는 의지를 보여준다. 그리고 마지막으로 공공기업의 민영화를 추진하겠다는 것이다.

세계화(世界化, globalization)는 세계가 국가의 경계를 넘어서 전지구적 차원의 공동체로 나가는 것을 말한다. 세계화란 용어를 대중화시킨 사람은 독일 태생의 미국 유대인 경제학자 시어도 레비트다. 세계화라는 말은 1941년경 처음 등장했다. 하버드대 교수였던 레비트가 1983년 5월 「하버드 비지니스 리뷰」 잡지에 '시장의 세계화'라는 제목의 기고를 하면서 이때부터 이 용어가 본격적으로 세상에 알려지게 되었다.

미국의 저명한 언론인이며 작가인 토머스 프리드먼은 대표적인 세계화 전도사로 활약했다. 프리드먼은 그의 베스트셀러인 『렉서스와 올리브나무』(1999)와 『지구는 평평하다』(2005) 등 수권의 저서를 통해 세계화 확산의 당위성을 역설했다. 프리드먼은 환경산업의 세계화 작업에도 주도적으로 참여하는 등 열의를 보였다.

세계화의 개념은 '이윤을 극대화하려는 자본의 논리로부터 추동된 정치경제적이며 사회문화적인 전 지구 확산 과정'이라고 할 수 있다. 세계화의 본질은 앤서니 기든스의 주장대로 근대성의 산물이다. 예컨대 신자유주의의 재확산이다. 울리히 벡이 말한 바대로 세계화는 제2의 근대성 출현이라 할 수 있다. 세계화의 단계적 전개는 국제적 〈 다국적 〈 초국적 〈 세계적으로 이루어진다. 세계화는 단적으로 자본주의 선진국의 위치에 선 강자의 논리에 불과하다. 자유무역주의에 근간한 개방화, 자유화, 민영화를 통해 시장을 세계적 차원으로 더욱 강화하려는 포석이다. 세계화는 자본주의가 전 세계적으로 재구조화하면서 강화되고 동시에 해체되는 양면적 성향을 보이기도 한다. 세계화와 반세계화의 공존이다. 로버트 A. 아이작은 『세계화의 두 얼굴』에서 그런 양면성에 대해 분석하고 그 결과를 발표했다.

정리하면, 세계화는 얼굴을 가린 신종이데올로기인 신자유주의이다. "국가를 개방하고 시장에 의존하라. 그리하면 천년왕국이 도래할 것이다."라는 강력한 메시지를 전달한다. 이렇게 되다 보니 자본주의의 보호막인 민주주의가 참여와 평등의 가치보다는 경쟁과 축적의 이념으로 변색 내지 변질되고 있다. 지구화 시대의 민주주의는 시장경제의 봉사자란 의미로서 재차 협애화하고 위협받고 있는 실정에 놓여 있다.

3.3.4 사회주의

18세기가 자유주의 시대였다고 한다면, 19세기는 사회주의의 시대라 할 수 있다. 18세기는 자유주의 물결이 크게 일었고 정치적으로는 민주주의 제도가 도입되었다. 경제적으로는 자유방임주의에 따라 자본주의가 근착하기 시작했다. 19세기에 들어오면서 자유주의적 개인주의에 대립하는 사회주의가 새로운 사회사상으로 등장했고 여러 갈래의 사회주의 운동이 일어났다.

이탈리아의 줄리아니가 1803년 사회주의란 용어를 처음으로 사용했다. 그는 사회주의(社會主義, socialism)를 개인주의(個人主義, individualism)와 대립하는 개념으로 이해했다.[148] 개인주의는 자유경쟁을 통해 개인 이익을 추구하는 이념이고, 반면에 사회주의는 사회 전체의 이익을 중시하는 이념이다.[149] 영국과 프랑스를 중심으로 근대적인 의미인 사회주의가 1830년대에 본격적으로 거론되었고 그것을 고찰하는 여러 사상가와 학파가 형성되었다. 그것과 맞물린 사회주의 운동도 여러 형태로 전개되었다. 영국과 프랑스에서는 공상적 사회주의가 일어났다. 그것과 또 다른 급진적인 '과학적 사회주의'는 마르크스에 의해 주창되었다.

마르크스는 『자본론』 제1권을 출간하였고 제2권과 제3권의 출간을 보지 못하고 죽었다. 엥겔스는 그의 원고를 정리하여 제2-3권을 후에 출판했다. 엥겔스는 사적 유물론과 잉여가치론을 기초로 한 사회주의가 진정한 사회주의의 과학이론임을 천명했다. 그는 1870년대부터 마르크시즘을 아예 '과학적 사회주의'라고 칭했다. 마르크시즘과 비교하여 생시몽, 푸리에, 오언 등이 제시했던 사회주의가 과학

---

148) 위의 책, 226. 참조.
149) "사회주의", 「통합논술 개념어 사전」.
https://terms.naver.com/entry.naver?docId=2060475&cid=47331&categoryId=47331

적 이론이 없는, 비과학적으로 구상한 것이라 해서 '공상적 사회주의'라 불렀다.

19세기 중엽부터 '사회주의'와 '공산주의'라는 말은 엄밀하게 구별하지 않고 거의 동일한 개념으로 사용되었다. 이 영향은 마르크스에 의한 것이었다. 마르크스는 자신의 '혁명적 사회주의'를 개량주의적 사회주의와 구별하기 위해서 '공산주의'라 불렀다.[150] 그렇지만, 마르크스와 엥겔스가 공동으로 집필한 『공산당선언』(1848)[151]에서는 공산주의나 공산주의자란 용어가 사회주의보다 더 많이 나타나고, 이 둘을 크게 구분하지 않았다.[152] 공저자는 사회주의보다 공산주의를 즐겨 썼고 또 그렇게 기술했다. 그럼에도 불구하고 마르크시즘은 사회주의의 한 형태로 분류된다.

3.3.4.1 공상적 사회주의

19세기 초엽부터 영국과 프랑스를 중심으로 사회주의 사상이 일어났고, 점차 그 사상은 운동 차원으로 확대되고 전개되었다. 사회주의를 주장한 사상가들은 영국의 로버트 오웬, 사회주의의 지식인 단

---

150) "공산주의", 「두산백과」.
https://terms.naver.com/entry.naver?docId=1063383&cid=40942&categoryId=31606
151) 마르크스·엥겔스, 『공산당선언』, 서석연 역 (서울: 범우사, 2000).
152) 프랑스 사회학자 에밀 뒤르켐은 사회주의와 공산주의를 구분했고, 둘은 기본적으로 노선이 다르다고 주장했다. 그는 공산주의를 개인 이익이나 사유재산을 철저히 억압하는 이념으로 보았던 반면에, 사회주의를 사회생활에 심대한 영향을 주는 대기업을 사유로 할 수 없는 이념으로 보았다. 강재륜, 『사회윤리와 이데올로기』 (서울: 서광사, 1985), 179. 참조.

체인 페이비언 협회, 협회의 이론가 시드니 웨브와 부처가 있다. 프랑스의 사회주의 사상가로는 생시몽, 푸리에, 루이 블랑, 프루동 등을 꼽을 수 있다.

위에 열거한 사회주의자들은 '공상적'(utopian)이란 칭호가 앞에 붙여진다. 마르크스가 『공산당선언』에서 그보다 먼저 제시한 사회주의를 그렇게 규정했다. 그들의 사상이 상당 부분 유토피아적이란 성격을 띠기 때문이다. 현실에서 구현되기 어려운 이상적인 측면이 있고 이데올로기를 실천하기에는 정치적 과격성이 결여되어 있다는 뜻일 수도 있다. 그들은 이념의 실천과 목표 성취에 있어서 상당할 정도로 사회 개량적이고 점진적인 방법을 취했다. 특히 영국 사회주의가 그랬다.

영국의 사회주의

영국 최초의 사회주의 사상가는 로버트 오웬(Robert Owen, 1771-1858)이다. 그는 스코틀랜드의 소촌 뉴라나르크(New Lanark)의 큰 방직공장을 인수했고 소유주가 되었다. 공장을 통해 사회주의 이상을 실험하고자 했다. 영국은 산업혁명으로 산업화의 과정을 거치면서 파생된 노동문제로 인해 1830-40년대에 골머리를 앓았다. 무엇보다도 오웬의 눈길을 끈 것은 연소자의 노동이었다. 당시에 방직업이 기계화되면서 노동은 단순노동으로 변했고, 값싼 노임의 연소자 고용이 크게 유행했다. 오웬의 공장에는 노동자 2,000명 중 500명이 5-6세 정도의 연소자였다. 주택을 비롯한 노동자들의 생활환경

은 가난했기에 매우 처참한 상태였다. 또한 노동자들 사이에 비도덕적, 범죄적 행위가 난무했다.[153]

오웬은 노동자들의 노동조건과 생활 조건 모두 개혁할 것을 결심했다. 어린이 교육을 위해 유치원을 공장 내에 세웠고, 노동자들의 숙소, 노동복, 식사 개선을 위해 힘썼고, 깨끗한 보건시설을 마련, 유지했다. 뉴라나르크 공장이 복지시설을 잘 갖춘 모범공장이 되었지만, 수익성이 적은 경영방식이 투자자들을 분노케 했고, 그에게 등을 돌렸다. 그러나 제레미 벤담 같은 사회 저명인사들이 투자해서 그를 도왔기 때문에 그는 노동자의 보호정책을 더 강화하고 이윤의 5%를 노동자들의 복지를 위해 투여했다.[154]

나폴레옹 전쟁이 끝나 전시수요가 끝나자, 영국에선 복원된 병력으로 인해 엄청난 실업 사태를 경험하게 되었다. 이때 영국 노동자 사이에 기계파괴운동이라 일컬어진 러다이트 운동(Luddite Movement)이 일어났다. 오웬은 이 사건을 야만적이라 비판했고, 사태에 대한 대안으로 실업자 구제를 위해 1,000-1,500에이커 농지에 1,000-1,500명을 수용하는 공동촌락을 건설했다. 그는 나중에는 전 사회를 소규모 농장경영의 형태인 사회주의 농장으로 바꿔야 할 것이라고 주장했다. 그러나 3년 후 그가 세운 이상은 실패로 끝났다.[155] 그의 사회개혁가로서의 실험은 실패했고 그는 막대한 재산을 잃었다.

---

153) 강재륜, 『사회윤리와 이데올로기』, 184. 참조.
154) 위의 책. 참조.
155) 위의 책, 185. 참조.

오웬은 사재를 털어가면서 빈민구제를 위한 사회주의의 실험을 했다. 그러나 가난한 노동자에 대한 그의 사랑은 사람들의 증오로 되돌아왔다. 그의 정열적인 사회주의의 이상 추구는 냉혹한 현실의 벽에 부딪혀 크게 좌절됐다.

1884년 영국의 지식인들 사이에서 사회주의 학술단체인 페이비언 협회(Fabian society)가 결성되었다. 이 단체는 사회주의를 이론적으로 토론하고 구체적 현실에 적용하고자 했다. 영국 사회주의 운동의 실질적인 브레인 트러스트(brain trust, 두뇌집단)의 역할을 감당했다. 협회는 1906년에 "영국 노동당"[156]이 결성되는 주요세력으로 참여했고 당의 정책을 입안하는 데 크게 기여하였다. 사회주의 정당인 노동당은 영국 의회정치에 참여하고 노동자의 권익을 우선해서 합법적으로 대변하였다. 노동당은 점진주의(gradualism)을 표방하며 사회개혁에 힘썼다. 혁명적 방법을 사회발전을 저해하는 것으로 간주했다. 노동조합에 봉사하고 대변하는 정당으로서의 위치를 공고히 했다.[157] 페이비언 협회의 의회적 사회주의에 반대하는 오레이지(A.R. Orage)가 중심이 된 길드 사회주의(guild socialism) 운동도 있었다. 프랑스 생디칼리슴(syndicalism)의 영향을 받은 길드 사회주의는 혁명적 노선을 취했다. 총파업을 하는 등 과격한 노동투쟁을 수차례 일삼다가 영

---

156) 위의 책, 182. 영국 노동당(British Labor Party)은 다른 사회주의 정당과 완연하게 다르다. 노동자, 독립노동당, 페이비언 협회를 통합하고 마르크스 단체를 배제한 온건한 사회주의 세력의 정당 통합체. 1924년 최초로 노동당 내각을 출범시켰다.

157) 위의 책, 182-183. 참조.

국에서 자리를 못 잡았고, 결국 1921년 파국의 길을 걸었다.[158]

영국 노동당 당원이자 정책입안자인 시드니 웨브(Sidney Webb, 1859-1947)와 부처(Beatice, 1858-1943)는 실천성을 전제한 사회주의적 원리를 다섯 가지로 주장했다. ① 최대다수의 최대행복인 공리주의, ② 중요 산업의 국유화 또는 공동소유화 ③ 중요 산업에 대한 민주적 감독관리 ④ 소득·보건·주택 등 국민의 최소생활 보장 ⑤ 궁극 목표로서 생활 조건의 평등이다.[159] 그들은 이런 원리를 주장할 때, 영국의 사회제도를 바꾸는 데 있어서 "점진주의적 사회 개량(social evolution)"[160]이 과격한 혁명보다 더 현실적이라는 신념을 보여주었다.

프랑스의 사회주의

영국 노동자들은 정당과 관계를 맺으면서 투표권과 노동조합이라는 무기를 갖고 자신들의 지위를 점진적으로 향상해 갔다. 그러나 프랑스 노동자들은 영국 노동자들과 다른 길을 걸었다. 그들은 자신들의 권리 확보를 위해 정당과는 아무 연관없이 혁명에 의한 충격적인 개혁 시도로 폭동을 수차례 일으켰지만, 실패를 거듭했다.

1830년대에 들어와 프랑스의 대규모 공업의 발달은 뚜렷해졌다. 공업의 발달로 노동자 계층이 비대해졌다. 프랑스의 사회주의 정당들은 난립하고 서로 다투고 이합집산을 거듭했다. 노동자들과는 절

---

158) 위의 책, 183. 참조.
159) 위의 책, 187. 참조.
160) 위의 책.

연하고 선거를 통해 의회에 진출하고자 했다. 노동자들은 난립한 정당을 백안시하고 노동조합에 전적으로 의존했다. 노동조합은 임금노동자의 단체일 뿐이다. 노동조합의 운동은 생디칼리슴(syndicalisme)이다. 생디칼리슴은 성격상 "반의회적·반정치적이고 무정부주의적"[161]이었다. 노동조합의 운동은 동맹파업, 사보타주 등으로 나타났다. 노동조합은 직접행동만이 능사였다. 생디칼리슴은 이렇게 정치 불신과 더불어 국가부정으로까지 나아갔다. 그러면서 노동조합은 마르크스주의를 '정치적 사회주의'라 칭하고 반대하였다.

노동자들과 무장 시민이 생디칼리슴으로 일으킨 폭동의 실패는 오히려 반동을 불러일으켰다. 1834년 4월 폭동, 1839년 5월 폭동이 이어졌다. 무모한 무장봉기 노선인 '블랑키슴(Blanquisme)'[162]은 성공하지 못했다. 1848년 2월, 6월 폭동 역시 실패를 거듭했다. 그에 대한 반동으로 1852년 루이 보나파르트가 나폴레옹 3세로 황제에 취임하게 되었다. 1871년 나폴레옹 3세가 보불전쟁(프로이센-프랑스 전쟁)에서 참패하고 포로로 잡히자 파리 폭동이 일어났다. 파리시는 제정을 무너뜨리고 1871년 3월 신정부를 수립했다. 이렇게 70일간 "파리코뮌"[163]을 유지하다 정부군에 의해 다시 타도되었다. 이 조직

---

161) 위의 책, 191.
162) 프랑스 혁명 때 사용된 개념으로 대중 조직에 의하지 않고 소수 정예의 폭력적인 직접행동에 의해 정권을 탈취하는 혁명 사상을 뜻한다.
163) 파리코뮌(Paris Commune)은 1871년 3월 28일부터 5월 28일 사이 파리 시민과 노동자들의 봉기에 의해 수립된 혁명적 자치 정부를 말한다. "파리 코뮌", 「두산백과」.
https://terms.naver.com/entry.naver?docId=1154373&cid=40942&categoryId=

은 사회주의자, 블랑키주의자, 급진적 소시민 등 오합지졸로 구성된
것이었다. 마르크스는 파리코뮌의 실패를 보고 프롤레타리아의 독재
를 주장하게 되었다.

프랑스 사회주의 사상가 가운데 한 사람인 "생시몽(Comte de
Saint-Simon, 1760-1825)"[164]은 "근대 사회주의의 아버지"[165]로 불린
다. 그는 파리에서 출생했고, 18세 때 미국독립전쟁에 참가했다. 귀
국 후 프랑스 혁명정부에 의해 반혁명파로 몰려 투옥되기도 했다. 국
유지 매매로 거부가 되었으나 영국의 오웬처럼 사회주의 실험을 하
다 재산을 탕진했다. 여생을 가난하게 살았다.

생시몽은 비산업 계급인 봉건영주와 산업계급, 양자가 협력·지배
하는 계획생산의 새로운 사회를 건설할 것을 주장했다. 그는 프랑스
혁명을 비롯한 19세기에 빈번했던 혁명들을 반대했다. 혁명은 사회
적 진보를 가져올 수 없다고 생각했다. 그는 역사를 비판적 단계와
유기적 단계로 나누고 이 두 단계로 역사과정이 교체된다고 해석했
다.[166] 분열과 대립을 가져오는 비판적 단계는 유기적 시대를 해체하
고 새로운 유기적 단계의 시대를 오게 한다. 생시몽은 앞으로의 유기
적 사회가 과학과 기술의 진보를 가져오는 산업주의로 앞당겨질 것

33462
164) "생시몽", 「두산백과」.
https://terms.naver.com/entry.naver?docId=1110546&cid=40942&categoryId=
33461
165) 강재륜, 『사회윤리와 이데올로기』, 192.
166) 위의 책, 193. 참조.

으로 내다봤다. 그는 실증주의(positivisme) 사상에 기초하여 인류의
미래는 과학과 기술의 시대가 될 것으로 확신했다.[167] 그는 만년에
『새로운 기독교(nouveau Christianisme)』(1825)를 저술, 세계와 어렵
고 가난한 사람들을 사랑하라고 가르침을 주는 기독교의 힘에 의지
하고자 했다.[168]

샤를 푸리에(François Marie Charles Fourier, 1772-1837)는 상인의
아들로 프랑스 브장송에서 출생했다.[169] 그는 독신으로 검소하게 살
았지만, 특이하게 관능적 향락을 긍정하는 성의 해방을 주장했다. 그
는 도덕세계의 뉴턴으로 자처하면서 "정욕인력의 법칙"[170]을 주장했
다. 푸리에는 생시몽과 달리 과학과 기술을 좋아하지 않았다. 그는
사회적 부(富)가 증대되어가도 노동자들이 가난하게 사는 것을 보고
자본주의 제도를 '사회악의 근원'으로 생각했다. 그 때문에 "소규모
토지 위에 노동자들이 농업조합을 결성하여 제각기 일하며 공동생활
을 하는 파랑쥬(共産村, pharange)"[171]를 이상사회로 삼았다. 이런 이
상은 인간의 욕정을 조화롭게 만족하기 위해 노동을 즐겁게 하기 위
한 발로에서 나온 것이었다. 그는 죽기 전 10년간 자택에서 파랑쥬

---

167) 위의 책, 194. 참조.
168) 위의 책.
169) "샤를 푸리에", 「두산백과」.
https://terms.naver.com/entry.naver?docId=1158898&cid=40942&categoryId=
33462
170) 강재륜, 『사회윤리와 이데올로기』, 195. 푸리에는 인간의 욕망을 오관의 관능
욕, 애정욕(우정, 연애, 야심, 부모의 정)과 분배욕(음모욕, 다양한 욕망을 만족
시키는 욕망)으로 나눴다.
171) 위의 책.

에 투자할 자본가를 기다렸다. 하지만 아무도 그를 찾지 않았다. 그
의 공상벽은 정신병에 가까웠다. 마르크스는 푸리에의 사상적 영향
을 받아 자유노동(freie Arbeit)을 주장한 것으로 알려졌다.

　루이 블랑(J.J.C. Louis Blanc, 1811-1882)은 프랑스 공상적 사회주
의자이다. 그는 오웬처럼 실천적 사상가였지만, 온건한 사회개혁가
였다. 프랑스 정치에 깊이 개입하였다. 1848년 2월 혁명으로 세워
진 과도정부에서 공화주의파와 대립할 때 사회주의파의 대표자이기
도 했다. 그는 과도정부 수립 시 2월 혁명 선언문을 작성할 만큼 영
향력이 컸다. 그는 노동정책이나 사회개선책에 대해 아이디어를 냈
고, 과도정부에서 그의 정책안이 채택되기도 했다.

　루이 블랑은 과도정부에서 실업자에게 일자리를 마련하고 노동권
을 보장하기 위해서 "국민공장(national workshop)"[172]을 설립하도록
했다. 그러나 거리의 실업자를 상당수 구제했지만, 재정난으로 실업
자 전원을 고용하지 못해 불만을 키웠고 6월 폭동을 유발했다. 그러
나 6월 혁명의 책임 추궁을 당하고 영국으로 도피했다. 루이 블랑은
사회개혁정책을 마련할 때, "국가가 모든 은행·공장·철도·보험회사
그리고 상업적 기업체를 통제하는 반면 소기업은 개인소유로 있어야
한다"[173]고 주장했다. 경제를 공공부문과 사적 부문으로 나누고 국가
의 전면적 통제권을 요구했다. 그러나 구체적으로 국가가 경제와 공
공 영역을 어떻게 관리할지 그에 대해선 침묵했다. 그는 정치에서 남

---

172) 위의 책, 196.
173) 위의 책, 197.

성의 참정권을 요구하기도 했다. 그는 생시몽, 푸리에처럼 블랑키스트의 폭력혁명을 강력히 반대했다.[174]

프루동(Pierre-Joseph Proudhon, 1809-1865)은 실천적 사회주의자였으나 무정부주의자(anarchist)에 가까운 인물이다. 그는 푸리에처럼 브장송에서 출생했다. 가난한 집안에서 성장하였고 독학으로 공부, 교정원이 되어서 생계를 유지했다. 그는 교정원으로 지내면서 "재산이란 무엇인가?"라는 논문을 발표, 유명해졌다. 프루동은 재산을 훔친 것으로 보았고, "잉여가치를 수탈하여 불로소득하는 성질의 재산"[175]으로 결론지었다. 그러나 그는 사유재산제도를 부정하지 않았고 다만 재산권이 수탈되는 것을 막기 위한 제도개혁의 필요성을 역설했다. 그는 재산의 수탈은 국가에 의해 자행되는 것이기 때문에 "소경영의 생산단위들로 구성된 산업체들이 연립하는 연립체제"[176]로 막아야 할 것이라고 주문했다. 프루동의 이상사회는 통일된 계획하에 생산과 분배를 하는 근대적 산업사회가 아니라 "소규모의 독립된 자작농과 수공업자가 단위가 되는 체제"[177]였다. 그의 이상은 보수 반동적 성향을 띠었다.[178] 그는 집권화된 권력을 소경영 경제단체로 분산시켜 무제약적 자유를 실현하려고 했지만, 그것은 현실성 없는

---

174) 위의 책. 참조.
175) 위의 책, 198.
176) 위의 책, 199.
177) 위의 책.
178) 마르크스·엥겔스는 공저인 『자본론』에서 프루동의 사회주의를 '보수적 사회주의' 혹은 '부르주아 사회주의'라 칭했다. 마르크스·엥겔스, 『공산당선언』, 서석연 역 (서울: 범우사, 2000). 94. 각주 13) 참조.

시도에 불과했다. 자작농과 수공업자가 무제약적 자유를 누리려면, 정부는 당연히 폐지되어야 할 것을 주장했다. 이런 측면에서 보면, 프루동은 무정부주의자였다.

프루동은 1848년 2월 혁명에서 주도적인 역할을 하긴 했지만, 폭력혁명을 반대하였다. 그는 강자에 의한 약자의 지배나 약자에 의한 강자의 지배 모두 반대하였기에 국가 권위를 부정하는 아나키스트였다. 하지만, 그는 2월 혁명 후 국회의원으로 선출되었고, 자기 학설에 기반한 사회개혁안을 제시하였으나 채택되지는 않았다. 6월 혁명이 좌절된 이후 3년간 투옥되었다.[179] 그의 개인의 절대적 자유를 주장하는 무정부주의는 러시아의 바쿠닌에게 영향을 주었다.

3.3.4.2 과학적 사회주의

프리드리히 엥겔스는 마르크스와 공동으로 주장하는 사회주의가 진정한 사회주의이면서 또한 과학이론이라고 했다. 그는 마르크스주의를 '과학적 사회주의'(scientific socialism)라고 표현했다. 이 개념은 마르크스주의자 스스로 규정하고 공식화한 표현이다. 마르크스주의자가 말한 개념적 의미를 추적하고 파악해야 할 것이다. 물론 마르크스 자신은 과학적 사회주의란 표현을 쓰지 않았다.

3.3.4.2.1 과학적 사회주의의 핵심 사상

---

179) 강재륜, 『사회윤리와 이데올로기』, 200. 참조.

마르크스 사후 30주년을 기념하여 레닌이 쓴 논문 "세 가지 원천과 세 가지 구성부분"은 과학적 사회주의의 사상체계가 무엇인지 핵심적으로 분석했다.[180] 레닌은 마르크스주의의 세 가지 과학적 원천이 독일의 고전 철학, 영국의 정치경제학 그리고 프랑스의 혁명전통 및 사회주의라고 했다. 이 세 가지 원천에서 나온 과학적 사회주의의 내용은 세 가지다. 하나는 역사학과 철학이 결합된 이론으로 변증법적 유물론이고, 다른 하나는 경제학 이론으로 잉여가치설이고, 나머지 하나는 정치학 이론으로 계급 투쟁론이다. 예컨대, 과학적 사회주의는 변증법적 유물론, 잉여가치설 그리고 계급투쟁론이 골격을 이루고 있다. 이 셋을 마르크스와 엥겔스의 이해에 따라 하나씩 분석하기로 한다.

변증법적 유물론

변증법적 유물론은 마르크스주의의 일차적 토대이며 마르크스주의의 과학적 방법론으로 알려져 있다. 변증법적 유물론(辨證法的 唯物論, dialectical materialism)은 두 요소로 구성된다. 마르크스주의에선 유물론과 변증법이 서로 밀접하게 유기적으로 결합되어 있다. 우선, 마르크스주의의 제1의 철학, 유물론(唯物論)에 대하여 살펴보자. 레닌은 마르크스의 유물론이 18세기 말 프랑스에서 나온 것으로 이해하였다. 프랑스 유물론은 "자연과학의 모든 학설에 충실하며, 미신이

---

180) 레닌, 『칼 맑스』, 71. 참조.

나 위선 따위에 적대하였던 단 하나의 철두철미한 철학"[181]이다. 프
랑스 유물론의 대표자들은 디드로, 라메트리, 홀바흐, 엘베시우스 등
이다. 이 자연철학자들은 자연의 물질이 세계 근원이라 보고, 세계
이해를 물질로부터 시작했다. 그들은 또한 물질을 운동, 변화, 발전
하는 것으로 이해했다. 물질이 원자와의 결합과 그것의 운동이라는
기계론적 유물론의 입장을 가진다. 그리고 자연이나 물질이 그 자체
로 움직인다면, 신(神)의 존재는 불필요한 가설에 지나지 않는다. 프
랑스 자연철학자들은 모두 유물론과 무신론의 입장을 철저하게 견지
한다.

마르크스는 18세기 프랑스의 유물론에 머물지 않고 그 유물론을
독일의 고전 철학으로 바꾸어 이해하여 설명하고자 했다. 마르크스
는 원래 헤겔의 관념론에 심취되었다가 포이에르바하에 의해 유물론
에 귀착했다. 그는 포이에르바하의 유물론으로 헤겔의 관념론을 극
복하였다.

헤겔은 존재하는 모든 것이 관념에서 출발한다고 생각했다. 진정
한 실재는 관념이고 그 관념은 곧 정신이다. 그 정신은 인간 정신인
동시에 신의 정신이다. 그러므로 역사는 신의 자기실현이자, 인간의
자기실현이다. 역사의 주체는 인간 정신 속에 자기를 실현하는 신이
고 신 속에서 자기를 실현하고 있는 인간의 정신이다.[182] 이것이 헤
겔의 관념론이자 그의 역사철학이다.

---

181) 위의 책, 72.
182) 에밀 브루너, 『정의와 자유』, 72. 참조.

헤겔의 제자인 포이에르바하(Ludwig Feuerbach, 1804-1872)는 스승인 헤겔의 철학을 비판하고 유물론을 주장했다. 그는 18세기 프랑스의 무신론적 철학자 피에르 베일(Pierre Bayle)의 사상에 힘입어 인간주의적 유물론을 주장하게 되었다. 그는 『기독교의 본질』(1841)에서 기독교를 비판했다. 포이에르바하는 헤겔과 달리 인간을 정신적 존재가 아닌 자연적 존재(Naturwesen)로 이해했다.[183] 인간 존재는 관념이 아닌 감각에 의존해 있다. 모든 대상 지식은 관념과 무관하고 감각으로부터 도출되는 것이다. 결국, 신(神) 의식은 인간의 자기의식이다. 신이란 인간이 자기의 원망의 대상을 이상화한 것이고 환상에 지나지 않는 것이다. 곧, 신 관념은 인간의 환상이다.[184] 종교는 인간학이 되었다. 기독교는 사랑의 종교지만, 인간의 원망의 대상인 사랑을 이상화한 종교에 불과하다. 포이에르바하는 종교의 본질을 인간의 본질로 본 그는 유물론자이면서 동시에 무신론자다.

마르크스의 유물론은 헤겔과 포이에르바하의 유물론을 비판하고 그것을 극복하는 가운데 나왔다. 마르크스는 헤겔의 관념철학을 비판했다. 헤겔과 의견을 달리하여 실재는 정신이 아니라 물질이라는 것을 주장했다. 그는 헤겔의 정신은 실재가 되지 못한다고 맹비난하면서 이렇게 말했다. "의식이 생활을 결정하는 것이 아니라 생활이 의식을 결정하는 것이다. 의식, 이른바 정신, 관념 따위는 실재적 과정, 물질적 과정을 따르는 부수적인 것에 불과하다."[185] 역사는 정신

183) 안병욱, 『현대사상』(서울: 삼육출판사, 1984), 325. 참조.
184) 에밀 브루너, 『정의와 자유』, 78.

의 역사가 아니고 오로지 물질의 역사다. 이것이 마르크스의 유물론이자 그의 역사철학이다. 마르크스는 관념의 변화가 아닌 현실의 변화에 관심을 가졌다. 헤겔은 그의 관념론에서 관념의 변화에 집중했다. 반면에, 마르크스는 현실의 변화에 집중했다. 그에게 현실이란 인간의 현실로서 경제적인 모든 조건 및 정치제도이고 이것을 변화시키는 것이다. 마르크스에게 현실변화란 혁명적 방법으로 변혁하는 것이다.[186]

마르크스는 포이에르바하의 유물론을 따르면서도 동시에 그것을 비판했다. 이 비판은 헤겔에 대한 비판과 동일했다. 그는 포이에르바하가 "사념(思念) 영역 속에 갇혀 있을 뿐이고 현실에 나아가지 못한다"[187]고 비판했다. 그런 의미에서 포이에르바하의 유물론은 아직 추상적이고 관상적이고 비실천적이다. 그의 인간 이해도 현실적이거나 구체적이지 못하다. 그는 역사적, 사회적 현실 속에 사는 인간을 제대로 파악하지 못했다. 그의 종교론 역시 마르크스에게 비판의 대상이 되었다. 그의 종교론은 너무나 비현실적이다. 마르크스는 포이에르바하의 종교론을 이렇게 평가했다. "신은 하나의 환상이라는 것은 과연 옳은 말이다. 그러나 우리는 이 환상을 포이에르바하가 말한 것보다 더 현실적으로 설명하지 않으면 안 된다. 종교 또는 신에 대한 신앙은 경제조건으로 생기는 것이다. 그러한 환상을 가지게끔 하는

185) 위의 책, 76.
186) 위의 책, 77.
187) 위의 책, 78.

것은 경제적인 궁핍, 가난, 다시 말하면 먹을 것이 없는 상황에서 오는 것이다."[188] 마르크스는 인간이 배고프기 때문에 하나님을 창조했다고 해석했다. 만약 인간에게 배고픔이 없어진다면, 신도 없어지고 마는 것이다.

엥겔스는 마르크스의 실천적 유물론이 이전의 유물론과 다른 점을 세 가지로 요약했다.[189] ① 인간은 대상, 현실, 감성을 주체적으로 파악하고 실천한다. ② 낡은 유물론은 형이상학적이고 변증법적이지 않다. 실천적 유물론은 모든 사물을 역사적 발전 속에서 변증법적, 즉 변화·운동·발전의 견지에서 바라본다. ③ 인간을 추상적 개인으로 보지 않고 사회적, 역사적 존재로 본다. 인간은 계급적 존재다.

이제 유물론에 이어서 변증법(辨證法)을 설명하기로 한다. 유물론은 그 자체로 충분하지 않은 이론이다. 변증법과 결합해야 한다. 마르크스는 헤겔을 떠나서 생각할 수 없다. 그는 헤겔의 관념론은 버렸지만, 그가 사용한 변증법은 버리지 않았다. 마르크스의 유물 변증법은 헤겔의 관념 변증법의 발전이다.

헤겔은 "자연계와 인간계를 포함하는 전 우주를 하나의 생성(生成, Werden) 발전하는 과정"[190]으로 이해했다. 그런 과정을 추진하는 원리는 절대자로서의 이념, 절대정신(絶對情神)이다. 세계는 절대정신의 변증법적 자기발전이다. 세계역사는 절대정신의 세계사다. 절대정신

---

188) 위의 책.
189) 안병욱, 『현대사상』, 329. 참조.
190) 위의 책, 330.

은 3단계로 발전한다. 제1단계는 이념이 자기 안에 있는 상태다. 정 (正, These)의 단계다. 제2단계는 모순의 요소가 발현되어 1단계와 대립하게 되는 상태다. 반(反, Antithese)의 단계다. 제3단계는 모순의 대립이 통일되는 단계다. 합(合, Synthese)의 단계다. "정에서 반을 거쳐 합에 도달하면 그것으로 발전이 그치는 것이 아니고, 합이 다시 정이 되고 반, 합의 순서로 또 발전해 나아간다. 절대정신이 정·반·합의 3단계로 발전해 가는 방식"[191]이 헤겔의 변증법이다.

사유방법으로서 변증법은 다음과 같은 특색을 가진다.[192] ① 세계를 부단한 생성과 발전, 운동과 변화의 과정으로 본다. 동적 변화다. ② 모순과 대립을 발전의 계기 또는 기동력으로 본다. 자본주의 사회는 자본가와 노동자의 대립, 두 계급의 모순·대립 속 투쟁을 통해 사회주의로 발전해 간다. ③ 양(量)이 질(質)로의 전화와 그 반대, 즉 질에서 양으로 가는 법칙이다. 양에서 질로 비약적 발전을 한다. ④ 부정(否定)의 부정(否定)의 법칙이다. 이중의 부정은 내용을 더 풍부하게 하고 차원이 높은 새로운 단계로 발전하게 한다.

이제 비로소 유물론과 변증법은 서로 통합된다. 헤겔에게 관념은 하나의 독립 주체로서 관념의 변증법적 운동을 하고 일체의 현실 세계를 창조한다. 하지만, 마르크스에게 관념은 물질에 의해 형성되는 것이다. 물질의 변증법적 운동은 세계역사가 된다. 헤겔의 변증법적 관념론은 마르크스에 의해서 변증법적 유물론으로 바뀌었다. 그러므

---

191) 위의 책, 332.
192) 위의 책, 333-334. 참조.

로 "마르크스의 변증법적 유물론의 핵심은 ① 존재론적으로 물질은
그 자체에 모순을 가지며 그 모순으로 물질은 발전하고 운동하며 ②
세계는 자기 발전하고 자기 운동하는 물질로 구성되며 신의 섭리나
창조는 필요하지 않으며 ③ 인간의 의식은 물질의 기능이고 인식은
실천을 통해 대상을 반영하며 ④ 세계는 모순 대립을 매개로 저차에
서 고차로 발전하는 무한한 발전과정으로 요약된다."[193]

마르크스와 마르크스주의자들은 변증법적 유물론을 프롤레타리
아의 혁명 논리로 해석한다. 마르크스는 『공산당선언』 끝부분에서
이렇게 외쳤다. "공산주의자는 자신의 견해와 의도를 숨기는 것을
경멸한다. 공산주의자는, 종래의 사회질서 전체를 강력한 힘에 의해
전복하지 않고는 그들의 목적이 달성되지 않는다는 것을 공공연히
언명한다, 지배계급으로 하여금 공산주의 혁명 앞에 전율케 하라! 프
롤레타리아가 이 혁명으로 잃을 것은 쇠사슬뿐이며 얻을 것은 전 세
계다. 만국의 프롤레타리아여, 단결하라!"[194]

마르크스는 사회과학의 한 방법론으로서 변증법적 유물론을 인간
사회와 역사에 직접 적용했다. 이렇게 해서 나온 것이 '사적 유물론'
(史的 唯物論, historical materialism) 혹은 유물사관(唯物史觀, materialistic
interpretation of history)이다. 유물사관은 마르크스주의의 역사관이
다. 구체적으로 말하면 경제사관이다. 마르크스가 변증법적 유물론
으로 역사를 바라보니, 사회는 경제사적으로 발전하는 것이다.

---

193) 노병철·변종헌·임상수, 『현대사회와 이데올로기』, 274.
194) 마르크스·엥겔스, 『공산당선언』, 107-108.

마르크스는 그의 책 『정치경제학 비판을 위하여(*Zur Kritik der politischen Ökonomie*)』(1859) 서문에서 유물사관의 공식을 다음과 같이 밝혔다. "인간은 그들 생활의 사회적 생산에서 그들의 물적 생산제력의 일정한 발전수준에 조응하는 일정한, 필연적인, 그들의 의사와는 무관한 여러 관계, 생산관계를 맺는다. 이들 생산관계 전체가 사회의 경제적 구조, 현실적 토대를 이루며, 이 위에 법적이고 정치적인 상부구조가 세워지고 일정한 사회적 의식형태들이 그 토대에 조응한다. 물적 생활의 생산양식이 사회적, 정치적, 정신적 생활 과정 전체를 조건 짓는다. 인간의 의식이 그들의 존재를 규정하는 것이 아니라, 반대로 그들의 사회적 존재가 그들의 의식을 규정하는 것이다. 사회의 물적 생산제력은 발전단계에 이르면 그들이 지금까지 그 안에서 움직였던 기존의 생산 여러 관계, 또는 이것의 단지 법률적 표현일 뿐인 소유 제관계와 모순에 빠진다. 이들 관계는 생산제력의 발전 형태들로부터 질곡으로 전환된다. 그러면 사회혁명의 시기가 도래한다. 경제적 기초의 변화와 더불어 거대한 상부구조 전체가 조만간 변혁된다."[195]

마르크스의 유물사관 공식은 위에 인용한 서문에서 두 가지로 나타난다. 하나는 사회구조에 관한 것이고, 다른 하나는 사회발전에 관한 것이다. 전자는 유물론적 사회관이고, 후자는 변증법적 사회관이다. 전자는 정적 사회관이고, 후자는 동적 사회관이다. 먼저, 마르크스는

---

195) 칼 마르크스, 『정치경제학 비판을 위하여』, 김호균 역 (서울: 도서출판 중원문화, 2017), 9.

사회구조가 어떻게 형성되어 있는지 파악했다. 그에 따르면, 사회는 두 구조로 구성되었다. 하부구조(Unterbau)와 상부구조(Überbau)다. 이 두 구조로 사회라는 집이 지어진다. 하부구조는 경제적 토대다. 이 토대가 결정적이고 생산 관계 전체를 말한다. 생산관계는 인간 생활에 필요한 의식주 등 생활수단을 만드는 행위다. 즉 노동이다. 노동은 자연과 인간의 관계다. 인간이 상품을 만드는 것은 노동행위다. 동시에 노동하는 인간은 인간과 관계를 맺는다. 인간이 생산을 위해 노동할 때, 타인과 여러 가지 관계를 맺는다. 고용과 피고용, 지배와 예속의 관계다. 이런 생산 관계의 총화가 하부구조에 해당한다. 이 경제적 하부구조가 인간 사회의 진정한 기초다. 이 하부구조 위에 상부구조인 정치, 법률, 학문, 예술, 도덕, 종교 등의 이데올로기가 형성된다. 상부구조는 하부구조에 의해 지배되고 제약되는 것이다. 이 것이 마르크스의 '하부-상부 구조론'이다.

그다음, 마르크스는 사회의 발전에 대한 기본공식을 말한다. 앞서 정적 사회관이 규정되었다면, 이제 동적 사회관이 무엇인지 분석한다. 마르크스는 사회가 변증법적으로 변화하고 발전한다고 생각한다. 그는 인간 사회가 생산 방식을 기준으로 해서 다섯 단계로 발전한다는 것을 주장했다. 다섯 개의 사회구성체는 원시공산사회 → 노예제 사회 → 봉건제 사회 → 자본주의 사회 → 사회주의 사회로 발전해 간다.[196]

---

196) 강재륜, 『사회윤리와 이데올로기』, 219-222.

마르크스는 사회발전의 원동력을 생산력으로 봤다. 생산력이 생산관계와 모순이 생길 때 사회혁명이 일어나고, 기존 사회와 다른 새로운 사회가 등장하는 것이다. 이것은 자본주의 사회에서 사회주의 사회로 발전하는 것을 일컫는다. 예를 들어, 자본주의 사회는 그동안 사유재산제를 통해 사회의 생산력을 한없이 키웠고 그로 인해 고도로 발전했다. 그러나 어느 단계에 오면 사유재산제는 생산력을 방해하는 질곡으로 급변한다. 생산력과 생산관계에 모순이 생긴 것이다. 이 모순을 극복하려면 오로지 생산수단의 사적 소유를 폐지하고 사회적 공유를 하는 길뿐이다. 이때 프롤레타리아의 혁명, 즉 사회혁명이 불가피하게 되는 것이다. 자본주의 사회는 필연적으로 붕괴하게 되고 사회주의 사회로의 전화(轉化)는 불가피하게 된다. 결국 사회주의 사회가 출현한다.[197]

잉여가치설

잉여가치설은 마르크스 정치경제이론의 초석이다. 마르크스는 유물사관의 관점에서 역사를 해석했고, 사회가 발전한다는 결론을 내렸다. 곧, 자본주의의 경제구조 자체의 내적 자기모순으로 인해 자본주의는 필연적으로 붕괴하고 사회주의는 필연적으로 도래하게 된다는 것이다. 그러나 유물사관은 왜 자본주의 사회에서 사회주의 사회로 필연적으로 발전하는지를 설명하지 못한다. 마르크스는 역사적

---

197) 안병욱, 『현대사상』, 343-344. 참조.

발전의 필연성을 경제학적 분석을 통하여 증명하고자 책을 썼다. 그 책이 『자본론』(1867)이다. 자본론의 골자는 잉여가치설(剩餘價値說, Mehrwert, surplus value)이다. 마르크스는 잉여가치설을 가지고 자본주의의 경제구조와 그것의 붕괴가 어떻게 이뤄지고 있는지 면밀하게 분석했다.

마르크스는 자본론을 상품 분석에서부터 시작했다. 상품 가치는 상품 생산에 필요한 노동시간에 의해서 결정된다. 그는 상품 가치는 거기에 투하되는 노동량에 의해 결정된다는 리카르도의 노동가치설을 계승했고, 상품 생산에 필요한 노동량을 분석하고 계산했다. 자본가는 노동자의 노동력을 상품으로 사서 일을 시킨다. 노동자에게 6시간의 임금을 주고 10시간 노동을 하게 한다면, 4시간의 잉여노동 시간이 생긴다. 이것이 잉여가치다. 마르크스는 이러한 잉여가치를 자본가의 착취라고 칭했다. 잉여가치는 자본가에게 고스란히 이윤이 된다. 잉여가치는 이윤의 원천이자 재부의 원천이다. 자본가가 노동자로부터 많은 잉여가치를 남기면, 그것은 그의 수중에 고스란히 들어간다. 자본가는 잉여가치를 증식하기 위해 여러 방법을 쓴다. 노동시간 연장, 노동임금 인하, 노동능률을 고양키 위한 산업의 합리화, 노동 집약화 등을 추구한다. 게다가 기계가 발명되고 자본가는 그 기계를 사용한다. 기계가 들어오면 노동자의 수는 줄어든다. 자본가는 재산이 점점 축적되고 노동자는 점점 가난해진다.[198]

---

198) 위의 책, 350-351. 참조.

마르크스는 자본주의의 붕괴를 초래하는 네 가지 근거를 설명했
다. 첫째, 판로 결핍설이다. 노동자의 임금 지출을 위한 가변자본이
적어지면, 가난해진 노동 대중의 구매력은 감소한다. 상품의 판로가
막힌다. 생산 과잉이 된 상품의 판매는 저조해진다. 생산과 소비의
부조화는 자본주의를 망하게 한다. 둘째, 산업 예비군설이다. 산업예
비군이란 용어는 엥겔스가 처음으로 썼다. 실업자를 말한다. 과잉된
노동인구다. 셋째, 빈궁화설이다. 자본주의가 발달하면 할수록 소수
대자본가는 부유해지고 노동자는 갈수록 빈궁해진다. 소수 대자본가
는 부의 축적이, 노동자는 빈곤의 축적이 일어난다. 갈수록 자본주의
사회는 극단적 양극화가 된다. 넷째, 자본 집중설이다. 생산의 무정
부 상태와 경제적 공황이 오게 되면, 다수의 소 자본가는 무너지고
소수의 대자본가만 남게 된다. 자본의 독점은 생산력의 질곡으로 이
어진다. 자본주의적 사유(私有)는 종언을 고한다. 수탈자가 오히려 수
탈당하게 된다.[199]

마르크스가 자본론에서 분석하고 내렸던 결론은, 자본주의 사회
는 계급의 양극화가 이뤄지고 빈궁의 극에 처한 노동자가 필사적인
저항과 혁명으로 자본주의 사회가 붕괴한다는 점이다. 마르크스가
분석, 시도한 사회 당시의 모습에 비친 노동자 계급의 삶은 비극적이
고 절망적이었다. "빈궁(貧窮), 노동고(勞動苦), 예속, 무지, 수화(獸化),
퇴폐, 타락"[200] 그 자체였다. 반면에 소수 자본가 계급의 삶은 자본의

---

199) 위의 책, 351-353. 참조.
200) 안병욱, 『현대사상』, 354.

독점적 지위로 말미암아 축재와 축재를 거듭하며 안락을 누렸다. 당시 자본주의 사회는 자본가 계급이 노동자 계급을 철저하게 억압하고 그로 인해 경제적 모순과 착취가 이루어진 체제였다.

계급투쟁

계급투쟁은 마르크스의 정치학 이론이다. 계급투쟁(階級鬪爭, class struggle, Klassenkampf)은 인간 사회와 역사를 관통하는 발전 원리이자 추진력이다. 낡은 사회를 새로운 사회로 변혁하기 위한 정치적 방법이자 도구이다. 그런 측면에서 마르크스는 『공산당선언』 첫머리에서부터 "이제까지의 모든 사회의 역사는 계급투쟁의 역사다. 자유민과 노예, 귀족과 평민, 영주와 농노, 동직의 우두머리와 직인, 요컨대 억압하는 자와 억압받는 자는 항상 서로 대립하여, 때로는 숨어서 때로는 공공연한 투쟁을 끊임없이 계속해왔다."[201]라고 일갈했다. 그는 사회사를 계급투쟁 역사로 보았다.

마르크스주의는 계급투쟁 사관 위에 서 있다. 마르크스가 계급투쟁을 말할 때, 그가 가진 일차적 관심은 계급 이해에 있다. 그가 말하는 계급은 근대 자본주의 사회의 계급을 뜻한다. 자본주의 사회는 두 개의 계급이 서로 대립해 있다. 하나는 부르주아 계급이고, 다른 하나는 프롤레타리아 계급이다. 전자는 "근대 자본가, 즉 사회적 생산수단의 소유자며, 임금노동자를 고용하는 사람들의 계급"[202]이다. 후

---

201) 마르크스·엥겔스, 『공산당선언』, 18-20.

자는 "근대의 임금노동자 계급"[203]이다.

계급투쟁에서 투쟁의 주체는 누구인가? 어느 계급이 어느 계급과 대립하고 싸우는 것인가? 왜 투쟁해야 하는가? 마르크스는 앞서 잉여가치설을 가지고 자본주의 사회를 분석했고, 그 결론으로 자본가계급이 노동자 계급의 임금을 착취하고 노동자 계급을 억압하는 지배계급으로 점차 부상했다는 것을 말했다. 더 나아가 자본가 계급으로 인해 자본주의 사회는 붕괴할 수밖에 없다고 했다. 계급투쟁의 대상은 자본가 계급이다. 자본가 계급을 타도할 주체적 계급은 오로지 프롤레타리아뿐이다.

부르주아는 원래 봉건영주의 지배하에서 억압을 당하는 신분이었다. 군주제 밑에서는 납세의무를 진 제3의 신분, 도시 평민에 불과했다. 그러다가 대공업과 세계시장이 재편되는 근대 대의제 국가에 와서는 독점적 정치적 지배를 전취했다. 근대 국가권력은 부르주아 계급 전체를 위한 공동사무를 처리하는 위원회에 지나지 않게 되었다.[204] 그만큼 부르주아 계급은 국가권력까지도 좌지우지할 정도가 되었다. 부르주아지는 무수한 자유를 단 하나의 상업적 자유로 바꾸어 놓았다. 예컨대, 존경받고 외경의 대상이었던 직업 즉 의사, 법률가, 승려, 시인, 학자를 그들이 고용하는 임금노동자로 바꾸었다. 부르주아지는 임금노동자들에게 "노골적이며 파렴치하고 야수 같은

202) 위의 책, 17. 각주 1).
203) 위의 책.
204) 위의 책, 26. 참조.

착취"[205]를 자행했다. 부르주아지에 의한 노동자 착취가 끝나고 노동자는 임금을 현금으로 받게 되면, 부르주아의 다른 부분인 집주인, 소상인 등이 노동자에게 달려든다. 중간 계층의 신분인 소공업자, 소금리생활자, 수공업자, 농민은 모두 점차 프롤레타리아트로 전락한다. 프롤레타리아트는 모든 계급의 인구로부터 보충된다. 결국, 부르주아지에 대한 프롤레타리아트의 저항적 투쟁이 시작된다.

이러한 양상이 계급투쟁이다. 노동자가 자신들의 투쟁을 부르주아지 전체와 정부 투쟁으로 나아갈 때, 그 투쟁은 계급투쟁이 되고 정치투쟁이 되는 것이다.[206] 부르주아지에 대항하는 모든 계급 중에서 오직 프롤레타리아트만이 진정한 혁명 계급이 되는 것이다.[207] 프롤레타리아트가 혁명으로 계급투쟁을 하게 되면, 그 결과 자본주의 사회가 붕괴하므로 계급사회는 없어지게 된다. 곧 국가도 소멸하게 된다. 왜냐면, "국가는 계급국가요, 계급지배의 도구요, 계급사회의 산물"[208]이기 때문이다. 엥겔스는 『반(反)뒤링론(論)』에서 공산주의 사회에서 국가 사멸에 대해 언급했다.[209] 계급 대립과 투쟁의 때가 지나면 억압해야 할 사회계급도 없어지고 억압 권력의 필요도 없게 된다. 곧 국가가 소멸되고 마는 것이다.

---

205) 위의 책, 27.
206) 위의 책, 41. 각주 370 참조.
207) 위의 책, 44. 참조.
208) 안병욱, 『현대사상』, 357.
209) 위의 책, 358. 참조.

3.3.4.2.2 과학적 사회주의의 비판

마르크스와 엥겔스가 주창한 과학적 사회주의는 변증법적 유물론, 잉여가치설, 계급투쟁론이 골격을 이루었고 대규모 학문체계로 구성되었다는 것을 앞서 살펴보았다. 또한 그 내용을 상세하게 분석했다. 이제 비판적 관점에서 과학적 사회주의가 어떤 오류와 문제가 있는지 살펴보고자 한다.

레닌은 마르크스주의가 철학, 정치경제학, 사회주의 대표자들이 이미 내놓은 학설을 계승, 발전시켰다는 것을 고무적으로 평가했고 과학적 사회주의가 마르크스의 천재성이 돋보이는 탁월한 사상체계란 것을 추켜세웠다. 그러면서 그는 마르크스주의가 "전능하다. 왜냐하면 진리이기 때문이다. 그것은 완전하며 정연하게 정비되어 있어 어떤 미신과도 어떤 반동과도 양립하지 않고, 또한 부르주아적 억압을 옹호하는 것과 결코 어울리지 않는 전일적인 세계관"[210]으로 칭송했다. 레닌에게 마르크스주의는 다름 아닌 신(神)이었다.

변증법적 유물론의 비판

변증법적 유물론은 마르크스주의의 제1의 과학적 토대이고 마르크스주의의 과학적 방법론으로 제시되었다. 마르크스와 엥겔스는 변증법적 유물론을 과학적 이론으로 포장하고 있고 레닌이나 스탈린

---

210) 레닌, 『칼 맑스』, 72.

역시 그것을 최고의 과학이라고 추켜세웠다. 하지만 그 이론은 비과학적 이론이 아닐 수 없다.

첫째 이유는, 변증법에 들어맞는 편리한 몇 가지 실례만으로 꿰맞추고 그것이 전체 법칙인 양 주장했기 때문이다. 이러한 주장은 매우 비과학적이고 실증적이지 않은 태도다. 변증법은 자연법칙과 같지 않다. 그저 하나의 철학적 논리에 불과하다. 그리고 물질과 사회가 그 내적 모순이 가동되어서 움직이고 발전한다는 사실 하나만으로 사회 전체의 법칙이 될 수는 없다. 그러한 생각은 교조적인 억지 논리이며 독단적 주장이다. 매우 비과학적이다.

또한 역사가 변증법적으로 발전한다는 논리도 마찬가지다. 봉건 사회는 그 내적 모순에 의해 자본주의 사회로 바뀌었다. 자본주의 사회는 그 내적 모순에 의해 공산주의 사회가 된다고 했다. 공산주의 사회도 그 내적 모순에 의해 다음 단계로 계속 발전해야 하는 것이 마땅하다. 그런데 마르크스주의자들은 그런 발전 논리를 자본주의 사회까지만 적용하고 공산주의 사회에 와서는 더 이상의 발전이 있다는 것을 거부한다. 그런 주장 자체가 억지이고 모순이며 논리의 기만이다. 비과학적인 발상이 아닐 수 없다.

둘째, 변증법적 유물론은 프롤레타리아 혁명의 강력한 무기로 쓰였다. 이렇게 변증법적 유물론을 마르크스 사상체계의 왕좌에까지 올려놓은 것은 레닌과 스탈린의 공로가 크다. 공산주의 국가에서 변증법적 유물론은 절대 신성불가침이며 어떤 비판도 불허하고 교조적 권위의 도그마다. 러셀이 잘 지적했듯이 변증법적 유물론은 마르크스주의의 신이 되었다.[211] 레닌은 변증법적 유물론을 헤겔의 절대정신으로서의 발전 법칙처럼 추앙했다. 그는 변증법을 "가장 완전하며 심오하고, 일면성을 결코 허락지 않는 형태에서 발전의 학설, 영원히 발전해 가는 물질의 우리에게 가져다 주는 인간 지식의 상대성에 관한 학설"[212]이라고 했다. 변증법적 유물론이 인간의 지식의 상대성이라면서도 물질 자체가 가진 진리로서의 절대성을 포기하지 않는 학설이라고 이율배반적 논리를 폈다. 레닌은 더 나아가서 변증법적 유물론을 자연과학이 최신 발견들(라듐, 전자, 원소의 변환)에서 이룩한 것처럼 정확하고 확실한 자연과학 이론으로 둔갑시켰다.[213]

셋째, 유물사관의 이해 역시 비과학적이다. 마르크스의 유물사관의 기본 명제는 "인간의 의식이 그 존재를 결정하는 것이 아니고 그와 반대로 그들의 사회적 존재가 그들의 의식을 결정하는 것이다."[214]라고 할 수 있다. 관념론이 인간의식의 일면성을 강조했다면, 유물론 역시 존재의 일면성을 강조했다. 사회적 존재로서의 인간이 의식을 전적으로 지배한다고 했다. 물질의 과학적 사실은 '콩 심은 데 콩나고 팥 심은 데 팥이 난다.'에 있다. 마르크스의 유물 사관적 사유는 언뜻 보기에 과학적 사실처럼 보이지만 그렇지 않다.

마르크스의 논리로 보면, 어떤 사람이 어느 사회적 계급에 속하냐

---

211) 안병욱, 『현대사상』, 336. 참조.
212) 레닌, 『칼 맑스』, 73.
213) 위의 책. 참조.
214) 안병욱, 『현대사상』, 346. 재인용.

에 따라 그 사람의 의식이 결정되는 것이다. 부르주아에 속한 사람은 부르주아 의식을 가지고 프롤레타리아에 속한 사람은 프롤레타리아 의식을 가진다. 그러나 세상에서는 그렇지 않은 경우가 많다. 지식인들은 부르주아 계급에 속해 있을지라도 프롤레타리아 의식을 가지는 경우가 있다. 마르크스가 그 한 예다. 부유한 유대인 변호사 아들로 태어났지만, 사회적 존재와 달리 그는 누구보다도 프롤레타리아 의식과 혁명을 외쳤다. 인간의 의식과 존재는 일방적으로 그리고 결정적으로 움직이지 않는다. 역사해석은 유물사관처럼 일원적으로 할 게 아니고 다원적으로 해야 마땅하다.[215] 그것이 과학적 태도가 아닐 수 없다. 역사 이해는 헤겔처럼 마르크스처럼 해서는 안 된다.

잉여가치설의 비판

마르크스는 『자본론』에서 잉여가치설의 이론적 무기로 자본주의적 생산의 비밀을 폭로하고 자본주의 사회의 경제적 구조와 운동 법칙을 밝혔다. 자본가가 잉여가치를 증식하여 자기 배를 불리고 프롤레타리아 계급을 철저히 착취함으로써 노동자들을 가난과 예속된 삶으로 몰고 가고 결국 프롤레타리아 혁명이 일어나 자본주의 사회가 필연적으로 붕괴한다고 내다봤다.

마르크스가 잉여가치설을 근거로 자본주의 사회를 분석한 것은 경제학적 이론으로는 타당하며 과학적인 태도인 듯 보일 수 있다. 그

---

215) 위의 책, 348. 참조.

러나 그런 하나의 경제이론으로 사회구조를 분석하여 사회적 결말을 진단한다는 것은 다른 한편으로는 바람직한 과학적 태도가 아니다. 자본주의 사회는 여러 경제이론에 의해서 복합적으로 작동하고 있다. 단순히 자본가와 노동자 간의 관계로만 움직이지 않는다. 마르크스는 자본가의 잉여가치 증대라는 측면에서만 노사관계를 줄곧 바라보았다. 마르크스가 일면적으로 유물사관을 해석한 것처럼, 자본주의 사회의 경제적 구조와 운동 법칙도 일면적으로(잉여가치설만 가지고) 해석했다.

마르크스는 자본가를 강력한 지배계급, 즉 착취하고 억압하는 계급으로만 인식했고, 노동자를 착취당하고 억압된 노예 계급, 예컨대 중세의 봉건 농노 계급 정도로만 인식했다. 노동자는 아무 저항도 하지 못하는 수동적 존재로 봤다. 그는 잉여가치설의 결정론으로 계급 문제에 접근했다. 자본주의 사회에 등장한 노동조합 운동은 역사적으로 노동자들이 자본가의 비행에 대한 반항운동이었다.[216] 이 운동은 노동자의 자유의지적 반항에 근거한 것이었다. 이것은 마르크스의 결정론적인 결과라고 볼 수 없다. 마르크스는 이 사실을 그의 학설에 담지 않았다. 그는 이 사실을 간과했고 오로지 경제적 일원론인 잉여가치설의 관점으로만 경제구조를 파악하고자 했다. 우리가 다시 역사 이해로 돌아가면, 역사발전은 경제적 자연과정이나 기계 과정이 아니라는 것을 다시 한번 일깨워주고 그것을 깨닫게 한다. 분명한

---

216) 에밀 브루너, 『정의와 자유』, 117. 참조.

것은 인간이 역사를 만들지 자연과정이 역사를 만들지는 않는다.

마르크스가 예언한 대로 극도로 발달한 서구 자본주의 국가는 붕괴하지 않았고, 오히려 미성숙하고 덜 발달된 자본주의 국가에서, 특히 제정 말기 러시아에서 혁명으로 공산주의 사회가 등장하게 되었다. 권위주의 체제에서 공산주의가 생겨났지, 자본주의 체제에서는 공산주의가 나오지 않았다.

계급투쟁의 비판

마르크스는 『공산당선언』을 쓸 당시인 1848년만 해도 역사를 계급 투쟁사로 보았고, 프롤레타리아 혁명과 폭력주의를 정치투쟁의 가장 중요한 도구로서 그 정당성을 부여했다. 또한, 그것을 사회주의 실현의 방법이자 유일한 혁명 전술로서 강력히 주장했다. 이러한 마르크스의 입장은 비판받기에 충분한 것이다. 이 역시 학문으로서 정치학을 대하는 학자의 자세가 비과학적이 아니라 할 수 없다. 정치학 이론에서 사회변혁의 방법으로 폭력혁명의 방법만 있는 게 아니다. 개량적 방법도 가능하고 또 다른 방법도 있다.

그러기 때문에 마르크스 자신도 1872년 암스테르담 연설에서 "프롤레타리아가 정권을 장악하는 수단은 각국이 반드시 동일하지 않다. 영국, 미국, 프랑스, 화란과 같이 의회가 발달한 나라에서는 정치적 수단에 의해서 그 목적을 성취할 수 있다는 것을 나는 부정하지 않는다."[217]라고 스스로 자기 이론의 오류를 인정하기에 이르렀다. 마르크스 자신이 자기 사상에다 수정을 가한 한 예가 아닐 수 없다.

그리고 그는 폭력혁명이 아닌 평화로운 사회주의 방법으로 사회주의를 실현할 수 있다는 것을 암시한 것이다. 엥겔스도 1895년 마르크스가 쓴 프랑스의 『계급투쟁』 서문에서 "역사는 우리의 의견이 과오인 것을 드러냈고, 동시에 우리의 의견이 환영인 것을 폭로했다.(…) 1848년의 투쟁은 오늘날 모든 방면에서 진부해졌다."[218]라고 솔직하게 털어놓았다.

마르크스의 계급 이해와 계급투쟁에 대한 비판점은 두 가지가 더 있다. 하나는, 마르크스가 인류 역사를 계급 투쟁사로만 보았다는 점이다. 인류 역사를 돌아보면 계급투쟁만 있지 않았다. 민족투쟁도 있었다. 민족투쟁이 어느 시기에는 계급투쟁 이상으로 역사의 중요한 측면을 차지했다.[219] 마르크스가 역사의 결정적 추진력이었던 민족투쟁을 전적으로 도외시했다는 점은 마르크스의 이론적 결함이 아닐 수 없다. 인종, 종족, 민족 개념 역시 세계사의 추동력이 될 수 있고 그들의 투쟁 역시 역사를 바꾸었다. 일례로, 서로마제국은 이민족의 빈번한 침입으로 국력이 약해져 내외로 많은 어려움을 겪었다. 그러다가 476년 게르만족 용병대장 오도아케르에게 황제 로물루스 아우구스툴루스가 폐위되자 서로마제국은 결국 멸망하였다. 마르크스는 계급론에 지나치게 집착해서 역사의 발전 원리를 제대로 간파하지 못했다. 이 역시 마르크스가 일면적 역사해석을 하면서 생긴 오류라

---

217) 안병욱, 『현대사상』, 360.
218) 위의 책.
219) 위의 책, 361. 참조.

할 수 있다.

　다른 하나는 마르크스가 계급론을 가지고 사회를 두 계급의 대립으로만 보았다는 점이다. 부르주아 프롤레타리아 두 계급으로 분류하는 것은 사실에 맞지 않고, 비과학적인 태도가 아닐 수 없다. 과도한 단순화 작업이다. 근대사회 이후의 동향은 두 개의 계급만이 아니라 발전사적 측면에서 다양한 계급이 생겨났다. 그중 하나가 중산계급의 형성과 발전이다. 마르크스는 중산층 계급을 계급 사관 입장에서서 말할 수 없었고, 설명하지도 않았다.[220]

3.3.4.3 마르크스 이후 사회주의

　마르크스와 엥겔스가 1848년 『공산당선언』을 발표한 이후부터 그들이 사망한 시기(마르크스는 1883년, 엥겔스는 1895년)까지 사회주의자들은 프롤레타리아트에 의한 혁명으로 자본주의가 멸망할 것으로 믿었다. 그러나 그동안 일어났던 혁명들은 그들의 예상과 달랐다. 19세기 말 마르크스주의자들은 고전적 마르크스주의가 정치적 행동을 하는 데 한계를 느꼈다.

　당시 유럽에서의 사회주의 운동은 고전적 마르크스주의의 예측과는 다른 방향으로 전개되었다. 독일의 경우 프롤레타리아트는 혁명적이기보다 개혁적 노선을 취했다. 영국 사회주의는 페비안 사회주의(Febian Socialism)로 자유주의적 의회정치를 유지하면서 생산수단

---

220) 위의 책, 362. 참조.

의 전면적 사회화를 추구하지 않고 자본주의를 점진적으로 개혁하는 온건한 사회개혁 운동을 펼쳐갔다. 프랑스의 경우 19세기 말 20세기 초 생디칼리슴으로 대변되는 혁명적 사회주의 운동이 거세게 일었다. 이 운동은 "노동조합을 통한 경제적 투쟁으로 자본주의 사회를 타도하고 국가 기구 대신에 노동조합을 그 구성단위로 하는 노동자 중심의 사회를 건설할 것"[221]을 주장하는 과격노선을 추구했다. 하지만, 이 운동은 1차 세계대전 후에 쇠퇴하고 영국 길드사회주의에 흡수되었다. 서유럽과 달리 러시아에서는 레닌이 마르크스-레닌주의를 바탕으로 사회주의 국가를 건설하기에 이르렀다.

여기서는 먼저 유럽 사회주의의 운동 전개과정을 독일을 중심으로 고찰하고, 그다음으로 러시아에서 볼세비키 혁명을 일으켜 공산주의 국가를 세운 레닌의 교조적 마르크스주의를 살펴보기로 한다.

독일 사회주의 : 수정사회주의와 정통 사회주의 논쟁

독일의 사회주의 운동은 영국과 프랑스에 비해 후발적이다. 하지만 마르크스주의를 이론화한 마르크스와 엥겔스가 독일인이기에 독일 사회주의는 사상적인 측면에서 두 나라보다 앞서 있다 하겠다.

파리에 망명했던 독일인으로 1836년에 구성된 최초의 사회주의 정치단체는 '의인동맹'(義人同盟, Bund der Gerechten)이었다. 1847년에 마르크스와 엥겔스도 의인동맹에 가입했고, 명칭을 '공산주의 동

---

221) 노병철·변종헌·임상수, 『현대사회와 이데올로기』, 256.

맹'(Bund der Kommunisten)으로 바꾸었다.[222] 사실 1848년의 '공산
당선언'은 이 단체를 위해 만들어진 것이다. 이 단체의 핵심 지도자
였던 바이틀링(W. Weitling)이 스위스에서 활약하다 필화사건으로 곤
경에 처했고 미국으로 떠나버렸다.

　독일 내에서의 사회주의 노동운동은 1863년 라살레(F. Lassalle,
1825-1864)가 전국노동자협회를 결성한 후 본격화했다.[223] 이 단체
는 이름과 달리 보통선거를 목적으로 삼고 만들어졌다. 사회주의 이
념을 국가와 법률 테두리에서 개혁하려고 했다. 마침 지주와 귀족세
력을 대표하는 비스마르크의 보수당은 진보당(부르주아당)과의 대립
속에서 진보당을 고립시키기 위해 보통선거를 주장하는 라살레의 요
구를 들어주어 서민층의 표심을 자극했다. 라살레가 우발적인 사건
으로 갑자기 죽자, 노동운동에 마르크스주의자의 손이 뻗쳤다. 영국
망명 중의 마르크스가 누구보다도 적극적인 관심을 보였다. 마르크
스주의자 리프트크네히트가 영국에서 돌아와 현지 노동운동가 베벨
과 손잡고 1875년 사회민주주의 노동당을 결성했다. 같은 해에 라
살레파와 손잡고 다시 독일사회주의 노동당을 만들었다. 그리고 각
정파의 정치노선을 포용한다는 고타강령을 당 대회에서 발표하자 마
르크스는 고타강령을 신랄하게 비판하기도 했다.[224]

　1871년 파리코뮌이 일어났고, 독일에서 사회당 의회진출이 눈에

---

222) 강재륜, 『사회윤리와 이데올로기』, 225.
223) 위의 책, 226. 참조.
224) 위의 책. 참조.

띄게 많아지자 비스마르크의 경계심은 커졌다. 1878년 황제저격사건
에서 탄압의 구실을 찾은 비스마르크는 사회당진압법을 제정, 1890
년까지 12년간 시행했다. 1890년 총선거에서 사회당은 143표를 얻
어 오히려 독일 내 입지를 강화해 갔다. 같은 해 사회당은 당명을 사회
민주당으로 바꾸었으며, 이듬해엔 당 강령을 마르크스주의로 바꾸는
에르푸르트강령이 채택되었다. 이때 독일 사회민주당에 마르크스주의
를 도입하는 데 공이 컸던 사람은 베른슈타인(E. Bernstein, 1850-1932)
과 카우츠키(K. Kautsky, 1854-1938)였다.[225] 도입과정에서 양자 사이
에 수정주의 논쟁이 일어났다. 전자는 마르크스주의를 수정해야 한다
고 요구했고, 후자는 마르크스주의를 전적으로 옹호하자는 것이었다.

독일 사회주의의 전개에서 베른슈타인과 카우츠키 간 노선 논쟁은
수정사회주의와 정통 사회주의의 대립이었다. 수정사회주의의 이념
적 기초는 라살레에 의해 형성되었다. 라살레는 노동운동을 원활히
전개하기 위해 최초로 노동자 정당을 결성, 국가 내 노동자 계급의
선거권 확보를 위한 헌법 투쟁을 해나갔다. 이런 노동운동이 베른슈
타인에게 계승되었고, 사회민주주의의 이론적 토대가 형성되었다.[226]

19세기 말 영국에 거주하며 마르크스주의를 연구했던 베른슈타인
은 마르크스 이론이 선진 자본주의 국가의 현실과 맞지 않는다는 사
실을 보고 그것을 수정하고자 했다.[227] 특히 영국에서 노동운동이 큰

---

225) 위의 책, 227. 참조.
226) 노병철·변종헌·임상수, 『현대사회와 이데올로기』, 251. 참조.
227) 위의 책. 참조.

힘을 발휘하고 노동조건 개선과 임금 인상으로 노동자의 생활 조건이 나아지고 있었다. 자본의 집중이 아닌 자본과 경영 분리가 이뤄지고 경제공황은 되풀이되었지만 그렇게 심각하지 않았다. 자본주의는 자기조절 능력이 있었다. 그는 의회를 통한 점진적 사회주의 노선을 선택했다. 그는 또한 도덕성이 배제된 과학적 사회주의에 공상적 사회주의자들이 가졌던 휴머니즘 요소를 결합, 인간주의적 사회주의를 회복하려고 했다.[228]

베른슈타인은 자본이 소수 자본가에 집중하면 계급 간 격차가 커지고 계급투쟁이 격화될 것이란 마르크스의 관점 역시 수용하지 않았다.[229] 주식회사가 발달해 자본가만이 아니라 노동자들도 주식으로 재산을 소유하게 되었다. 더욱이 노동자 계급도 그들을 위한 정당이 생겨 자본가 계급에 대항, 정치권력을 획득하였다. 국가도 노동자 착취기관이 아니라 노동조합을 인정하고 보호 입법을 만들어 노동자의 착취를 차단하고 사회보장제도를 도입했다.[230] 베른슈타인은 사회주의의 실현은 계급투쟁의 방법과 그 실천에 있지 않고, 민주적 방법의 확대를 통해 가능하다고 확신했다.[231]

정통 사회주의자 카우츠키는 마르크스와 엥겔스 사상의 순수성을 옹호하고 보존하려고 노력했다. 점진적 개혁을 주장한 베른슈타인에

---

228) 위의 책. 참조.
229) 위의 책. 참조.
230) 위의 책. 252. 참조.
231) 위의 책. 참조.

반대하면서 계급구조의 혁명적 변화와 정치적 폭력의 불가피성을 옹호했다. 1905년 러시아 혁명이 일어나자 수정주의 논쟁은 수그러들었고 오히려 사회민주당 내 로자 룩셈부르크 등의 과격 급진파가 대두했다. 카우츠키는 중간적 입장에 서게 되었고 더 이상 수정주의자들과 큰 차이를 보이지 못했다.[232] 1차 세계대전 중에 그리고 후에 독일사회민주당은 노선 갈등으로 인해 분당하는 등 이합집산을 거듭했다. 그러다가 사회주의 세력은 사회민주당과 공산당으로 양분되었지만, 사회민주당이 압도적 다수를 견지했다. 두 정당 모두 나치 정권의 출현으로 궤멸하고 말았다. 2차 세계대전 후 부활한 독일사회민주당은 마르크스주의를 청산하고 정책 정당으로 거듭나 오늘날까지 유지하고 있다.

마르크스-레닌주의

마르크스주의를 러시아에 처음 도입한 사람은 레닌이 아니라 플레하노프(G.V. Plekhanov)였다. 그는 1883년 최초의 마르크스주의 단체인 노동해방단을 창설했고 1898년 사회민주주의 노동당으로 발전, 민스크에서 창당대회를 치르고 최초의 마르크스주의 정당이 되었다.[233]

1890년대초 페테르부르크에서 활발한 마르크스주의 운동이 전개

---

232) 강재륜, 『사회윤리와 이데올로기』, 232.
233) 위의 책, 236. 참조.

되었다. 그곳에 레닌(V.I. Lenin, 1870-1924)도 와 있었고 노동운동에
가담했다. 노동당은 1903년 당의 조직문제를 둘러싸고 다수파(볼셰
비키)와 소수파(멘셰비키)로 분열되었다. 레닌은 볼셰비키를 지도하였
고 노동자 · 근로농민을 사회주의를 건설하는 방향으로 이끌었다. 그
는 제1차 러시아 혁명(1905년), 1917년 2월 부르주아 민주주의 혁명
을 주도했고, 1917년 10월 사회주의 혁명에 성공했다.

　레닌은 전반적으로 마르크스주의를 따르지만 자기 나름의 독자적
견해도 가지고 있다. 그 대표적인 견해가 직업적 혁명가들이 핵심이
된 엘리트 정당에 관한 것이다. 마르크스와 엥겔스는 레닌과 달리 당
의 필요성을 느끼지 않았고 노동자를 혁명의 주체로 보았다. 레닌은
노동자를 혁명의 주체로 본 마르크스의 견해를 못마땅하게 여겼다.
또 다른 레닌의 견해는 정치 개념으로서 "프롤레타리아트의 독재
(dictatorship of the proletariat)"[234]다. 이 독재는 부르주아를 전복하
기 위해 불법적이고 무자비한 폭력행사를 공공연히 정당화하는 것이
다. 당내 반대파를 숙청하는 정치적 잔혹행위를 정당화하는 도구이
기도 했다.[235] 프롤레타리아트의 독재는 소련형 공산주의의 것으로
서구 마르크스주의와는 타협 불가능한 노선상의 차이를 극명하게 드
러냈다. 차이만 드러낸 것이 아니라 반대자에 대한 적대감을 가지도
록 했다.[236]

---

234) 위의 책.
235) 위의 책, 236-237. 참조.
236) 위의 책, 237. 참조.

과학적 사회주의를 비판함과 동시에 마르크스-레닌주의 역시 비판할 만한 여지가 충분하다. 지금까지 마르크스주의를 비판했으므로 마르크스주의와 레닌주의가 겹치는 부분에 대해서는 더이상 비판할 것이 없다. 다만 레닌이 주장하는 프롤레타리아트 독재론은 무자비한 폭력행사를 공공연히 정당화하는 이론이기에 일반 윤리적 관점에서 보면 '부정의한 것'으로 판단된다.

그러나 이런 도덕적 판단에 대해 마르크스, 엥겔스와 레닌 모두 윤리·도덕의 잣대는 법이나 종교처럼 사회의 상부구조에 속한 것으로 간주했다. 그들은 그런 윤리적 판단을 전적으로 부정한다.[237] 그들에 따르면, 상부구조는 지배계급의 이익을 반영하는 것이다. 윤리는 계급적 성격을 띠기에 영구불변한 도덕법칙이나 사회정의를 말할 수 없게 된다.[238] 그러니 정의롭다, 부정의하다는 판단이 있을 수 없다. 레닌은 한 걸음 더 나아가 상부구조의 도덕이 지주와 자본가의 이익을 위한 기만과 사기이기에 그런 도덕 자체를 거부한다.[239] 공산주의자에게 도덕이 있다면 그것은 오직 프롤레타리아트 계급투쟁의 이익에서 도출하는 것이다. 공산주의자의 행동 규범은 인간 양심이나 본성에서 나오는 것이 아니라 "당의 명령에 무조건 절대복종하는 강철같은 기강뿐"[240]이다. 당의 명령만이 사람이 지켜야 할 도덕 규

---

237) 위의 책, 238. 참조.
238) 위의 책, 239. 참조.
239) 위의 책, 240. 참조.
240) 위의 책, 241.

범이다. 이것이 공산주의적 인간의 윤리이다.

레닌은 윤리를 "신의 명령에서 도출했던 부르주아지에 의해서 설파되는 도덕"이라고 말했듯이, 그 자신도 부르주아 윤리가 했던 것과 똑같은 오류를 반복하고 있다. 그는 도덕을 프롤레타리아 계급의 이익을 위한 것으로 말했다. 이 말 자체가 비판받을 만한 것이다. 결국, 공산주의자의 행동 규범인 당의 명령은 신적 명령처럼 종교적 차원으로 둔갑하고 교조적 성격을 띠게 하여서 그 명령에 절대적으로 따르기를 강요한다.

3.3.4.4 20세기 후반 이후 사회주의

사회주의 국가는 지구상에 여전히 현존해 있다. 중국, 북한, 베트남과 같은 국가는 사회주의 체제를 고수하면서 사회주의의 명맥을 유지하고 있다. 그럼에도 불구하고 오늘날 사회주의는 위기를 맞고 있다. 왜 그런가?

첫째, 1989년 말 공산주의 국가의 원조인 소련과 동구 공산주의 체제가 붕괴하였다.[241] 이는 세계사적 사건이 아닐 수 없다. 이 사건 자체가 사회주의의 위기를 드러내었다. 70년에 걸친 사회주의의 역사적 실험이 성공하지 못했다는 것을 의미한다. 사회주의는 현실 세계에서 더 이상 가능한 정치적 대안이 아니다. 사회주의 경제는 자본주의와의 경쟁에서 패배했다. 사회주의 계획경제는 문제가 있다는

---

241) 노병철·변종헌·임상수, 『현대사회와 이데올로기』, 261. 참조.

것이고 국민의 경제적 욕구를 충족시키지 못했다는 한계를 그대로
보여주었다.

사회주의 체제가 붕괴한 나라들은 정치적 자유화와 경제적 시장
화에서 표출된 사회적 무질서를 경험하기도 했다. 이것은 사회주의
의 퇴행적 양태가 있음을 보여준 것이다.[242] 북한을 제외하고 사회주
의 체제를 유지하는 국가들은 자본주의 제도를 수용, 경제 성장을 꾀
해서 국가 발전을 도모하고 있다. 중국은 높은 경제성장률을 기록하며
세계 경제 2위라는 놀라운 성과를 보여주고 있다. 중국과 베트남은
사회주의로 갔다가 다시 사회주의에서 자본주의를 일부 수용했다.
이들 국가 역시 사회주의와 자본주의를 병행하는 실용주의 노선을
걸으며 힘겨운 역사적 실험을 계속하고 있다.

북한은 유일하게 사회주의 체제를 그대로 유지하며 생존하고 있
다. 자본주의를 전면으로 수용하지 못하고 장마당 같은 일부 시장 경
제적 요소만 국가통제 아래서 허락하고 있다. 북한경제는 극도의 어
려움과 한계에 봉착해 있다. 개방경제를 하면 체제가 흔들리고 폐쇄
경제를 계속 유지하면 인민의 삶은 더욱 피폐해지기에 실로 진퇴양
난의 상황에 놓여 있다.

둘째, 서구사회의 전통적 사회주의 역할은 줄어들고 퇴조하는 추
세를 보인다.[243] 서구 사회주의 정당들은 지지 기반, 조직, 정책에서
극심한 변화를 겪고 있다. 1970년대부터 사회주의 지지 기반인 산

---

242) 위의 책, 262. 참조.
243) 위의 책. 참조.

업노동자 수가 급감했고 경제적 혜택이 사회 전체에 주어짐으로써 계급정당의 토대가 허약해졌다. 환경론자, 여권론자들이 등장하여 사회운동이 다변화되면서 저항과 비판의 독점적 지위를 확보하던 사회주의 정당의 권위는 서서히 잠식됐다.

셋째, 복지국가의 실현이 더는 사회주의 정당의 전유물이 될 수 없다는 사실을 보여주었고, 사회주의의 위기를 심화시키고 있다.[244] 국민 모두가 최소한의 경제적 생활을 영위하도록 돌볼 사회적 책임은 사회주의 정당만이 아닌 모든 정당에게 주어졌다. 복지국가의 문제는 당파적 정쟁 대상이 될 수 없다. 새로운 사회질서를 향한 비전을 더 이상 줄 수 없는 사회주의 정당은 한낱 보수 정당으로 전락할 수밖에 없는 처지에 있다.

이제까지 사회주의가 시대변화에 따라 존재 위협을 받고 있다는 것을 살펴보았다. 그렇다고 사회주의 자체가 아예 소멸할 것이라고 단언하기는 어렵다. 자본주의의 위기상황, 즉 경제공황이나 경제위기가 닥쳐오면, 다시금 사회주의의 이념이 고개를 들고 저소득계층의 불만과 저항에 파고들어 사회의식을 고취할 것이다. 사회주의는 "인간의 얼굴을 한 자본주의, 민주주의적 정치의 확대, 사회경제적 평등, 인간 삶의 조건의 개선 등을 강조"[245]하는 강력한 이데올로기다. 특히 자본주의 체제의 역기능 상황이 도래하면, 사회주의는 강력한 비판을 제기할 것이다. 자본주의가 위기상황에서 스스로 자정 능

---

244) 위의 책. 참조.
245) 위의 책. 263.

력이 있어 변화를 거듭해 왔듯이, 사회주의의 변화능력 역시 무시하기 어렵다. 사회주의는 구소련같이 교조적 사회주의로만 가지 않는다면, 민주주의와 결합하여 새로운 형태로 계속 발전해 나갈 것이다.

3.3.5 보수주의

보수주의(保守主義, conservatism)은 "급격한 변화를 피하고 현체제를 유지하려는 사상이나 태도"[246]로 정의된다. 사람은 기질상 새로운 것을 반대하고 옛것을 중시하고 변화보다는 안정을 취하는 경향이 있다. 심리적으로 그런 성향은 기존 사회질서를 확보하기 위해 현재의 질서를 유지하고자 한다.

만하임은 보수주의를 "상황적 보수주의(situational conservatism)"[247] 측면에서 이해하고자 했다. 상황적 보수주의는 "모든 사회에서 대부분의 사람들이 일상적으로 보여주고 있는 사회적 행위와 일련의 원칙 및 편견"[248]을 뜻한다. 특정한 계층의 사람들만이 가진 태도가 아니라는 것이다. 그는 보수주의의 현저한 특징을 변화에 대한 두려움으로 이해했다. 만하임은 보수주의 개념을 특정 이념으로 보지 않았다.

---

246) "보수주의", 「두산백과」.
https://terms.naver.com/entry.naver?docId=1102593&cid=40942&categoryId=
31433
247) 노병철·변종헌·임상수, 『현대사회와 이데올로기』, 87.
248) 위의 책.

그는 개념을 둘로 나눠 설명했다. 심리적 측면의 것을 전통주의라 불렀고, 사상적 측면의 것을 보수주의라 불렀다. 만하임은 사상적 측면에서의 보수주의를 정치학적 연구대상으로 삼았다. 만하임은 보수주의를 정치적 관점에서 사회적 욕구를 표출한 것으로 보았다. 보수주의는 계급 대립을 통한 변화 속에 의식적이며 반성적 차원에서 사회변화에 저항하는 과정에서 나타나 강력한 이데올로기로 발전했다.[249]

정치적 의미의 보수주의는 역사적으로 근대 정치적 현상을 그대로 표현하고 있다. 프랑스 혁명과 산업혁명으로 인해 발생한 정치, 사회변화에 대한 반응으로 나타난 것이 보수주의다. 그 한 예가 프랑스에서 나폴레옹이 몰락한 후 민주주의 이념이 확산하는 것을 막고 왕정복고의 정당성을 옹호하는 태도가 보수주의였다.[250] 보수주의는 오랜 기간 개념적으로 많은 변화를 거듭했다. 한 정치적 상황이 어느 때엔 보수주의로 나타나기도 했고 어느 땐 보수주의가 아닌 진보주의로 나타났다. 19세기를 거치면서 정치적인 개념으로 확고하게 자리 잡은 보수주의는 자유주의, 사회주의와 함께 정치사상에 강력한 영향력을 미친 이데올로기 중 하나로 부상했다. 오늘날엔 보수주의적 색채가 고정된 정당이 있다. 영국의 보수당, 독일의 기민당 등은 공공연하게 보수주의적인 정치색을 드러내며 활동하고 있다.

보수주의 개념은 그렇다손 치더라도 학자마다 보수주의의 내용을 달리 설명해 통일성 있는 내용을 찾기가 매우 어렵다. 사전트(S.T.

---

249) 위의 책, 89. 참조.
250) 위의 책, 82-83. 참조.

Sargent)는 보수주의의 특징을 4가지로 나눠 설명했다. 변화에 대해 저항하고, 이성을 불신하고 전통을 중시하며, 개인의 자유를 선호함과 동시에 자유의 제한도 동의하고, 인간 불평등을 인정하는 것 등이다. 이런 내용의 보수주의의 특징은 정치적 보수주의의 의미를 충분히 전달하기 어렵다. 정치 이데올로기로서 보수주의의 내용은 다음과 같은 특징을 갖고 있다.

① 보수주의자들은 인간 이성을 이해하는 데 있어 이중적 태도를 보이곤 한다. 그들은 인간 이성을 완전히 거부하지 않는다. 다만, 인간이 처한 운명도 긍정하기에 이성을 전적으로 신뢰하지 않는다. 그들은 이성보다는 전통적인 도덕, 종교, 관습, 제도 등을 더욱 신뢰한다.[251]

② 보수주의자들은 합리주의에 기초한 유토피아주의나 급격한 개혁주의를 거부한다. 구체성이 결여된 추상적 이론을 수립해 사회를 급격하게 변화시키려는 이데올로기를 거부하는 것이다.[252] 불확실한 미래보다 확실한 현재를 선호하는 태도다.

③ 보수주의자들은 유기체론적 사회관을 가지고 있다. 사회는 그 자체가 생명을 가진 유기체처럼 움직이고 있다.[253] 사회를 구성하는 요소들은 매우 복잡한 상호관계를 이루고 있다. 유기체인 사회는 불평등하고 위계적인 구조다. 사회의 각 부분은 각각의 기능이 있고 조

251) 위의 책, 97. 참조.
252) 위의 책, 98. 참조.
253) 위의 책, 99. 참조.

화와 균형을 이룬다. 사회는 유기체적 구조로 움직이고 과거, 현재와 미래로 가는 운명공동체다.

④ 보수주의자들은 종교의 중요성을 강조한다. 그들은 인간을 종교적 동물로 본다.[254] 종교를 인간 사회의 도덕성과 질서를 유지하는 핵심 요소로 본다. 사회를 신의 창조질서로 본다. 교회와 국가는 신의 섭리로 그 기능이 작동되고 있다. 교회는 전통과 권위를 중시하는 공동체다. 교회는 사회의 통합적 기능을 담당한다.

⑤ 보수주의자들은 정치적 권위를 매우 중시한다. 중세의 권위 개념을 가지고 있다. 최고의 권위는 신적 권위다[255]. 신적 권위가 사회 제도와 집단 속에 반영되어 있다. 중세사회는 신적 권위 아래서 작동된다. 자유주의자들은 정치적 권위의 기초를 사회계약설에 기초한다. 보수주의자들은 정치적 권위를 역사, 전통, 관습 등에서 도출한다.

⑥ 보수주의자들은 자유와 평등을 양립 불가능한 가치들로 본다. 그들은 개인의 다양성과 자유가 존중되기 위해서 자연적 불평등이 전제되어야 한다고 주장한다.[256] 그들은 평등보다는 자유를 선호한다. 집단 속 개인은 자유의 일차적 기반인 사유재산을 지킬 수 있다. 민주주의는 평등의 원리에 따라 개인의 다양성을 무시하고 평균화시키는 원자화된 개인들의 집합체를 위한 제도다.[257] 보수주의자들이

---

254) 위의 책, 100. 참조.
255) 위의 책, 101. 참조.
256) 위의 책, 102. 참조.
257) 위의 책. 참조.

민주주의를 거부하는 이유가 거기에 있다. 그들은 민주주의가 전통적 사회집단을 무너뜨렸다고 보았다.

⑦ 보수주의자들은 자본주의를 비판한다. 그들은 재산권을 개인의 다양성과 자유를 확보하기 위한 필수 기반으로 보았다.[258] 자본주의가 도입됨으로써 전통사회는 붕괴되고 상업과 산업 중심의 사회로 바뀌었다. 토지 중심에서 자본과 노동 중심의 사회가 되었다. 개인주의화 되어 가족적, 공동체적 유대 성격이 파괴되었고 토지가 경제적 기반이었던 전통적·사회적 결속이 약화되었다.

신학자이자 종교사회학자인 에른스트 트뢸취는 보수주의의 의미를 정치윤리적 측면에서 피력했다. 보수주의 윤리가 "인간과 상황의 불평등을 강조하고, 이 불평등을 숙명으로 수용하게 함으로써 윤리 사상을 발전시키는 세계관"[259] 위에 기초되어 있다고 말했다. 보수주의의 기질은 "인간의 불평등과 그것의 귀결, 즉 힘의 결집과 지배 조직 그리고 신분 차별이라는 불평등으로부터 중요한 윤리적 공동체 세력을 발전시키기 위해 하나님이 인간에게 부여한 자연적 소질"[260]이라 말했다. 트뢸취는 보수주의 윤리를 자연적, 사회적, 정치적, 종교적 권위 모두가 신적 권위로 온 것이기에 그런 권위를 인정하며 내재적 윤리로 작동하게 하는 성질의 것으로 설명했다. 그러므로 보수주의 윤리는 "인간이 가진 죄악과 회개의 감정으로부터 겸손과 체

258) 위의 책, 103. 참조.
259) 에른스트 트뢸취, 『역사와 윤리』, 강병오 역 (서울: 한들출판사, 2014), 145.
260) 위의 책. 참조.

념, 외적 재화에 대한 내적 종속, 복종과 경건에 대한 자발적 응락, 수완과 능력의 신실을 통해 내적으로 세워진 자기절제와 윤리적 순화를 요구"[261]하는 윤리로 이해된다.

3.3.6 민족주의

민족주의(民族主義, nationalism)는 "근대 세계의 대표적 정치 공동체 단위인 민족을 구성하고 통합하며 민족 단위의 국가 형성을 위한 이데올로기이자 운동"[262]으로 정의된다. 이 정의에 나타난 민족주의 개념은 다른 이데올로기, 즉 자유주의, 사회주의, 보수주의와 같이 강력한 이데올로기의 성격을 띠고 있다는 점을 보여주고 있다. 민족국가 형성을 위한 이념이기에 그렇다. 그만큼 민족주의는 정치적 의미로서 이데올로기 성격이 뚜렷하게 나타난다. 민족주의의 이해는 민족 개념 이해에 달려 있다. 민족 개념을 어떻게, 어느 시점으로 잡고 이해하느냐에 따라 그 의미는 더 풍부해질 것이다. 민족 개념을 살펴보고, 그다음 민족주의에 대해 고찰하고자 한다.

먼저, 민족 개념은 사회과학적인 의미에서 하나의 사회집단으로 이해된다. 민족은 공통의 조상과 영토에 기초한 집단이다. 그런 측면

---

261) 위의 책, 146.
262) "보수주의", 「한국민족문화대백과」.
https://terms.naver.com/entry.naver?docId=555324&cid=46626&categoryId=4
6626

에서 가족과 민족은 서로 특성상 유사하다. 가족과 민족은 유전적 특성을 가진다. 그러나 민족의 경우 그 유전은 생물학적이기도 한 것이지만 문화적이기도 하다. 민족은 시간이 흐름에 따라 일신되고 공간적으로 확장해 변화와 발전을 거듭한다. 민족은 전통을 형성하며 그 전통 역시 수정되고 변용된다. 이런 맥락에서 보면, 민족은 영토적인 혈연공동체의 일종이다.

민족주의와 역사를 연구한 그로스비는 민족을 "혈연공동체, 특히 구획되고 영토적으로 확장되며 시간적으로 깊이 있는 원주민 공동체"[263]로 정의했다. 구소련 독재자 스탈린은 문화적 의미가 가미된 민족 개념을 거론했다. "언어, 영토, 경제생활 및 문화 공동체 안에 구현된 심리 구조 등을 지닌 역사적으로 진화한 안정된 공동체"[264]로 이해했다. 그로스비와 스탈린 둘 다 민족 개념을 주로 객관적 의미로 정의했다.

민족 개념은 이렇게 객관적 측면만 있지 않고 주관적 측면도 있다. 16세기에 인쇄술이 발달되면서 서구인들은 동종의 신문과 잡지, 소설을 보았고 다른 지역에서 온 주민들과 함께 민족의 일원으로 상상하기 시작했다. 같은 공간에서 비슷한 견해를 공유하며 상상하는 공동체로서의 민족 개념이 생겨났다. 앤더슨은 민족을 "상상의 공동체(imagined community)"[265]라 정의했다. 스미스(Anthony D. Smith, 1933-)

---

263) 장문석, 『민족주의』 (서울: 비타 악티바, 2011), 25.
264) 위의 책.
265) 위의 책, 26.

역시 민족을 "제도적 구성물이나 실체, 본성 따위가 아니라 민족 (구)성원에 의해 상상되고 의지되며 느껴지는 공동체"[266]라고 했다. 민족 개념을 정의할 때, 주관적 측면으로서 민족 구성원의 적극적인 소속감과 소속 의지가 영토나 문화라는 객관적인 것보다 더 중요하게 작동되는 것을 이들의 정의에서 알 수 있다.

민족주의는 근대의 산물이다. 구체적으로 말하면, 프랑스 혁명(1789년) 이후에 형성된 이념이다. 군주국가가 아닌 국민국가, 즉 민족을 중심으로 형성된 국가가 근대 이후 대부분을 이루었기 때문이다. 이렇게 보면, 민족주의는 크게 세 가지 방식으로 정의된다. 정체성으로서의 민족주의, 담론으로서의 민족주의, 이데올로기로서의 민족주의다.

먼저, '정체성으로서의 민족주의'를 고대부터 있었던 "친밀한 소속감"[267]이라는 정체성으로서의 민족주의 개념으로 국한하려 한다면, 민족주의 논의에서 배제된다. 근대에 유의미한 민족주의적 정체성은 "범주적 정체성"[268]이다. 이것은 작은 규모의 집단이 아닌 상당히 큰 규모의 집단에 속해서 서로 알지도 못하면서 같은 범주에 속해 있다고 느끼는 그런 정체성이다. "사회적 상상계"[269]로서의 민족주의다. "민족적 상상계(는) 언어와 표상을 매개로 하여 민족적 정체성이

---

266) 위의 책.
267) 위의 책, 66.
268) 위의 책.
269) 위의 책, 68.

성숙되고 정련되어 일체의 정치적 이데올로기와 강령, 정치적 교의와 원리의 공통적 뿌리를 이룬다." 이런 민족적 상상계에 근거해서 민족국가가 형성되었다. 이러한 민족주의는 구성적 민족주의로 불린다. 상상의 민족공동체가 추구하는 가치와 규범이 있기에 그런 규범에 헌신해야 한다.

그다음, 17세기 소국 네덜란드인이 대국 에스파냐인에 맞서 싸워 네덜란드인의 독립투쟁에 대한 정당성을 옹호하는 정치적 담론을 말한다면, '담론으로서의 민족주의'는 프랑스 혁명 이전 시기의 것이기에 우리의 논의에서 제외된다. 근대 정치 이데올로기로는 부적절하다. 근대 이전에는 그와 같은 유형의 민족적 담론이 있었지만, 근대적 담론으로 삼기는 어렵다.

끝으로 '이데올로기로서의 민족주의'는 정치적 의미로 부여된 이차적 이데올로기이다. '이데올로기의 이데올로기'인 민족주의는 보수주의, 자유주의, 심지어 사회주의와 결합할 수 있다. 그러므로 민족주의는 역사적 동력으로 작동하기도 한다. 보수주의자도, 자유주의자도, 사회주의자도 민족주의자가 될 수 있다. 예를 들어 나치의 히틀러는 여러 이데올로기, 즉 민족주의와 사회주의, 인종주의를 결합했다. 나치즘은 (민족)국가사회주의 이념이다.

정리하면, 이데올로기로서의 민족주의가 다른 이데올로기에 근원적인 영향력을 행사할 수 있게 된 것은 전적으로 근대 이후의 일이다. 근대 이전에는 민족주의 개념조차 형성되지 않았고, 다른 이데올로기에 영향을 줄 수도 없었다. 민족주의는 사상가, 사회학자 그리고 사회운동가에 의해 다른 이름으로 사용되기도 했다. 민족자결주의, 국가주의, 국민주의, 인종주의 등으로 쓰였다. 심지어 그 개념과 달리 군국주의, 초국가주의로도 쓰였다.[270)]

　이데올로기로서의 민족주의에는 "소자아를 위대한 일에 헌신하기를 바라는 사람들이 흔히 취하게 되는 윤리적 신념"[271)]이 들어 있다. 전체의 명예를 위해 개인을 헌신하는 조국애가 있다. 집단 명예심이나 공동체 명예를 매우 귀중한 가치로 여긴다. 민족주의는 "모든 것을 국가의 명예에 두지 않는 국가(Nation)는 무가치하다."[272)]는 전제 위에 서 있다.

3.3.7 페미니즘

　페미니즘(Feminism)은 "오래전부터 이어져 왔던 남성 중심의 이데올로기에 대항하며, 사회 각 분야에서 여성 권리와 주체성을 확장하고 강화해야 한다는 이론 및 운동"[273)]으로 정의된다. 페미니즘은 다른 말로는 여성에게 가해진 사회적 차별에 대항하는 반성차별주의(antisexism)의 이념이다. 페미니즘 용어 자체도 여성론, 여권신장론,

---

270) 김대환, 『사회사상사』, 312. 참조.
271) 에른스트 트뢸취, 『역사와 윤리』, 132.
272) 위의 책.
273) "페미니즘", 「시사상식사전」.
https://terms.naver.com/entry.naver?docId=5715802&cid=43667&categoryId=43667

여성해방운동, 여성주의 등으로 다양하게 번역되어 쓰인다. 하지만 이념적 내용을 다 담지 못하기에 여기서는 페미니즘이란 용어로 통일한다. 이 이데올로기 역시 근대성의 산물로 19세기에 들어서면서 본격적으로 전개, 발전했다.

근대 이전까지 서구역사는 여성성의 가치를 부정했다. 여성들이 인간의 존엄성에 눈을 뜨고 남녀평등권에 관심을 가진 시기는 근대 자유주의와 계몽주의 사상 이후부터다. 프랑스 혁명을 통해 여권 선언이 발표되었고, 그 이후 여성운동의 좋은 토양이 마련되었다. 여성 해방운동은 여성의 의식개혁에서부터 시작했고, 19세기엔 여성 참정권 요구로 이어졌으며, 20세기 초중반에 와서야 미국, 프랑스 여성들은 보통선거권을 갖게 되었다.

페미니즘은 여성의 고유 특질을 지칭하는 라틴어 femina로부터 유래했고, 바로 그 의미를 남성을 위한 이데올로기로 전환시킨 것에 대항해 나온 대립 이념이다. 고대와 중세에 걸친 남성 중심적 사회에서 여성성이란 미명으로 여성은 지속적인 차별과 억압을 당해 왔다. 페미니즘은 반성차별주의(antisexism)로 여성 집단의 공동체적 이해와 유대를 강조하기 위해 여러 이론과 실천적 담론을 형성했다. 대부분의 페미니즘 이론가들은 자신들의 접근 방법으로 담론적 논쟁을 알렸고, 그런 이론들이 변증법적으로 등장하고 페미니즘의 주요 흐름이 되었다. 그런 이론들은 자유주의적, 마르크스주의적, 급진적, 정신분석학적, 실존주의적, 사회주의적, 포스트모던적인 것들이다.[274]

자유주의적 페미니즘이 페미니즘의 시작을 알렸다. 자유주의라는 이데올로기에 뿌리를 둔 사상으로 여성의 부자유를 극복하는 것에 그 목적을 두었다. 대표적인 사상가는 영국의 울스턴크래프트(Mary Wollstonecraft, 1759-1797)이다. 그녀는 『여성의 권리 옹호(*Vindication of the Rights of Woman*)』(1792)를 작성, 여성이 법적인 불평등으로부터 차별당하지 않도록 여성의 법적, 제도적 지위 향상에 주력했다. 또한, 존 스튜어트 밀도 여성 종속의 문제를 인지하고 여권 신장을 적극적으로 옹호했다.[275] 자유주의적 페미니스트들 모두 여성의 예속을 "공적 세계로의 여성들의 진입 또는 성공을 가로막는 일련의 관습적이고도 법적인 제한 조처에 뿌리박혀 있다."[276]고 보고 있다.

마르크스주의 페미니스트들은 여성 억압의 문제를 다른 곳에서 찾았다. 그들에게 여성 문제는 계급사회의 문제였다. "계급사회에서 힘없는 다수가 생산해 낸 부를 힘 있는 소수가 장악하게 되었기 때문에 사람들이 특히 여성들이 진정으로 공평한 기회를 얻기는 불가능했다."[277]고 생각했다. 그들은 남성에게 여성보다 특권을 부여한 사회규칙이 아니라 자본주의 자체를 여성 억압의 원인으로 지목했다. 남녀 관계는 계급적 관계이자 착취 관계다. 부르주아와 프롤레타리아 관계와 같다. 그러므로 그들에게 여성의 진정한 해방은 자본주의 체제가 사회주의 체제로 전환되어야 가능한 것이다. 여성 해방이 인

---

274) 로즈마리 통, 『페미니즘 사상』, 이소영 역 (서울: 한신문화사, 1995), 2.
275) 위의 책. 참조.
276) 위의 책.
277) 위의 책, 3.

간 해방의 전제와 토대가 된다. 이 이론이 가진 한계는 남녀 관계와 가정에서의 남녀의 의의를 경제적 생산단위로만 보았다는 데 있다. 또한, 여성의 해방을 계급의 해방이란 관점에서만 보는 이념적 한계가 뚜렷하다.

급진적 페미니즘은 마르크스주의 페미니즘이 여성 억압의 문제에서 만족할 만한 결과를 얻지 못했다고 평가했다. 여성 억압의 근원을 더 깊이 보지 않았기 때문이다. 급진적 페미니스트들은 경제적 토대보다 여성에 대한 남성의 억압을 더 근원적인 억압의 원인으로 지목했다. 여성을 압박한 것은 "가부장제"[278] 때문이었다. 가부장제는 "권력, 지배, 계급제도와 경쟁의 특징을 보이며 개선될 수는 없고 다만 뿌리와 가지를 송두리째 뽑아낼 수 있을 뿐인 체계"[279]다. 그들은 가부장제의 법적 구조만이 아니라 그 사회적, 문화적 제도들(가족, 교회, 학교)도 함께 소멸해야 한다고 생각했다.[280] 그들은 여성이 남성의 억압으로부터 해방되려면, 남성들이 여성들에게 강요한 아이 출산과 양육의 통제권에서 벗어나야 한다고 주장했다. 곧, 여성의 생물학적인 조건인 출산통제 기술(피임, 불임, 낙태)과 출산 도움 기술들(기증자에 의한 인공수정, 시험관 내 수정, 대리모)을 사용할지 안 할지, 그리고 아이들에 대한 양육문제를 스스로 결정해야 한다고 말했다.[281] 그리고

---

278) 위의 책.
279) 위의 책, 3-4.
280) 위의 책, 4. 참조.
281) 위의 책, 5. 참조.

여성들이 남성 위주의 성생활에서 해방되기 위해서 "이성애의 구속에서 벗어나 독신, 자기발정, 동성애를 통해 전적으로 여성의 성생활을 창조해야"[282] 할 것을 강하게 주장했다.

정신분석학적 페미니즘은 "여성 압박의 뿌리가 여성의 정신 속에 깊이 뿌리박혀 있음"[283]을 발견하고 있다. 정신분석학적 페미니스트들은 외디푸스 콤플렉스가 남성 지배의 뿌리가 되기에 여자들이 탈피해야 하는 정신적인 고안물이라는 점을 강조했다. 그들은 권위, 자율, 보편주의를 남성성으로 사랑, 의존, 당파주의를 여성성으로 분류한 프로이트식의 해석은 따를 필요가 없다고 주장했다. 실존주의적 페미스트로 알려진 시몬느 드 보브와르는 그의 책 『제2의 성』에서 여성은 타자성으로 인해 억압당했다는 점을 피력했다. 드 보브와르는 "남자는 자아이고 여성은 남성이 아니기 때문에 타자"[284]라고 언급했다. 여성이 자아가 되려면 그녀의 존재를 결정짓는 정의나 칭호 자체를 초월해야 할 것을 역설했다.

지금까지의 페미니즘 주장들을 하나로 묶고 체계화하려는 시도가 사회주의적 페미니스트들에 의해서 이루어졌다. 예컨대 줄리엣 미첼(Juliet Mitchel)과 엘리슨 재거(Alison M. Jager)가 그렇다. 그들은 여성 종속에 대해 복잡한 설명을 하면서도 모든 양상의 여성의 삶을 결합해서 통합적 페미니즘 이론을 만들어내려고 노력했다.[285] 그러나

---

282) 위의 책.
283) 위의 책, 9.
284) 위의 책, 10.

포스트모던 페미니스트들은 그러한 통합적 노력을 "남근중심적인 사고(로) (...) 하나의 진정한 현실의 페미니즘 이야기를 찾는 것은 전형적인 남성의 사고"[286]일 뿐이라고 비판했다. 그러한 종합은 사실 실현 가능성이 없을지 모른다. 왜냐하면, 여성들의 억압 경험들은 계급, 종족, 문화에 따라 모두 다르기 때문이다.[287]

캐롤 길리건(Carol Gilligan)을 대표로 한 배려 윤리학은 페미니즘 윤리학을 대변하는 형태로 최근 부상했다. "서구 근대사회가 발생한 윤리적 문제들의 대안으로서 여성적 배려와 관심, 돌봄, 보살핌의 가치들을 제시하고 (...) 여성 윤리의 기초를"[288] 놓으면서 페미니즘에 대한 논의를 이어가고 있다.

---

285) 위의 책, 11. 참조.
286) 위의 책.
287) 위의 책, 12. 참조.
288) 유경동 외, 『기독교윤리학 사전』 (용인: 킹덤북스, 2021), 464.

참고문헌

강영계. 『사회윤리 철학의 문제들』. 서울 : 철학과현실사, 1991.

강원돈. 『지구화시대의 사회윤리』. 파주 : 한울, 2005.

강정인 외. 『한국정치의 이념과 사상』. 서울 : 후마니타스, 2013.

강재륜. 『사회윤리와 이데올로기』. 서울 : 서광사, 1985.

_____. 『이데올로기론사』. 부천 : 도서출판 인간사랑, 1987.

김경희. 『공화주의』. 서울 : 비타 악티바, 2014.

김대환. 『사회사상사』. 서울 : 법문사, 1993.

김덕영. 『현대의 사회학』. 서울 : 나남출판, 1999.

김성우. 『자유주의는 윤리적인가』. 파주 : 한국학술정보, 2006.

김태길 외. 『윤리와 이념』. 서울 : 박영사, 1994.

노병철·변종헌·임상수. 『현대사회와 이데올로기』. 고양 : 인간사랑, 2000.

니버, 라인홀드 엮음. 『종교론』. 김승국 역. 서울 : 도서출판 아침, 1988.

레닌. 『칼 맑스』. 나상민 편역. 서울 : 도서출판 새날, 1993.

롤스, 존. 『정치적 자유주의』. 장동진 역. 파주 : 동명사, 2013.

마르크스, 칼. 『정치경제학 비판을 위하여』. 김호균 역. 서울 : 도서출판 중원문화, 2017.

_____. 『자본론, 자본의 감추어진 진실 혹은 거짓』. 손철성 역. 서울 : 도서출판 풀빛, 2007.

마르크스·엥겔스. 『공산당선언』. 서석연 역. 서울 : 범우사, 2000.

만하임, 칼. 『이데올로기와 유토피아』. 임석진 역. 서울 : 지학사, 1979.

맥렐런, 데이비드. 『칼 마르크스의 사상』. 신오현 역. 서울 : 민음사, 1982.

베버, 막스. 『프로테스탄티즘의 윤리와 자본주의 정신』. 박성수 역. 서울 : 문예출판사, 1988.

브루너, 에밀.『정의와 자유』. 전택부 역. 서울 : 대한기독교서회, 2007.

서상권.『한국신윤리학』. 대구 : 보문출판사, 1989.

서울대학교 사범대학 국정도서편찬위원회.『고등학교 윤리와 사상』. 서울 : 교육인적자
    원부, 2005.

슘페터.『자본주의·사회주의·민주주의』. 이상구 역. 서울 : 삼성출판사, 1985.

시르베크, 군나르·길리에, 닐스.『서양철학사 2』. 서울 : 이학사, 2019.

크뤼거, 말리스.『지식사회학』. 심윤종 역. 서울 : 경문사, 1987.

아리스토텔레스.『정치학』. 라종일 역. 서울 : 올재, 2015.

안병욱.『현대사상』. 서울 : 삼육출판사, 1984.

울리히, 페터.『신자유주의 시대 경제윤리』. 이혁배 역. 서울 : 바이북스, 2010.

유경동 외.『기독교윤리학 사전』. 용인 : 킹덤북스, 2021.

이용필.『민주주의와 사회주의』. 서울 : 서울대학교출판부, 1996.

임혁백.『세계화시대의 민주주의』. 서울 : 나남출판, 2003.

장문석.『민족주의』. 서울 : 비타 악티바, 2011.

전덕주.『자유민주주의와 사회주의 비교』. 서울 : 행림출판, 1991.

최상용.『민족주의, 평화, 중용』. 서울 : 까치글방, 2007.

쿠시넨.『사회주의와 공산주의』. 편집부 역. 서울 : 동녘, 1989.

크랜스톤, M. 외.『이데올로기의 이해』. 이재석 역. 서울 : 민족문화사, 1985.

통, 로즈마리.『페미니즘 사상』. 이소영 역. 서울 : 민족문화사, 1985.

트뢸취, 에른스트.『역사와 윤리』. 강병오 역. 서울 : 한들출판사, 2014.

포이에르바하, 루드비히.『기독교의 본질』. 박순경 역. 서울 : 종로서적, 1983.

플라메나쯔, 존.『이데올로기란 무엇인가』. 진덕규 역. 서울 : 까치, 1977.

하비, 데이비드.『신자유주의 간략한 역사』. 최병두 역. 파주 : 한울 아카데미, 2007.

하승우.『공공성』. 서울 : 비타 악티바, 2014.

하일민.『시민사회의 철학』. 서울 : 한길사, 1995.

한국국민윤리학회.『사상과 윤리』. 서울 : 형설출판, 2005.

한국기독교윤리학회.『페미니즘과 기독교윤리』. 서울 : 예영커뮤니케이션, 2005.